L. de RICHEMOND

ARCHIVISTE HONORAIRE
CORRESPONDANT DU MINISTÈRE DE L'INSTRUCTION PUBLIQUE
POUR LES TRAVAUX HISTORIQUES ET LES BEAUX-ARTS

Les Rochelais à travers les siècles

RÉCITS PRÉCÉDÉS DU

PRÉCIS HISTORIQUE

PAR

A. de QUATREFAGES de BRÉAU

Membre de l'Institut

Professeur au Muséum, Commandeur de la Légion d'honneur, etc.

PARIS

JOUVE & Cie, ÉDITEURS

15, Rue Racine, 15

—

1910

Les Rochelais

à travers les siècles

DU MÊME AUTEUR

Archives hospitalières. — Chartes en langue vulgaire de 1219 à 1250 (1863).

Origine et progrès de la Réformation à La Rochelle (1859, 2ᵉ éd. 1872).

La Rochelle et ses environs (1866).

Les Marins rochelais (1869, 2ᵉ éd., avec portraits, 1906).

Le Siège de La Rochelle, journal inédit (1872).

Documents historiques extraits du chartrier du duc de la Trémoïlle (1874), avec M. Paul Marchegay.

Biographie de la Charente-Inférieure, avec H. Feuilleret (1877). Médaille d'honneur de la Société Nationale d'Encouragement au bien.

Traduction de l'*Histoire des Réfugiés huguenots en Amérique*, par le Dʳ Ch. W. Baird, avec M. A. E. Meyer (1886).

Notices historiques, Rapports sur les Archives, Causeries sur l'histoire naturelle, le Monde sous-marin, Aquarium, *La Vie dans les Abîmes de l'Océan*, lectures aux séances publiques de l'Académie, etc.

Collaboration à l'*Encyclopédie*, à la *France protestante*, etc.

Inventaires des archives départementales, communales et hospitalières du département antérieures à 1790 (en cours de publication).

Délibérations de la Société des Amis de la Société et de l'Égalité d'Ars en Ré (1792-1793).

Diaires de Jacques Merlin, de Joseph Guillaudeau, de Jean Perry, etc., dans les *Archives historiques de la Saintonge et de l'Aunis*, avec portrait, plan et fac-similes.

L. de RICHEMOND

ARCHIVISTE HONORAIRE
CORRESPONDANT DU MINISTÈRE DE L'INSTRUCTION PUBLIQUE
POUR LES TRAVAUX HISTORIQUES ET LES BEAUX-ARTS

Les Rochelais à travers les siècles

RÉCITS PRÉCÉDÉS DU

PRÉCIS HISTORIQUE

PAR

A. de QUATREFAGES de BRÉAU

Membre de l'Institut

Professeur au Muséum, Commandeur de la Légion d'honneur, etc.

PARIS

JOUVE & Cie, ÉDITEURS

15, Rue Racine, 15

1910

A la mémoire de mon père
Samuel Louis
Meschinet de Richemond,
capitaine de corvette
(1783-1868).

A MONSIEUR ÉMILE LANDRODIE

Préfet de la Charente-Inférieure
Chevalier de la Légion d'honneur

A MONSIEUR E. DECOUT-LACOUR

Maire de La Rochelle
Président du Conseil d'arrondissement
Chevalier de la Légion d'honneur

A MONSIEUR LÉONCE MAILHO

Officier de l'Instruction publique

A MONSIEUR LOUIS DUPUY

Officier de l'Instruction publique

A MONSIEUR ÉLIE BARREAU

Adjoints au Maire

A MESSIEURS LES MEMBRES
DU CONSEIL MUNICIPAL

A M. LÉONCE DE QUATREFAGES DE BRÉAU

Chevalier de la Légion d'honneur

A MONSIEUR GABRIEL MONOD

Membre de l'Institut
Officier de la Légion d'honneur

Ce livre est dédié

DE RICHEMOND

Les Rochelais à travers les siècles

> A une époque où tant d'esprits se laissent aller en pratique au découragement, en théorie à un pessimisme universel, Michelet a toujours espéré et *il a fait croire au bien*.
>
> Gabriel Monod

Après la prise de La Rochelle, Louis XIII rendit une déclaration au mois de novembre 1628, par laquelle, entre autres choses, « il abolit, éteignit, abrogea, révoqua et annula les privilèges accordez aux maires et habitans de ladite ville et tous les bastiments, droits et revenus qui luy appartenaient ». En 1631, il fit apporter à la Chambre des comptes de Paris et inventorier les archives de La Rochelle, conservées à la tour de Moureilles et livrées, après le siège, aux soldats, qui y avaient établi leur corps de garde et « diverty grand nombre de titres et papiers ». Ce qui leur échappa fut détruit dans l'incendie de la Chambre des Comptes en 1735. Ce n'est donc pas dans les archives actuelles de La Rochelle, que nous avons inventoriées, qu'il faut chercher les éléments de l'histoire de la commune rochelaise qui finit en 1628. La Rochelle a perdu ses archives avec ses libertés et ses franchises. La tour du Trésor, commencée en 1399 et terminée en 1410, dont Claude Masse nous a conservé le dessin, ne survécut pas aux « grants archiefs » qu'elle était destinée à sauvegarder, elle fut détruite par un incendie.

Il existe un inventaire de ces archives dressé en 1715 par Elie-Pierre Bareau, avocat au Parlement, conseiller et procureur du roi au bureau des finances de La Rochelle (mss. de la bibl. n° 3147, n° 115, p. 47 du catalogue dressé par M. G. Musset). Les archives des églises réformées ont disparu avec les vieux titres de la commune rochelaise, à l'exception des documents réintégrés en 1862 par la bibliothèque Marsh de Dublin, conformément au dernier vœu d'Elie Bouhereau.

Sept livres en parchemin bien reliés demeuraient toujours par devers le maire qui était en exercice. L'annaliste Bruneau nous on donne quelque idée : 1° *le livre noir*, le plus ancien et aussi le plus tôt perdu des livres de la commune (avant l'incendie, l'humidité avait exercé son œuvre de destruction moins active mais plus constante). Fait vers 1290, il se voyait encore à La Rochelle l'an 1454 et contenait les premiers établissements de la commune écrits en latin et compilés plus tard par le maire Jacques Audoyer ; 2° *le livre rouge*, des statuts, compilés en la mairie de Girard. Il nous en reste une copie ; 3° *le livre des ordonnances* du maire Jacques Audoyer (1454) a disparu avec les titres enlevés en 1631 ; 4° *le livre des rentes et revenus de cette ville, des quatre aumôniers et la déclaration des chapelles et provisions étant en la collection de la dite ville,* dressé sous la mairie de Jean Mérichon, en 1457, a disparu également, sans qu'il en subsiste de copie ; 5° *Le livre de la paterne* dressé en la cinquième mairie de Mérichon en 1468 et continué par ses successeurs. Ce sont les premières annales de La Rochelle ; 6° *Inventaire des privilèges, chartres, titres et enseignements des maires, échevins, conseillers, pairs et bourgeois manants et habitans de La Rochelle* que le maire Pierre Pierre fit faire à ses frais, et qui fut continué par ses successeurs, Salbert, Pierre Guilmin, etc. Il existe des copies de l'inventaire de 1600 et un résumé des privilèges par ordre des matières ; 7° copies de plusieurs privilèges en latin, enlevés aussi en 1631, nous avons deux recueils analogues, l'un attribué à Mervault, l'autre fait aux frais de Joel de Laurière, pair, qui contiennent à côté de la charte d'Eléonore de 1199, la charte antérieure de Henri II par laquelle après avoir confirmé *libertates et liberas consnetudines* qui leur ont été reconnues par Guillaume de Poitiers et Louis VII, de France, il ajoute : *concedo etiam eis ut habeant COMMUNIAM ad defensionem et securitatem villæ suæ,* on comprend pourquoi les Rochelais avaient coutume de ne dater leur commune que de 1199 ; 8° un registre de *toutes les personnes qui sont jarés de la commune de La Rochelle* ; 9° le livre de la garde de la ville et inventaire de l'artillerie. Il semble exister un extrait de ce dernier livre à la bibliothèque Marsh de Dublin, dans le fonds Bouhereau ; 10° Il nous reste un registre *des statuts et règlemens de l'ancien corps de ville de la Rochelle*, contenant les statuts des corporations d'arts et métiers, des arrêtés sur les secours à donner aux pauvres, etc, ces comptes des trésoriers remontaient à 1499, les registres des conseils de l'hôtel de ville à 1499, quoiqu'ils fussent tenus au moins depuis 1209. Il nous reste quelques registres de la cour de la mairie, compte des trésoriers, lettres écrites ou reçues par les maires, mais en bien petit nombre.

Pendant notre carrière d'archiviste de près d'un demi-siècle, nous avions réuni de nombreux documents biographiques pour compléter la *Biographie de la Charente-Inférieure* qui, grâce à la collaboration si autorisée du regretté professeur M. Henri Feuilleret, avait obtenu une médaille d'honneur de la Société Nationale d'encouragement au bien de Paris.

Un incendie a détruit ce travail. Nous renvoyons donc les chercheurs à la seconde édition de nos *Marins Rochelais*, aux biographies de P.-D. Rainguet, L. Delayant, Ernest Jourdan, Georges Musset, Emile Garnault, lauréats de l'Institut, à l'*Histoire politique et parlementaire de la Charente et de la Charente-Inférieure* par M. Eug. Réveillaud, député de la Charente-Inférieure, à notre sympathique et distingué successeur M. Jules Pandin de Lussaudière.

Puisse cette publication contribuer à l'œuvre du

syndicat d'initiative de notre arrondissement et du Touring-Club, pour la prospérité de notre ville !

« La dignité des familles se maintient et s'accroît, a dit M. Gaston Deschamps, la gloire des cités se conserve et s'agrandit par l'entretien des générations présentes avec ces ancêtres très vénérés et très aimés. Et de la maison héréditaire, de la ville natale où la piété filiale et l'amitié fraternelle maintiennent ces traditions d'honneur, de droiture, de probité privée et de dévouement à la chose publique, on voit rayonner une clarté pure qui contribue au prestige de la patrie.

« Nous comprendrons mieux l'histoire de France lorsque nous connaîtrons la biographie des villes françaises ».

PRÉCIS HISTORIQUE
SUR LA VILLE DE LA ROCHELLE

par A. de Quatrefages de Bréau

**Membre de l'Institut
Professeur au Muséum
Commandeur de la Légion d'Honneur.**

Origine de la ville. — Sa constitution. — Siège de 1573 : triomphe des Rochelais. — Siège de 1627 ; héroïsme inutile des habitants. — Jean Guiton. — La Rochelle actuelle.

Origine de la Ville. — Comme Venise, La Rochelle s'est élevée au milieu des eaux et s'est peuplée de proscrits (1).

La mer, avançant bien au delà de ses limites actuelles, entourait de trois côtés une roche basse formant un petit cap allongé qui semblait sortir de vastes marais (2). Quelques cabanes, groupées autour

---

1. Appelé à La Rochelle en 1853 par l'étude des animaux marins, A. de Quatrefages de Bréau mit ses loisirs à profit pour « étudier sur place le passé de cette ville, à qui il n'a manqué peut-être pour jouer le rôle d'une des grandes républiques italiennes, que de ne pas se trouver écrasée entre la France et l'Angleterre ». A. de Quatrefages a bien voulu nous accorder l'autorisation de faire figurer cet intéressant chapitre des *Souvenirs d'un Naturaliste*, en tête de notre publication.

2. Ce banc de rocher, sur lequel furent construits la tour

d'une tour à côté d'une chapelle et habitées par de pauvres pêcheurs, s'élevaient sur cette espèce d'îlot. Voilà ce que fut La Rochelle jusqu'au commencement du xii° siècle. A cette époque, les serfs de Châtelaillon et de Montmeillan, fuyant leur territoire dévasté par la guerre ou envahi par l'Océan, vinrent chercher un refuge sur ce promontoire écarté. Ils y furent joints par une colonie de *colliberts* chassés du Bas-Poitou, et dès 1152 il fallut bâtir une nouvelle église.

Sa constitution. — A partir de cette époque, l'importance de La Rochelle s'accrut rapidement. Après son mariage avec Eléonore d'Aquitaine, Henri II, jaloux de s'assurer la fidélité d'une ville peuplée de hardis marins et de riches marchands, l'éleva au rang de commune et lui accorda des privilèges considérables. Plus tard, Eléonore lui octroya de nouvelles franchises et organisa cette municipalité

---

et plus tard le château, valut à cette ville le nom latin dont le nom actuel n'est qu'une traduction : *Rupella*, petit rocher.

Histoire de la ville de La Rochelle et du pays d'Aulnis, composée d'après les auteurs et les titres originaux, par Arcère, de l'Oratoire, 1756.

Ernest Jourdan a retrouvé, en 1856, dans les archives de Bayonne et publié dans les *Annales de l'Académie de La Rochelle*, en 1863, le statut primitif de la commune rochelaise. Il résulte de ce travail qui a obtenu une médaille en 1864, au concours des Sociétés savantes, que, contrairement à l'opinion à laquelle Augustin Thierry avait ajouté son autorité, la commune rochelaise n'a point été instituée en 1199 par Aliénor d'Aquitaine, mais qu'elle remonte à Guillaume X, père d'Aliénor, comte de Poitiers, et qu'elle a servi de modèle à la charte dite de Rouen.

énergique et vivace qui lutta contre des têtes couronnées et qui dura plus de quatre cents ans (1).

Le *corps de ville* de La Rochelle se composait de vingt-quatre échevins et de soixante-seize pairs, dont la charge était viagère. Cette espèce de Sénat se recrutait lui-même par voie d'élection. En outre, chaque année, il prenait dans son sein trois candidats parmi lesquels le roi ou son représentant était tenu de choisir le maire, qui, pendant toute la durée de sa charge, exerçait une véritable souveraineté. Le Roi de France nommait, il est vrai, un lieutenant général civil et criminel ; mais ce fonctionnaire ne pouvait lever le moindre impôt et ses prérogatives se bornaient à la nomination du maire et à la présidence de tribunaux entièrement rochelais. Le gouverneur militaire, laissé également à la nomination du roi, ne pouvait rien ordonner aux milices urbaines ni faire entrer un seul soldat dans la ville sans la permission du maire et des échevins. On voit que ces privilèges faisaient de La Rochelle une vraie république, tout aussi libre et en réalité tout aussi peu dépendante de la couronne que les grands fiefs eux-mêmes.

Grâce à ces institutions et aux hommes remarquables qu'elle sut mettre à sa tête, La Rochelle devint

---

1. La constitution rochelaise fut assez profondément modifiée par François Ier en 1535 et rétablie dans sa forme primitive treize ans après, par Henri II. A part cette espèce de suspension, elle s'est conservée presque sans changement de 1198 jusqu'à 1628.

promptement une véritable puissance. A la fois trafiquante et guerrière, elle sut au besoin transformer ses navires de commerce en vaisseaux de guerre, et ses matelots, devenus soldats, méritèrent, depuis les temps de Du Guesclin jusqu'à ceux du duc de Guise, les épithètes de *rusés soudards* et de *braves gens*. Aussi, pendant le moyen âge, joua-t-elle, à diverses reprises, un rôle politique important. On la voit, entre autres, faire une guerre heureuse aux rois d'Aragon, chasser les Anglais (1) à qui le traité

---

1. Louis VIII, qui avait succédé à Philippe-Auguste, se présenta devant La Rochelle, le 15 février 1214, après avoir emporté, presque sans coup férir, Niort et Saint-Jean-d'Angély. Savari de Mauléon, sénéchal d'Aquitaine pour le roi Henri III d'Angleterre, s'était enfermé dans la place avec deux cents chevaliers. Il dirigea la défense avec une grande énergie, et fut vigoureusement secondé par les bourgeois rochelais. Les principales communes de la Guyenne et de la Gascogne anglaise, dit Henri Martin, avaient envoyé des renforts, et l'on semblait, des deux côtés, estimer la destinée des possessions anglaises du continent attachée à cette importante ville maritime, où les rois des Anglais et leurs hommes d'armes avaient coutume de prendre terre.

L'Angleterre, cependant, ne fit rien pour conserver La Rochelle. Toutes les forces du roi Henri III étaient occupées contre ses barons, soulevés par de téméraires violations de la Grande Charte ; le péril des provinces d'outre-mer ne rapprocha pas les partis ; les barons anglo-normands se souciaient peu que leur roi gardât ou perdît les possessions que leur instinct national leur faisait considérer comme étrangères à l'Angletere. Peut-être même souhaitaient-ils d'être séparés de ces Poitevins et de ces Gascons qui servaient d'instruments à la tyrannie royale contre eux. Henri n'envoya point de soldats à son sénéchal. Savari espérait au moins qu'on lui fournirait les moyens de payer ses mercenaires. On prétend qu'Hubert du Bourg, *chief justice* (chande Brétigny l'avait livrée et venir en aide à Du Guesclin ; résister aux Anglais et aux Bourguignons pendant la démence de Charles VI, et fournir à Charles VII la flotte qui l'aida à reconquérir Bordeaux.

---

celier) et premier ministre de Henri III, lui expédia en effet des coffres-forts lourds : que lorsqu'on ouvrit ces *huches*, on n'y trouva, au lieu d'argent, que des pierres et du son. Quoi qu'il en soit de cette singulière anecdote, la garnison et les bourgeois se décidèrent à capituler. On dit que Louis acheta les chevaliers de la garnison par *bonne somme et munificence*. Quant à la bourgeoisie, elle stipula le maintien de ses franchises ».

Cette capitulation eut lieu le 3 août 1224.

La Rochelle resta française pendant cent trente-six ans. Elle retourna aux Anglais en 1360, en vertu du funeste traité de Brétigny. Mais l'esprit des Rochelais avait bien changé, et ils se résignèrent malaisément à leur sort. « Nous obéirons aux Anglais des lèvres, dirent les magistrats de la commune quand ils reçurent les ordres du roi, mais les cœurs ne s'en mouvront. »

Aucune avance, aucune faveur d'Edouard III ne put altérer en eux ce sentiment de la nationalité que les attaques des Anglais firent naître à cette époque ou développèrent sur tout le territoire de l'ancienne Gaule. En 1372, le comte de Pembroke, neveu d'Edouard, partit d'Angleterre avec une flotte considérable, des soldats, des chevaliers et beaucoup d'argent. Sa mission était de porter secours à l'Aquitaine, menacée par le connétable Du Guesclin. Il devait débarquer à La Rochelle. Il trouva dans le golfe étroit et profond dont cette ville occupe l'extrémité orientale une flotte espagnole qui lui fermait l'entrée du port. Charles V, informé des projets de l'ennemi, avait réclamé le secours du roi de Castille, son allié. Les amiraux castillans avaient plus de vaisseaux que le comte de Pembroke. L'Anglais, cependant, engagea la bataille. Il comptait sur le concours de la marine rochelaise. Mais le gouverneur, malgré les plus vives instances, ne put obtenir qu'elle se mît en mouvement. « Nous avons notre ville à garder », dirent les

Pendant cette longue période, l'esprit qui anime La Rochelle reste toujours le même, et peut se traduire en deux mots : attachement sans bornes à ses privilèges, fidélité inaltérable au roi qui les garantit.

---

magistrats municipaux. Pendant tout le jour (23 juin 1372) ils restèrent spectateurs du combat, spectateurs immobiles, mais non pas indifférents, car ils souhaitaient avec ardeur la défaite de la flotte anglaise. Leurs vœux furent exaucés. La bataille, interrompue par la nuit, recommença le lendemain. « Les Espagnols avaient pris l'avantage du vent pour *enclore* les nefs des Anglais : s'attachant vaisseau à vaisseau avec de grands crochets et des chaînes de fer, du haut du pont de leurs grands navires, ils accablaient l'ennemi de barres de fer, de pierres et même de boulets, car plusieurs de leurs nefs étaient armées de canons ; puis ils attaquaient à l'abordage les Anglais harassés et mutilés. Après une vaillante défense, le comte de Pembroke se rendit à Cabeza de Vaca, et tous les Anglais furent tués ou pris ; le vaisseau qui portait la finance, destinée à soudoyer les Poitevins et les Gascons, avait été coulé à fond. » (Henri Martin.) Encouragé par ce succès, le connétable entra vivement en campagne, et emporta rapidement Montmorillon, Chauvigny, Moncontour, Lussac, Saint-Séver ; les habitants de Poitiers lui livrèrent cette importante cité. Saint-Jean-d'Angély, Taillebourg, Angoulême ouvrirent leurs portes à la bannière fleurdelysée. Les bourgeois de Saintes se soulevèrent, et firent prisonnier leur sénéchal anglais, qu'ils livrèrent, avec leur ville, aux capitaines du roi de France. Les Rochelais en auraient bien voulu faire autant ; mais une forte garnison anglaise qui occupait le château les tenait en bride. Enfin, raconte, d'après Froissart, Henri Martin : « Jehan Chaudrier s'avisa d'un adroit stratagème pour s'en débarrasser. Un jour, ce magistrat manda Philippot Mansel, commandant du château, « pour parler des « besognes du roi d'Angleterre ». Après qu'ils eurent bien et grandement dîné, Jehan Chaudrier fit apporter une belle lettre qu'il avait reçue du roi Édouard, et, de vrai, Philippot

La République revendique comme un honneur son titre de vassale de la couronne ; en revanche, elle demande qu'avant d'entrer en ses murs, le suzerain jure de respecter ses libertés. A cette condition seule, le maire coupe le cordon de soie tendu devant

---

Mansel reconnut le scel royal. Mais, comme il ne savait pas lire, Jehan Chaudrier lui lut la dépêche, accommodant les paroles à sa volonté. « — Châtelain, dit Chaudrier, vous « voyez comme le roi commande à vous d'*issir* (de sortir) « demain hors du château pour faire la *montre* (revue) de vos « gens, et à nous, de faire pareillement la nôtre. » — Le châtelain, qui n'y entendait que tout bien, dit qu'il le ferait très volontiers. Il sortit donc, le lendemain matin, avec soixante hommes d'armes, et se rendit sur une esplanade voisine du château. Mais à peine était-il dehors que quatre cents bourgeois, embusqués dans des masures qui bordaient l'esplanade, se jetèrent entre lui et le château et lui coupèrent la retraite. Philippot Mansel et ses hommes, assaillis par toute la commune de La Rochelle, furent pris, et contraints, pour sauver leur vie, de livrer le château.

« Les Rochelais qui s'étaient faits libres sans l'assistance des hommes d'armes du roi, ne reçurent pas dans leur ville les troupes royales, mais leur demandèrent trêve, et envoyèrent douze députés à Paris, proposer à Charles V les conditions de leur obéissance, à savoir : 1° l'autorisation de raser le château qui les avait fort *grevés* en diverses occasions ; 2° la promesse de n'être jamais, à l'avenir, démembrés du royaume de France, par mariage, traité de paix ou autrement ; 3° l'établissement d'un hôtel de monnaies dans leur ville ; 4° la promesse qu'on ne les soumettrait jamais sans leur aveu à aucunes tailles, subsides, gabelle ni fouage. Charles V agréa tout, scella de son sceau les chartes qu'ils demandaient et *donna de beaux joyaux aux envoyés pour reporter à leurs femmes*. » Il y ajouta la concession des privilèges de noblesse au maire, aux échevins et à tous leurs successeurs.

Les Anglais n'essayèrent pas de reprendre La Rochelle,

la porte de la ville ; mais aussi, à cette condition, La Rochelle ne marchande jamais ni sang ni or, et la couronne trouve toujours en elle un de ses plus fidèles, de ses plus utiles appuis.

Mais un jour, l'épée de Montmorency tranche le cordon qu'avaient respecté tant de rois, et Charles IX entre, sans prêter le serment voulu, dans La Rochelle devenue protestante. La marche de la société, l'antagonisme des croyances religieuses ont rompu l'accord consacré par trois siècles de dévouement d'une part, de bienveillance de l'autre. La guerre éclate et se poursuit, tantôt sourde, tantôt ouverte. Alors La Rochelle semble puiser un surcroît d'énergie dans l'association d'une forme politique vieillie et d'une foi nouvelle. Pendant près de cent ans, elle lutte toujours avec honneur, souvent avec succès. Deux fois elle voit devant ses murs toutes les forces du royaume, et si enfin elle succombe, ce n'est que devant le génie inflexible et patient de Richelieu.

Parmi les événements qui signalent la triste période de nos guerres religieuses, il en est peu qui égalent en importance les deux sièges de La Rochelle

---

et cette ville n'eut point à souffrir des désastres qui suivirent la bataille d'Azincourt. Toute son activité se porta sur le commerce et la navigation. Ce fut de son port que Jean de Béthencourt partit avec deux navires, pour aller découvrir les îles Canaries.

Le sceau de la monnaie de La Rochelle représente un navire entrant à pleines voiles dans le port avec cet exergue : 1372. SIGILLVM MONETÆ RUPELLANÆ — de R.

par les troupes royales. L'insuccès du premier releva le parti calviniste au lendemain même de la Saint-Barthélemy, et arracha à Charles IX, un an à peine après ce grand forfait, un des édits les plus favorables qu'eussent encore obtenus les réformés. L'issue du second détruisit la dernière citadelle des protestants, et les fit rentrer de force dans la loi commune. A partir de cette époque, le protestantisme ne fut qu'une religion et non plus un parti politique. Aussi le récit de ces deux sièges occupe-t-il une large place dans les annales de La Rochelle ; nous allons en rappeler les traits principaux.

Siège de 1573.— Triomphe des Rochelais.— Tenus en défiance par des préparatifs qui se faisaient à leurs portes sous prétexte d'une expédition en Floride, les Rochelais n'avaient cru qu'à demi à la paix de Saint-Germain. Les massacres du 24 août 1572 les trouvèrent donc sur leurs gardes, et aux premières nouvelles, ils se préparèrent à défendre courageusement leur vie et leur religion (1). Le maire, Jacques Henri, mit la ville en état de défense et arma tous les habitants. Paris, Orléans, Tours, Bordeaux, Castres, Nîmes lui envoyèrent une foule de calvinistes échappés au fer des assassins, et ces

---

1. *Histoire du siège de La Rochelle par le duc d'Anjou en 1573*, par A. Genet, capitaine du génie. L'auteur de cette relation, faite surtout au point de vue militaire, a réuni dans son travail tous les documents laissés sur ce siège. C'est de lui et du Père Arcère que nous avons extrait le résumé qu'on va lire.

réfugiés formèrent le redoutable corps des *enfants perdus* ; mais, malgré tout leur courage, ces soldats inexpérimentés auraient difficilement tenu tête aux troupes royales, si un événement assez inattendu ne leur fût venu en aide.

Après bien des refus, le brave La Noue, nommé par Charles IX, gouverneur militaire de La Rochelle, avait accepté cette charge. Egalement dévoué à son roi et à ses coreligionnaires. — La Noue était calviniste, — il partit promettant de tout faire pour amener la ville à se soumettre, mais déclarant en même temps que, jusqu'à la paix, il l'aiderait de ses conseils et de *son épée*. La Noue tint parole aux deux partis. Nommé *gouverneur pour les armes* par les Rochelais et investi, sous ce titre, d'une véritable dictature militaire, on le vit constamment payer de sa personne, comme chef et comme soldat, contre les troupes royales, en même temps qu'il prêchait sans cesse la soumission au roi. Malheureusement ce rôle étrange, si loyal dans ses apparentes contradictions, ne pouvait se soutenir longtemps au milieu des passions violentes qui dominaient à la cour et dans La Rochelle. Bientôt La Noue eut perdu toute autorité, et, vers le milieu du siège, il sortit de la ville avec le regret de n'avoir pu remplir sa mission. Le départ de leur brave chef eût pu être fatal aux Rochelais, mais il leur laissait une forte organisation militaire, des bandes aguerries et disciplinées par lui, des chefs dont le courage s'était éclairé de son expérience et ce n'est peut-être pas exagérer que d'attribuer en partie le triomphe de La Rochelle au séjour de quatre mois que La Noue avait fait dans ses murs (1)

Déjà le territoire de La Rochelle avait été envahi et la place investie, lorsque le duc d'Anjou vint prendre le commandement du siège. Avec le vainqueur de Jarnac et de Montcontour arrivaient le duc d'Alençon, son frère, et Henri de Navarre. Autour d'eux se pressait l'élite de la noblesse française, le prince de Condé, les ducs de Nevers, de Longueville, de Guise et de Mayenne ; le duc d'Aumale, le héros catholique de la *Henriade*, à qui Charles IX avait confié la direction du siège ; les maréchaux de Brissac et de Montluc ; le comte de Retz, l'amiral Strozzi, Gonzague, Crillon, Tallard, Goas, Brantôme, qui devait plus tard raconter ces guerres, où il avait joué un rôle, et une foule de gentilshommes jaloux de se signaler sous les yeux de ces illustres chefs, avides de porter les derniers coups au parti calviniste.

Entourée aux trois quarts par la mer ou des ma-

---

1. François de La Noue (1531-1591) de l'aveu du Père Arcère « aussi honnête homme que grand homme de guerre, habile capitaine comme César et savant comme lui, sut manier également l'épée et la plume ; il fut militaire et auteur, et s'il fit des choses dignes d'être écrites, il en écrivit qui méritent d'être lues ». Ses *Discours militaires et politiques*, qui ont été souvent réimprimés, l'ont placé parmi les prosateurs les plus éminents du XVIe siècle, en même temps qu'ils nous révèlent la noblesse de son âme, l'étendue de son esprit et l'exquise délicatesse de ses sentiments. Sa vie a été, entre autres écrite par Amyrault, par Mme C. Vincens et par M. H. Hauser.

récages, La Rochelle ne pouvait être attaquée que par son côté nord. Là aussi seulement se trouvaient quelques fortifications modernes, et entre autres le bastion de la Vieille Fontaine et celui de l'Evangile, que surmontait le cavalier de l'Epître. Ce fut en face de ce dernier que la tranchée s'ouvrit dans la nuit du 26 au 27 février 1573. Bientôt soixante pièces de siège tonnèrent sans relâche contre La Rochelle. Les tours et les clochers crénelés tombèrent l'un après l'autre. Le duc d'Anjou, croyant alors les assiégés frappés de terreur, les fit sommer de se rendre. Pour toute réponse, une double sortie ordonnée par La Noue alla détruire en partie les travaux commencés. Les Rochelais ripostaient de leur mieux, et, le 3 mars, un boulet emporta le duc d'Aumale. Cette mort fut une grande perte pour les assiégeants. Elle leur enleva un chef aussi expérimenté que brave, exalta le courage des assiégés, terrifia la cour de France, et, en faisant trembler Catherine pour les jours de son fils, lui arracha une lettre où elle se montre mère bien plus tendre qu'on ne le croit généralement (1).

---

1. Voici la lettre de Catherine, écrite, à cette occasion, au duc de Montpensier : « Mon Cousin. — Vous savez la fienze et créanse que mes enfants ont en vous. Je vous prie quelque mine qu'il vous faset ne creindre à les empêcher du tout, de n'aler plus, ou yl on toujours alé ; car vous voyez l'ynconvényant aveneu au pouvre Monsieur d'Aumale ; y lour en peut avenir aultant, et pour l'honneur de Dieu mettez-vous tous ensemble et les empêchez, comme aussi le Roi, mon fils pour le regret qu'il a d'avoyr perdu un tel prinse contre des bélistres. Yl vous envoye à tous ce jeantilhomme pour vous commander

Jacques Henri n'était plus maire : à l'expiration de sa magistrature, il avait été remplacé par Morisson, qui se montra son digne successeur. Les tranchées avaient atteint le fossé, qui devint le théâtre journalier de combats sanglants. Treize cents coups de canon avaient bouleversé le haut des remparts et ruiné en partie le bastion de l'Evangile. Alors les assiégeants construisent un pont mobile qui leur permettra de gagner le pied de la brèche à l'abri du feu des casemates. De leur côté, les assiégés fabriquent l'*encensoir*, espèce de bascule destinée à verser des chaudrons de poix bouillante sur les assaillants. De part et d'autre, tout se prépare pour un premier assaut. Il est livré le 7 avril. Malgré les ordres formels du duc d'Anjou et de Gonzague, qui dirigeait le siège depuis la mort du duc d'Aumale, la noblesse se mêle aux soldats chargés de la première attaque. Guise, Clermont, Tallard, Tavannes et Crillon s'élancent dans le fossé et courent aux casema-

---

de ne vous hazarder de fason qu'yl vous perde, car yl désire la conservation de vous tous plus que la prise de La Rochelle encore que le lui importe de la conservation de son royaume et ne veult que neul prinse alet allasault, comme lui ha fest entendre Le Fevre, que tous ces jeunes yl vouluynt aler, yl vous mande à vous aultres vieulx de les enangarder, Je prie à Dieu qu'il sêt rendet et les faut recevoir à toutes compositions plutôt que plus perdre de vous aultres. Je prie Dieu de vous vouloir bien garder.

« Votre bonne cousine,
CATHERINE
« Le 17 mars »

tes, dont ils s'emparent d'abord ; mais le capitaine Duverger-Beaulieu revient sur ses pas, et Guise est forcé de reculer, emportant Tallard blessé mortellement et laissant derrière lui de nombreux cadavres. Sur la brèche, Caussens et Goas ont rencontré Rochelais et Rochelaises (1), celles-ci lancent des artifices, manœuvrent l'encensoir et rivalisent avec les hommes de courage et de mépris de la mort.

En vain les royalistes déploient une égale valeur, en vain de nouveaux renforts viennent combler leurs pertes, en vain quelques gentilshommes, mêlés à de simples soldats, atteignent-ils le sommet de la brèche ; ils sont aussitôt précipités au milieu des décombres, et lorsqu'à la nuit tombante le duc d'Anjou

---

1. Pendant tout le siège, les Rochelaises jouèrent un rôle important dans la défense. Dès les premiers jours, on les vit, surmontant leur timidité naturelle, aller porter des rafraîchissements aux combattants au plus fort des attaques. Peu à peu enhardies, elles luttèrent souvent corps à corps. Ainsi pendant le premier assaut, un parc de muraille s'étant ébranlé à l'improviste, cette brèche fut aussitôt attaquée par les royalistes et défendue d'abord seulement par les femmes, parce que tous les hommes étaient occupés ailleurs. Dans l'un des assauts généraux de la fin du siège, les hommes accablés de fatigue, après avoir repoussé plusieurs fois l'ennemi, en étaient venus à ne pouvoir plus soutenir le poids de leurs armes. Les femmes s'armèrent à leur place et soutinrent seules l'effort des assiégeants pendant que leurs pères, frères et maris, prenaient quelques instants de repos. On les vit même se mêler aux sorties ; et les vieux manuscrits cités par Arcère, quoique écrits par des hommes peu favorables aux Rochelais, constatent qu'à diverses reprises leur conduite fit naître l'admiration dans le camp royaliste.

fait sonner la retraite, il peut compter plus de trois cents morts et un nombre infini de blessés, entre autres Tallard, qui mourut quelques jours après, Gonzague, Strozzi, Goas et la plupart de ces gentilshommes que leur courage irréfléchi avait conduits au premier rang.

Le 8 et le 10 du même mois, les mêmes efforts sont tentés par les assiégeants avec un résultat tout pareil. Le 14 est désigné pour un quatrième assaut. Les mines placées sous le bastion de l'Evangile doivent donner le signal. Ces mines sont chargées et bourrées sous les yeux du duc d'Anjou entouré de toute sa cour. L'explosion emporte toute la pointe du bastion, en même temps que les débris, retombant sur l'armée royale, écrasent, au dire de Brantôme, plus de deux cent cinquante soldats ou pionniers. Les bataillons d'attaque s'élancent pour profiter d'un passage si chèrement acheté, mais ils trouvent sur la brèche des adversaires aussi résolus que les jours précédents. Rien ne peut entamer ce rempart vivant, et aux victimes de l'explosion les royalistes ont à ajouter les morts nombreux restés sur les débris fumants du bastion.

Quelque temps suspendues par l'apparition d'une flotte anglaise et les craintes qu'inspirait le dévouement de Montgomery (1), les opérations reprennent

---

1. La conduite d'Elisabeth, pendant tout le siège de La Rochelle, paraît avoir été dirigée par le désir de voir les deux partis s'affaiblir réciproquement. A plusieurs reprises,

bientôt une activité extrême. Les royalistes reçoivent des renforts considérables et serrent de plus près la ville, où règne bientôt la famine. Chaque jour, de sanglantes escarmouches ont lieu, tantôt dans les fossés, tantôt sur les plages laissées à sec par le reflux, et où une population affamée va chercher les coquillages, devenus presque son unique nourriture. Des surprises de tout genre sont tentées, et l'une d'elles, faite de nuit par Sainte-Colombe, est près de réussir. De nouvelles mines bouleversent le bastion de l'Evangile, qui résiste, le 28 avril, à un cinquième assaut. Le duc d'Anjou recourt alors à des attaques générales. Le 17 mai, au moment de

---

elle laissa percer beaucoup de mauvaise volonté envers ces protestants dont la marine prenait un développement dangereux pour la sienne propre. La manière dont le commandant anglais se conduisit dans la circonstance dont il est fait mention dans le texte semble avoir été concertée à la fois pour perdre un des chefs calvinistes les plus entreprenants et pour anéantir bon nombre de vaisseaux appartenant à ce parti. Montgomery avait réuni dans les ports anglais cinquante-trois bâtiments dont seize étaient sous ses ordres immédiats et portaient des hommes à lui. Cette flotte était supérieure en nombre à la flotte royale qui barrait le port de La Rochelle, mais inférieure par la force des bâtiments. En conséquence, il avait été convenu que dans le combat deux et même trois vaisseaux protestants attaqueraient un seul vaisseau catholique. On était allé jusqu'à désigner ceux qui devaient aborder l'amiral français. Arrivé en vue du port, Montgomery marcha droit à la flotte ennemie, conformément à ce plan de bataille. Le commandant anglais, au contraire, se tint immobile au large, et Montgomery ayant à combattre seul avec ses seize vaisseaux contre toutes les forces de ses adversaires, dut s'estimer heureux de se retirer sans être poursuivi.

la basse mer, La Rochelle est assaillie sur tous les points et toujours sans succès.

On recommence le 26 du même mois, et cette fois tous les chefs royalistes veulent payer de leur personne. Montluc est chargé du commandement en chef, Strozzi et Goas montent les premiers à la brèche, à la tête de six mille Suisses qui viennent d'arriver au camp. Derrière eux viennent les gentilshommes guidés par le prince de Condé et les ducs de Guise et de Longueville. Les Rochelais les reçoivent avec leur intrépidité ordinaire, et tout d'abord Strozzi est blessé d'un coup d'arquebuse. Les soldats reculent, et l'assaut est interrompu. Il recommence bientôt plus furieux. La noblesse a pris la tête et s'élance avec une sorte de désespoir sur cette brèche toujours ouverte, toujours inabordable ; mais en vain s'épuise-t-elle en efforts, en vain cinq fois repoussée, revient-elle cinq fois à la charge. Après avoir vu tomber vingt-huit capitaines à côté de plus de mille soldats le duc d'Anjou fait sonner la retraite et s'avoue vaincu, une septième fois.

Ce dernier insuccès avait terrifié l'armée royale. Plusieurs jours se passent à réveiller l'énergie des soldats. Enfin un huitième assaut est décidé, et, pour en assurer le succès, on adopte le plan du duc de Nevers, qui veut user à la fois de ruse et de force. Pendant toute la nuit du 12 juin, de fausses attaques tiennent la garnison sur pied, toutes les batteries tonnent et foudroient la ville. A l'aube, le feu se ralentit, s'éteint peu à peu et tout semble rentrer dans le repos. Les assiégés, trompés par ce calme menteur, vont se reposer, ne laissant aux murailles qu'une faible garde, qui elle-même succombe à la fatigue et s'endort. Alors s'ébranle l'élite de l'armée assiégeante. Guise se dirige vers le bastion de l'Evangile, Henri de Navarre vers celui de la Vieille-Fontaine. Des échelles sont dressées en silence contre les murs de ce dernier ; l'escalade réussit, et déjà les royalistes se groupent dans le chemin de ronde, lorsqu'un cri de triomphe prématuré réveille un poste de Rochelais. Aussitôt ceux-ci s'élancent sur les assaillants, tuent tous ceux qui ont gravi le rempart et renversent les échelles, au moment même où Strozzi et le duc de Longueville y mettaient le pied. De son côté, Guise avait enfin franchi la brèche, il était entré dans le bastion de l'Evangile ; mais là il découvre un nouveau fossé, nouveau rempart élevé à l'intérieur pendant le siège, et, à l'aspect de ces obstacles imprévus, ses soldats épouvantés jettent leurs armes et fuient sans même essayer de combattre.

Cette fois, La Rochelle était sauvée. Tant d'échecs successifs avaient porté à son comble la démoralisation de l'armée royale. Des maladies s'étaient déclarées dans le camp et décimaient les soldats. Les plus fermes capitaines étaient découragés. Le duc d'Anjou qui venait d'être élu roi de Pologne, qui avait dans son camp les ambassadeurs chargés de l'amener dans ses nouveaux Etats, désirait un accommodement qui sauvât les apparences et lui permît de s'éloigner.

Catherine voyait se flétrir la gloire de son fils préféré. Des négociations sérieuses s'ouvrirent, et comme premier gage de bonne foi, les Rochelais obtinrent que les assiégeants détruiraient tous leurs travaux d'attaque. Enfin Charles IX signa l'édit de pacification. Les Rochelais avaient conquis la liberté de conscience, non seulement pour eux, mais encore pour tous leurs coreligionnaires du royaume.

Siège de 1627. — Héroïsme inutile des habitants. — Malheureusement cette paix fut aussi *boiteuse* que les précédentes. Les hostilités recommencèrent bientôt. Suspendues tant que régna Henri IV, elles se réveillèrent presque aussitôt après le crime de Ravaillac. La construction du fort Louis, qui dominait et battait la ville, devint pour les Rochelais une cause incessante d'inquiétude et d'irritation. Chaque nouveau traité avait beau renfermer une clause spéciale qui promettait la démolition de cette citadelle, elle restait toujours debout, rappelant la sinistre prédiction de Lesdiguières : « Il faut que la ville avale le fort, sinon le fort avalera la ville. » Enfin, en 1627, Richelieu parut devant La Rochelle, et, dès les premiers jours, les habitants durent comprendre que c'était fait de la vieille République d'Eléonore.

Le siège de 1573 avait eu les caractères d'une époque où la tradition chevaleresque ne s'était pas encore effacée. C'est de haute lutte que les capitaines du duc d'Anjou avaient voulu réduire la ville rebelle. Prodigues de leur propre vie, ils avaient peu marchandé celle de leurs soldats. La fureur de l'attaque, l'énergie de la résistance expliquent la nature et l'énormité de pertes éprouvées par les deux partis, surtout par l'armée royale (1) en même temps qu'elles permettent de comprendre le résultat de l'entreprise. Cette manière de combattre laissait une chance à l'héroïsme, et cette chance avait été pour les Rochelais.

Imiter le duc d'Anjou, c'était vouloir se heurter aux mêmes obstacles et s'exposer à échouer comme lui. Aussi Richelieu, décidé à détruire en France le parti protestant, qu'il soutenait en Allemagne, suivit-il dès d'abord une toute autre tactique. Pour ne rien laisser au hasard dans ce terrible jeu de la guerre, il changea le siège en blocus. Par ses ordres, un fossé de six pieds de profondeur, de douze de

---

1. Voici, d'après les documents officiels recueillis par M. Genet, la composition et les pertes des deux armées.
Le recensement fait par La Noue, le 9 février, porte :

	Hommes	Total
8 compagnies urbaines de.....................	200	1600
5 grandes compagnies d'étrangers réfugiés	120	600
4 petites compagnies d'étrangers réfugiés.	50	200
1 compagnie du maire, formée de tout le corps de ville et des principaux habitants.....................................	»	150
1 compagnie de cavalerie...	»	200
1 compagnie de gentilshommes et officiers.	»	100
1 compagnie de pionniers................	125	250
22		3.100

L'armée royale avait reçu à diverses reprises et avant les derniers assauts :

largeur et de trois lieues de développement, fut creusé autour de La Rochelle, et vint déboucher des deux côtés à l'entrée de la baie. Derrière ce fossé s'éleva un parapet flanqué de dix-sept forts et d'un plus grand nombre de redoutes armées d'une formidable artillerie. Quarante mille hommes d'élite commandés par les plus habiles généraux du royaume campèrent en dehors de ces lignes, avec ordre de ne combattre que pour repousser les assiégés, et des châtiments sévères infligés aux plus ardents apprirent bientôt à l'armée que c'était là un ordre sérieux (1).

Infanterie....	27.000	hommes
Suisses....................	6.000	—
Cavalerie.................	1.500	—
Canonniers...............	300	—
Pionniers.................	3.000	—
Charretiers conducteurs....	600	—
Troupes de marine.........	2.000	—
Total........	40.400	hommes

Les Rochelais eurent environ 1.300 bourgeois ou réfugiés tués, parmi lesquels il faut compter 28 pairs ou échevins. Le maire, Morisson, dont l'énergie et l'activité aidèrent si puissamment au salut de la patrie, mourut, peu de jours avant la levée du siège, des suites de ses fatigues.

L'armée royale perdit en tout 22.000 hommes. Plus de 10.000 avaient péri sur la brèche ou dans diverses rencontres, et parmi eux on compte 200 officiers, 50 capitaines dont le nom avait marqué dans les guerres précédentes et 5 mestres de camp.

On voit que les pertes durent être dans les deux partis presque proportionnelles au nombre, et que ce siège coûta la vie à la moitié de ceux qui y prirent part, soit, comme assiégeants, soit comme assiégés.

1. La Meilleraie, depuis maréchal de France, ayant

Tranquille du côté de la terre, Richelieu s'occupa de la mer. L'anse au fond de laquelle était bâtie la ville séparait les deux extrémités de l'enceinte précédente par un canal d'environ 1.400 mètres, que les navires de La Rochelle franchissaient malgré le feu des batteries et des forts, que pouvaient tenter de traverser les Anglais, ces douteux alliés de la commune. Richelieu voulut le barrer. Sous ses yeux, Clément Métezeau enfonça des pilotis, submergea des navires chargés de pierres, et éleva sur ces fondations une digue dont la hauteur dépassait celle des plus hautes marées. Un goulet de quelques toises laissé au milieu fut défendu par deux petites jetées accessoires chargées de bouches à feu, par deux forts et par une triple enceinte de vaisseaux de guerre toujours prêts au combat, de poutres reliées par des anneaux de fer, et de navires à l'ancre dont les proues tournées vers le large et armées de longs éperons devaient arrêter les brûlots et les *foudroyants* (1). Cela fait, Richelieu attendit avec la patience qu'inspire la certitude du succès.

---

accepté le défi qu'un gentilhomme protestant, nommé La Coutencière Bessai, avait adressé aux assiégeants, faillit périr dans cette rencontre et se retira blessé. Peut-être sa défaite fut-elle pour quelque chose dans la sévérité déployée par Richelieu, qui le fit dégrader et condamner au bannissement par un conseil de guerre. Mais La Meilleraie était cousin de Richelieu, et il obtint bientôt sa grâce (Arcère).

1. Espèces de mines flottantes, formées avec des navires maçonnés à l'intérieur, que l'on plaçait près d'une digue pour la renverser par l'explosion.

En effet, la chute de La Rochelle n'était plus qu'une question de temps. Ses habitants, séquestrés ainsi d'une manière absolue, eurent bientôt épuisé tout ce qu'ils possédaient de vivres. La famine devint horrible. Les détails transmis à ce sujet par des témoins oculaires sont effroyables. Après avoir mangé les plus immondes animaux, après avoir essayé de remplacer le blé par des os et du bois pilé, la viande par du cuir et du parchemin, les Rochelais en vinrent à tromper leur faim avec du plâtre et des ardoises broyées. Plusieurs se nourrirent de cadavres, et l'on vit une femme mourir en dévorant son propre bras. Les morts tombés dans les rues y pourrissaient sans sépulture. Les vivants, *couverts d'une peau noire et retirée que les os écorchaient*, éprouvaient d'atroces douleurs au moindre contact. Vers les derniers temps du siège, il mourut jusqu'à *quatre cents* personnes par jour. Aussi lorsque, après quatorze mois et seize jours de siège, Louis XIII fit son entrée dans La Rochelle, il ne put retenir ses larmes, à l'aspect de tant de souffrances, dont les preuves frappaient ses yeux, malgré les précautions prises pour lui en épargner le spectacle (1). Cinq mille Rochelais seulement le reçurent en criant grâce. Des vingt-huit mille habitants que la ville renfermait au

---

1. La Rochelle se rendit le 26 octobre 1628, mais le Roi ne rentra dans ses murs que le 1ᵉʳ novembre. Ces deux jours furent employés à nettoyer les rues, à enterrer les cadavres, et à distribuer des vivres à ce qui restait d'habitants.

commencement du siège (1) vingt-trois mille étaient morts de faim (2) !

---

1. Recensement officiel fait par le maire Jehan Godeffroy.
2. Un millier de personnes moururent encore des suites de leur misère après la reddition de la place. Ainsi de la population primitive de La Rochelle il ne resta qu'environ quatre mille âmes.

V. *Les derniers temps du siège de La Rochelle (1628). Relation du nonce apostolique* publiée par M. Rodocanachi (1899).

« Don inutile fait par Sa Majesté Louis XIII pendant ce siège de La Rochelle, 30 octobre 1627 » (archives de la Charente-Inférieure). Aujourd'huy dernier jour d'octobre mil six cent vingt-sept, le Roy estant au camp devant La Rochelle, désirant gratiffier et favorablement traicter le sieur André Bobiet, en considération de ses bons et agréables services, Sa Majesté luy a accordé et faict don de tous les biens meubles, immeubles et effectez, en quelque part qu'ils soient sciz et scituez, du sieur Richard, Ester Brilhouet, veufve de feu Me Jean Thomas, procureur, ses enfans, gendres et héritiers, de Daniel Barrault, du sieur de Louaille, de la veufve et enfans héritiers de feu Mme Louis Massiot, sieur de Rosne, sieur de La Jarrie, acquis et confisquez à Sa dite Majesté par leur rébellion et désobéissance n'ayant à cet effect commandé et expédier audit sieur Bobiet touttes lettres nécessaires pourveu qu'elle n'en ayt disposé cydevant en me rapportant arrest de la chambre de son Domaine pour ce establye et cependant le présent Brevet qu'elle a voulu signer de sa main et faict contresigner par moy son conseiller et secrétaire d'Estat de ses commandements et finances.

Signé : Louis

Contresigné : L. Beauclerc

Il résulte des termes mêmes de cette donation que les domaines confisqués furent plusieurs fois distribués et que par conséquent quelques-unes de ces donations n'eurent aucune valeur, ce qui explique l'annotation *don inutile*

« Un vieux secrétaire de Sully, qui s'était enfermé au siège et vit cette désolation, dit ce mot prophétique : « Voici les huguenots à la merci des puissances qui les détruiront. On en fera autant des peuples qui ne sont pas huguenots. » La richesse en effet, la subsistance même, iront toujours diminuant en ce siècle. La France, sous Richelieu, maigrira de sa gloire et n'engraissera pas sous Colbert. En 1709, je la cherche et ne vois plus qu'un os rongé. Est-ce à dire qu'il n'y aura aucun progrès ? On aurait tort de le croire. En ce pays de violence, le progrès s'accomplit par des voies d'extermination. Une France meurt avec La Rochelle et l'émigration de l'Ouest. Une France meurt par les dragonnades et la banqueroute. Une en 93. Une en 1815. Il y a toujours des Frances à dévorer. Puis toujours des sophistes pour la complimenter à chaque destruction. Quelle belle chose que ce pays, au moment de lutter contre l'Autriche et l'Espagne, se soit retranché son meilleur membre et détruit ses meilleurs marins (1) !

écrite au dos du parchemin. Ces libéralités en double emploi indiquent combien avides à la curée étaient les demandeurs.

Louis XIII donna aussi à un gentilhomme de la maison de Gaston d'Orléans, Nicolas Tournyer, écuyer, pendant le siège de La Rochelle, les domaines confisqués sur Nicolas Baudouin, écuyer sieur de Belœil et le capitaine Samuel Meschinet, écuyer sieur de Richemond qui étaient au nombre des défenseurs de La Rochelle, ainsi que les actes notariés en font foi (Minutes de Cousseau chez M° Edouard Bonniot) X. Carré de Busserolles (Armorial de Touraine).

1. J. Michelet. *Henri IV et Richelieu,* p. 451.

Richelieu fut haï de la nation qu'il sauva de l'invasion, et de l'Europe dont il aida la délivrance. Henri IV, qui n'eut le temps de rien faire, fut adoré de tous. La charmante auréole de la France en ce temps, la puissante attraction qui lui jetait l'Europe dans les bras, hélas! que devint-elle alors ?

Qui désirait sous Henri IV de devenir Français ? Tout le monde. Et qui sous Richelieu ? Personne (1).

Le très lumineux esprit de Richelieu et, dirai-je, son âme française le firent vouloir contre sa nature l'alliance avec l'Angleterre, la Hollande, le Danemark et les protestants d'Allemagne, ce qui impliquait des ménagements pour les protestants de France. Les papiers de Bérulle, extraits par Tabaraud, montrent très bien (et les offres continuelles de Richelieu aux protestants montrent encore mieux) qu'il leur fit, malgré lui, cette guerre demandée par Bérulle et tous nos Français Espagnols, guerre qui détruisait ses projets, irritait l'Angleterre, la Hollande, ses alliés naturels. Tabaraud est précieux ici. Panégyriste de Bérulle, il prouve innocemment, mais prouve, que Bérulle eut l'honneur principal de cette énorme sottise, d'avoir travaillé, préparé la destruction de La Rochelle, l'amoindrissement des protestants qui eussent si bien servi contre l'Espagne (2) ».

Jean Guiton. — Une population entière atteint

---

1. J. Michelet. *Henri IV et Richelieu*, pp. 452-453.
2. J. Michelet. *Henri IV et Richelieu*, p. 476.

difficilement ce degré d'héroïque constance, si elle n'est soutenue par un homme d'élite qui lui souffle sa propre énergie. Ici cet homme fut Jean Guiton. Issu d'une famille d'échevins, fils et petit-fils de maires, ce célèbre Rochelais s'était d'abord exclusivement occupé des soins exigés par son commerce et par une fortune quelque peu embarrassée (1) ; mais, nommé amiral à l'âge de trente-neuf ans, il déploya tout à coup de véritables talents militaires et une indomptable fermeté. Pour son début, on le voit assaillir la flotte royale deux fois plus forte que la sienne, la mettre en fuite et lui prendre plusieurs navires. Plus tard, avec 5.000 hommes et 500 canons, il attaqua le duc de Guise, dont les vais-

---

1. *Jean Guiton, dernier maire de l'ancienne commune de La Rochelle (1584-1654)*, par P.-S. Callot, ex-maire de la ville, 1847. Dans ce travail, très curieux à plus d'un titre, l'auteur a reconstruit, à l'aide des pièces originales conservées à La Rochelle, l'histoire entière de Guiton et de sa famille avant et après le siège de 1628, histoire qui était complètement oubliée. Un rapprochement assez curieux à établir, c'est que l'auteur de cette notice est lui-même un descendant du célèbre Callot, lequel compte parmi ses chefs-d'œuvre un plan du siège de la Rochelle, gravé en l'honneur du triomphe de Richelieu.

Callot « dit ce qu'il a vu dans sa vie de bohème : la cour, les fêtes et la famine, les estropiés, les bossus et les gueux, les ruses de la misère, l'universelle hypocrisie des engagements de soldats, des tueries et des scènes inouïes de pillage, des supplices surtout, la potence et la corde, les grâces du pendu, ce sujet éternel où ne tarit pas la gaieté française ». Rembrandt, l'intérieur, le doux foyer aux chaudes lueurs, les deux bonheurs de la Hollande, la famille, la libre pensée. »

seaux, plus forts et armés de canons d'un plus gros calibre, portaient 14.000 hommes et 643 bouches à feu. Ce fut une bataille acharnée ; 14.000 coups de canon furent tirés en deux heures, et les deux amiraux coururent les plus grands périls. La nuit vint interrompre cette lutte inégale. Au lieu d'en profiter pour fuir, Guiton et ses Rochelais restèrent en place, prêts à recommencer le lendemain. Au point du jour arriva la nouvelle que la paix était signée. Alors Guiton alla saluer le duc de Guise et lui offrit son étendard comme au représentant du roi de France. Guise le refusa, déclarant qu'il ne l'avait pas gagné au combat. Il embrassa Guiton et dit aux capitaines rochelais (1) : « Vous estes de braves gens d'avoir ozé combattre si vaillamment ; c'est à quoy je ne m'attendois pas, et estimois que, voyant une armée si puissante, vous deussiez vous retirer sans combattre. » « Monseigneur, s'écria Guiton, jusques ici Dieu m'a faict cette grâce de n'avoir jamais tourné le dos au combat, et je me fusse plus tôt perdu par le feu que de fuir (2). »

---

1. Pierre Mervault, Joseph Guillaudeau, témoins contemporains.

2. De la part d'un Rochelais de cette époque et d'un homme comme Guiton, ce n'était pas là une vaine bravade. Dans une bataille navale livrée en 1625, le *Saint-François*, vaisseau rochelais, entouré par quatre navires royalistes, avait repoussé toutes les attaques jusqu'à ne conserver de l'équipage que son capitaine Kerquéser et cinq ou six matelots. Réduits au désespoir, ces braves mirent le feu aux poudres, et les cinq vaisseaux périrent avec leurs cinq équi-

Tel était l'homme que les Rochelais choisirent pour chef, lorsque, assiégés depuis neuf mois et déjà à bout de ressources, ils voulurent raffermir leur propre courage (1). Il fallait un dévouement plus qu'ordinaire pour accepter une pareille tâche, et l'on comprend les hésitations de Guiton ; mais une fois engagé, il ne faillit pas un instant. Au milieu des scènes affreuses que nous avons rappelées, il montrait à ses concitoyens un front toujours calme, presque gai. Administration intérieure, défense de la place, négociations avec l'Angleterre et le roi, il faisait tout marcher de front. Le jour, il présidait les conseils, visitait les malades et consolait les mourants ; la nuit, il faisait des rondes et commandait lui-même des patrouilles. Quelques citoyens, égarés par la souffrance, comprenant bien que seul il prolongeait cette résistance désespérée, voulurent, à diverses reprises, le frapper de leurs poignards, et tentèrent d'incendier sa maison. Guiton, sans pitié pour les espions et les traîtres, se borna à faire mettre en prison ceux qui ne s'en prenaient qu'à lui, et redoubla d'efforts et de constance. Enfin, après avoir

---

pages. Le brave Kerquéser et un gentilhomme, nommé de Chaligny, furent seuls sauvés. La mer jeta à la plage plus de sept cents cadavres. (Arcère.)

1. « Vous ne savez ce que vous faites en me nommant, dit Guiton ; songez bien qu'avec moi il n'y a pas à parler de se rendre. Qui en dit un mot, je le tue. » Il posa son poignard sur la table de l'hôtel de ville, et le laissa en permanence. (J. Michelet. *Henri IV et Richelieu*, p. 443.)

vu la flotte anglaise se montrer deux fois et sans rien tenter, après avoir eu connaissance du traité par lequel ses infidèles alliés le livraient à Richelieu (1), voyant sa garnison réduite à *soixante-quatorze Français et soixante-deux Anglais* (2), Guiton crut avoir fait et

---

1. Il est aisé de voir, en lisant les détails des négociations, qui eurent lieu avant et pendant le siège, que le gouvernement anglais avait compté trouver chez les Rochelais un sentiment qu'ils ne ressentaient nullement : la haine de la France, ou du moins de son roi. Buckingham avait cru peut-être faire revivre, à l'aide des troubles et des haines religieuses, le temps où l'Angleterre possédait une des plus belles contrées de la France. Ces espérances furent déjouées par le patriotisme très réel des Rochelais, et à partir de ce moment, il y eut à leur égard une froideur marquée en Angleterre. Les armements promis ne furent pas faits, les secours annoncés n'arrivèrent jamais. Enfin, l'insuccès d'une tentative faite par Buckingham en personne, sur l'île de Ré (1627), entreprise dans laquelle il fut repoussé par Toiras et battu par Schomberg, acheva de le dégoûter de cette guerre, et il conclut une paix séparée, sans même en prévenir ses alliés (V. l'ouvrage d'Arcère).

Parmi les Français tués le 30 octobre 1627 pendant le siège du fort de la Prée furent le cadet d'Artiganoue, Deslandes, etc. La compagnie de Savignac y fut fort malmenée. Des blessés furent Pluviau, cadet du Breuil, de Guire qui menait les *Enfants perdus* et mourut à La Rochelle, le lundi suivant, le capitaine Bazan, d'une plaie fort douteuse dans l'épaule et comme de haut en bas, Samuel Meschinet, écuyer sieur de Richemond, au bras, l'aîné d'Artiganoue à la cuisse, mais sans fraction, et quelques autres dont on ne sait pas les noms, qu'on fit porter le lendemain à La Rochelle pour y être traités et pansés de leurs plaies. (Mervault, p. 132).

2. Au commencement du siège, la garnison se composait de douze compagnies de bourgeois, et de cinq à six cents Anglais auxiliaires (Genet). Nous avons vu plus haut que

obtenu de ses compatriotes tout ce qui était humainement possible. Alors il demanda le premier qu'on se rendît au roi, et, oubliant tout grief personnel, il alla tirer de prison un de ses plus mortels ennemis, l'assesseur Raphaël Colin, et lui remit la garde de la ville, voulant faciliter ainsi la conclusion du traité.

Les conditions en furent sévères. On laissa à ce qui restait de Rochelais la vie, les biens et la liberté de conscience : mais tous les privilèges de la ville et les remparts qui la protégeaient durent tomber en même temps (1). Le maire et dix des principaux

---

les compagnies urbaines étaient de deux cents hommes. Sur deux mille quatre cents bourgeois armés pour défendre leur ville il en était donc mort environ deux mille trois cent vingt-six.

1. Ces conditions, accordées par Richelieu, alors que toute prolongation de la résistance était rigoureusement impossible, précisent nettement le caractère de la lutte. Il est bien évident qu'elle était avant tout politique, au moins aux yeux des chefs des deux partis, Si le cardinal avait obéi surtout à l'esprit catholique de son temps, il n'aurait pas laissé aux Rochelais leurs temples et leurs pasteurs. Si le corps de ville avait mis l'intérêt de ses croyances religieuses avant celui des franchises municipales, il n'aurait pas pris contre la domination anglaise ces précautions minutieuses et parfois offensantes, qui seules peuvent expliquer ce que la conduite de Buckingham et de ses successeurs envers leurs alliés présente d'étrange et de peu généreux. (*Jean Guiton*, par P.-S. Callot.)

Si Richelieu eût été libre, dit J. Michelet, quoiqu'il hait les protestants, il les eût ménagés, calmés et rassurés. Il les aurait tournés vers la mer, la guerre maritime, la guerre d'Espagne-Autriche (p. 461). Dans son *Histoire de l'édit de Nantes*, Elie Benoît fait remarquer que le temple de La Rochelle, construit par eux sur la place du château, leur fut enlevé et

bourgeois furent d'abord exilés. Ils rentrèrent quelque temps après, et Guiton servit dans la marine royale avec le titre de capitaine. Il mourut à La Rochelle, âgé de soixante-neuf ans, et fut enterré près du canal de la Verdière, là même où s'élevaient ces remparts qu'il défendit avec tant de constance, en face de ce fort Louis, cause ou prétexte des guerres où il s'illustra, en vue de cette digue qui décida la ruine de sa patrie.

A l'exception de Colin et des quelques compilateurs qui ont aveuglément copié ses dires, tous les écrivains sont unanimes dans leurs appréciations de Guiton. Catholiques ou protestants, prêtres ou laïques, tous rendent hommage à la grandeur de son caractère, à la générosité de son cœur. Aussi son nom est-il resté populaire à La Rochelle, où l'on montre encore la table de marbre que Guiton frappa de son poignard en prêtant le serment de résister ; aussi voulut-on, en 1841, lui élever une statue, mais le gouvernement d'alors refusa de ratifier ce vote du conseil municipal rochelais (1).

---

donné aux catholiques pour leur servir de cathédrale, et que l'indemnité promise aux Rochelais pour les aider à construire un nouveau temple dans la ville neuve ne leur fut jamais payée, enfin que les pasteurs n'eurent plus la liberté de desservir leurs annexes hors les murs

1. La ville de La Rochelle se dispose à élever un monument à son ancien maire. Un comité d'initiative présidé par le maire a réuni les fonds nécessaires. Outre M. le maire E. Decout, ce comité est composé de MM. Alfred Vivier, I ✪, O ✠ juge honoraire et Beaussant ✠ ancien préfet, vice-présidents, Blanchon, conseiller municipal, secrétaire géné-

Il est bien difficile d'expliquer ce refus. Craignit-on d'avoir l'air de sanctionner une révolte ? Ce motif serait mal fondé. Guiton et ses concitoyens n'étaient rien moins que des rebelles. Ils ne demandaient autre chose que l'exécution d'un contrat ratifié par une longue suite de rois, sanctionné par l'autorité des siècles et que pour leur part ils avaient toujours fidèlement observé. Le manifeste publié avant le siège fut l'expression noble et parfois touchante de leurs sentiments (1). Ils adjuraient tous les souverains, princes ou républiques alliés de la couronne de France ; ils rappelaient que les premiers ils avaient secoué le joug de l'Angleterre « pour ne pas être comme étrangers dans le sein de leur patrie »; mais leur ravir leurs libertés, c'était, disaient-ils, « les forcer avec violence dans le sein de l'Anglais ». Dans les plus dures extrémités, les actes de la commune rochelaise furent toujours d'accord avec son

---

ral, J. Pandin de Lussaudière, archiviste, secrétaire-adjoint H. Chatonet, I ✪ ✠ ancien adjoint, trésorier, Eug. Babut, docteur Brard ✸ I ✪ ancien adjoint, Brumauld des Houlières, Barreau adjoint, Baudoin ✪, Bunel ✪ O, architecte du département, Corbineau, ✪ ✸ architecte de la ville, Dupuy I ✪ O, adjoint, de Fleuriau ✸, secrétaire d'ambassade, D Hillairaud ✪, conseiller municipal, Lem ✸ I ✪ ✸, préfet honoraire, sous gouverneur de la Banque de France, D Mabille l ✪, ancien adjoint, Mailho I ✪, adjoint, Modelski O ✸, ingénieur en chef, Ch. Mörch ✪, C ✠ ✠ ✠, président de la chambre de commerce, Musset I ✪, archiviste paléographe, bibliothécaire, lauréat de l'Institut, de Richemond l ✪ ✸ ✠ O ✠, archiviste honoraire, Robin, conseiller municipal.

1. Pierre Mervault. *Histoire de La Rochelle par le père Arcère*.

langage. Loin de se donner à l'Angleterre, elle rejeta toute idée d'annexion, et traita de puissance à puissance, se réservant tous les droits de souveraineté et s'engageant seulement à ne jamais faire une paix séparée.

Pendant le siège, les fleurs de lis furent respectueusement conservées sur les portes, et chaque jour, au plus fort même de la famine, on priait Dieu pour la vie du roi. En un mot, fidèles malgré leur lutte armée, les Rochelais ne cessèrent de mériter le reproche que leur adressaient leurs prétendus alliés d'outre-mer, *d'avoir la fleur de lys empreinte trop en avant dans le cœur*. Mais cette fidélité était subordonnée à leur attachement pour leurs privilèges, et ceux-ci, inconciliables avec les progrès de la société, avec le mouvement de fusion qu'accélérait la main puissante de Richelieu, devaient fatalement périr (1). La Rochelle avait incontestablement pour elle le droit ancien, le cardinal pouvait invoquer le droit nouveau, et peut-être est-il permis de dire que dans ce sanglant conflit l'attaque et la défense furent également légitimes.

Ce n'est pas, nous aimons à le croire, en qualité de protestant que Guiton s'est vu refuser la statue que voulait lui élever sa ville natale. Nos lois et nos

---

1. Henri IV et Richelieu, dit J. Michelet, allaient tous deux à l'unité nationale (suprême condition de salut), mais par des moyens différents, le premier par l'emploi, le second par la destruction des forces vives (p. 461).

mœurs plus encore n'accepteraient pas une pareille raison. Est-ce comme républicain? est-ce comme représentant de la prétendue alliance qui, au dire de quelques personnes, existerait entre ces deux ordres d'idées? Nous ne saurions repousser trop hautement une telle pensée. Etablir une solidarité quelconque entre les doctrines politiques et la foi religieuse c'est méconnaître l'esprit même du christianisme qui a si nettement distingué le royaume des cieux des royaumes de ce monde, Dieu de César. Pas plus que le catholicisme, le protestantisme n'est essentiellement républicain. Un coup d'œil jeté sur la carte d'Europe, un souvenir des dernières années, suffisent pour prouver ce fait. Tous les grands Etats protestants sont des monarchies, et la couronne y est aussi solide sur la tête des souverains que dans les Etats les plus catholiques, qu'à Rome même.

Aujourd'hui qu'ont disparu pour toujours les causes qui firent couler tant de sang; aujourd'hui qu'une France compacte a remplacé la France morcelée d'autrefois, et que les croyants des religions les plus diverses sont égaux aux yeux de la mère commune; rien, ce nous semble, ne doit plus s'opposer à la réalisation d'un vœu que nous avons entendu formuler par bien des bouches sans acception d'opinions ou de croyances. Guiton fut la plus haute expression des sentiments de ses concitoyens; à ce titre, les Rochelais lui doivent une statue. L'idée de patrie s'est transformée à la Rochelle aussi bien que dans toutes nos provinces; la France peut donc sans danger rendre hommage à ce patriotisme local qui fut longtemps le seul vrai, le seul possible, et honorer dans le dernier défenseur des franchises rochelaises, le courage et la fermeté portés jusqu'à l'héroïsme. Des souvenirs de cette nature sont toujours bons à réveiller.

La Rochelle ne s'est jamais entièrement relevée du coup terrible porté par Richelieu. A diverses reprises, ses relations avec le Canada, la côte d'Afrique ou Saint-Domingue ont ramené dans ses murs le commerce et la richesse ; de nos jours encore, ses sels, ses eaux-de-vie, ses armements pour la pêche appellent dans ses bassins de nombreux navires ; mais la population n'a pu encore se rapprocher de son chiffre primitif. Elle s'est à la fois réduite et transformée. La Rochelle ne renferme que 18.000 habitants (1) ; dans ce nombre, on ne compte guère que 1.000 protestants et à peine quelques familles pourraient-elles suivre leur généalogie jusqu'à l'époque des sièges. Les persécutions qui commencèrent dès qu'on ne craignit plus les calvinistes, la Révocation de l'Edit de Nantes et les émigrations en masse qui en furent la suite, les mariages mixtes, presque toujours contractés au profit de la religion dominante, ont amené ce résultat.

---

1. La population est aujourd'hui entre 30 et 40.000, la création du port de la Pallice et les incessants agrandissements de la ville qui en ont été la conséquence ont ouvert à La Rochelle de nouveaux horizons et de nouvelles espérances : parc Charruyer, parc d'Orbigny, école normale et écoles de garçons et de filles, lycée de filles, agrandissement de la plage, nouvelle gare.

La ville elle-même a peu changé. Les rues sont encore bordées de porches ou galeries basses qui cachent les piétons, et donnent à l'ensemble quelque chose de désert et de sombre bien en harmonie avec la gravité puritaine de ceux qui les bâtirent. L'hôtel de ville, avec sa façade de pierre tout unie, avec sa porte de forteresse, ses deux tours et son cordon de créneaux et de machicoulis est bien la digne *maison commune* de ces fiers marchands qui combattirent sous Morisson et Jean Guiton. Mais des remparts qui les abritèrent, il ne reste plus que trois tours conservées par Richelieu comme autant de citadelles et reliées depuis à l'ensemble des fortifications élevées d'après les plans de Vauban. A l'entrée du port, la tour de la Chaîne et le donjon massif de Saint-Nicolas se dressent comme deux sentinelles de grandeur inégale, et leurs vieilles murailles, qui datent de Charles V, évoquent tous les souvenirs guerriers de La Rochelle. La tour de la Chaîne se rattache par une étroite courtine à la tour de la Lanterne, qui conserve encore la singulière pyramide de pierre où s'allumait chaque soir le fanal destiné à guider les navires. Une route partant de cette dernière conduit, à travers les remparts, à la promenade du Mail, vaste pelouse de 600 mètres de long, encadrée de quatre rangées d'ormes séculaires, et qui se termine à mi-côte d'une colline dont le sommet commande le port et la ville. Là on rencontre une gaie maison de campagne, une ferme et leurs jardins encaissés entre des tertres peu élevés.

Ces tertres, que la charrue tend chaque année à niveler, sont tout ce qui reste du fort Louis, de ce fort qui *avala la ville*, et c'est à peine si l'œil peut deviner à quelques plis du terrain le plan des glacis ou la trace des fossés. La digue s'est mieux conservée ; les vents et les flots en ont démoli le sommet et adouci les talus; mais quand la mer baisse, on la voit montrer une à une ses pierres bouleversées, se détacher du rivage et s'allonger peu à peu comme une ligne noire qui semble vouloir barrer encore l'entrée du port.

> Plus l'homme entre dans le génie de sa patrie, mieux il concourt à l'harmonie du globe ; il apprend à connaître cette patrie, et dans sa valeur propre, et dans sa valeur relative, comme une note du grand concert ; il s'y associe par elle ; en elle, il aime le monde.
>
> Jules Michelet

PHYSIONOMIE

ET CARACTÈRE DE LA VILLE

On a dit avec raison : La Rochelle, aujourd'hui, n'est pas une jolie ville ; c'est mieux que cela, une ville intéressante. Sa physionomie toute particulière donne à penser. Des enceintes successives qui l'entourèrent du xıı^e siècle à Henri IV, il ne reste que les tours du côté qni regarde la mer. De larges avenues conduisent au nouveau port de la Pallice. Le parc Charruyer, encadre le pied des remparts plantés de vieux ormes tourmentés, formant des allées ombreuses et solitaires, d'où l'œil se promène librement sur la campagne. Les rues sont, pour la plupart, bordées de porches à piliers trapus, à cintres hardis, d'où l'ogive a presque entièrement disparu.

Les façades historiques si caractérisées datent du xve du milieu du xvie siècle et des premières années du xviiie. Des squares bien entretenus répandent l'ombrage, la verdure et les fleurs dans presque tous les quartiers.

MONUMENTS ET ÉTABLISSEMENTS

Pontanus, dans son itinéraire de la Gaule-Narbonaise compare La Rochelle à Cybèle, à cause de sa ceinture de murailles et de tours.

De cet ensemble de fortifications, il ne reste plus que la tour de la Lanterne et les tours de Saint-Nicolas et de la Chaîne, vieilles sentinelles criblées de blessures, qui gardent l'entrée du port, et sur lesquelles semble peser encore le fantôme des siècles passés.

La Tour de Saint-Nicolas

On aura une idée de la grosse tour Saint-Nicolas, terminée en 1384, en se représentant un môle polygonal, auquel sont accolées circulairement quatre tours semi-cylindriques, excepté du côté qui regarde la mer. De ce côté, l'édifice présente un angle droit et forme une tour carrée beaucoup plus élevée que le reste du bâtiment. Cette espèce de donjon est entourée d'une plate-forme enceinte d'un parapet en

Tour de Saint-Nicolas (*avant la restauration*)
construite au xive siècle (1384)
restaurée comme monument historique par MM. Lisch, Massiou et Corbineau.

Tour de la Chaîne (xive siècle).

saillie, décoré de trèfles et reposant sur un rang de consoles à trois renflements.

L'intérieur de l'édifice est composé de deux étages divisés en plusieurs corridors et compartiments irréguliers, voûtés en ogive.

La première salle, un peu au-dessus du niveau de l'eau, est de style ogival ainsi que la salle supérieure à laquelle on arrive par une rampe qui débouche près de la porte de la jetée. Cette salle est octogonale avec une ouverture au sommet de la voûte ; elle est composée de sept travées ; leurs nervures, au nombre de sept, retombent sur des colonnettes, dont les chapiteaux sont formés de pampres et autres feuilles diversement dentelées.

Les murs sont de grand appareil et les garnitures de petit appareil.

La salle a de 12 à 14 mètres de diamètre.

Il faut appeler l'attention des visiteurs sur le charmant autel gothique, qui est en retrait à un des flancs de la grande salle des hommes d'armes.

Cet autel est à quatre arcatures trilobées, avec crédences ogivales. La salle est octogonale. Chaque angle est occupé par des sculptures fort curieuses qui paraissent provenir d'un monument plus ancien. On remarque, entre autres, deux antilopes à cornes et à long cou entrelacés, un homme tenant un animal sous chaque bras, une tête humaine avec quatre ailes et diverses figures fantastiques.

On voit aussi, dans quelques enfoncements, placés dans les escaliers, plusieurs écussons très bien conservés, notamment l'un portant « trois léopards-lionnés en pal », et l'autre, « un lion rampant, avec bordure chargée de besans ».

Outre les chemins de ronde dans les murs, des escaliers doubles sont disposés de façon que ceux qui montent et ceux qui descendent en même temps ne se rencontrent pas.

Les escaliers se terminent à une tourelle donnant sur une terrasse à machicoulis, d'où l'on découvre toute la rade.

Récemment restaurée par M. Lisch, et classée comme monument historique, la tour Saint-Nicolas va être aménagée pour recevoir le musée archéologique de cette ville. La télégraphie sans fil y a été installée en août 1907.

La Tour de la Chaîne

La tour de la Chaîne avait primitivement 34 mètres d'élévation, du fond de l'avant-port, à mer basse, au sommet de son parapet. Elle se terminait par un parapet en saillie, coupé en créneaux et percé de meurtrières cruciformes, lequel reposait sur des consoles formant machicoulis. Son diamètre hors d'œuvre est d'environ 16 mètres. Le premier de ses quatre étages paraît seul avoir été voûté comme le rez-de-chaussée, voûte qui résista, pendant la Fronde, à l'explosion des poudres et artifices auxquels les soldats du comte du Doignion, partisan de Condé, mirent le feu en 1651. La voûte de la salle du rez-de-chaussée est ogivale et à 8 pans, dont les nervures reposaient sur des colonnettes basses, en partie détruites. A chaque étage sont des réduits voûtés, dont plusieurs assez grands, percés de canonnières. Les escaliers avaient été ménagés dans l'épaisseur des murs, mais ils sont en partie murés. Au palier du deuxième étage, on distingue encore une tête humaine de vieillard sur laquelle s'appuyait une des 4 nervures de la voûte, les autres sont très endommagées. La tour de la Chaîne servit souvent de dépôt de poudre, d'armes et même de canons.

Entre cette grosse tour et celle de Saint-Nicolas existait une petite tour, démolie au commencement de ce siècle, pour élargir l'entrée du port.

La chaîne qui défendait l'entrée du havre était attachée par un anneau à la tour Saint-Nicolas et entrait par son autre extrémité dans une large ouverture voûtée, pratiquée au niveau de la mer dans la petite tour de la Chaîne, aujourd'hui détruite. On la tendait à l'aide d'un treuil placé dans un corps de garde, entre la grande et la petite tour de la Chaîne (Jourdan).

Un architecte distingué, M. Lisch, à l'examen de quelques restes de construction subsistant encore à la tour Saint-Nicolas, après des études sérieuses, a pensé qu'une vaste ogive, ouverte dans un massif de constructions réunissant jadis la tour de la Chaîne à la tour Saint-Nicolas, livrait passage aux navires, comme le colosse de Rhodes, et, dans sept dessins, remarqués à l'Exposition universelle de 1867, il a donné une restauration hardie de cette arcade.

Tour de la Lanterne

La tour de la Lanterne, dont la construction remonte à 1445 ne fut complètement terminée qu'en 1476 par les soins du maire Jehan Mérichon, marié à Marie de Parthenay-Soubise, conseiller intime de Louis XI, et premier historien de La Rochelle. Cette tour mentionnée par Rabelais avait « un capitaine bien gaigé »; elle s'appelait le Phare ou la Lanterne parce que sur la tourelle de l'escalier existait une « lanterne de pierre percée à jour, à six pans et vitrée pour empescher que le vent n'esteignit le gros cierge au massif flambeau que l'on mettait dedans la nuit, en mauvais temps, pour servir de phare et de lumière aux vaisseaux ». (Mervault. — A. Barbot.) Renversée par la foudre, le 1er février 1632 (J. Guillaudeau) cette lanterne fut réédifiée en 1908.

Elle est représentée, comme phare, sur les médailles satiriques frappées lors du siège de 1627.

Il faut s'adresser pour la visiter à la Direction du Génie militaire, rue des Fagots.

Une rampe douce conduit de la rue *Sur-les-Murs* au grillage de bois qui ferme l'entrée de la tour. Après avoir gravi 11 marches, on arrive au logement du concierge auprès duquel se trouve l'ancien corps de garde. Au-dessous règnent de vastes caves. Une lourde porte à droite dont la partie supérieure

Tour de la Lanterne, construite entre 1445 et 1476 (*avant la restauration*).

forme accolade conduit à l'escalier. Il y a quatre étages. Le panorama du haut de la galerie du chemin de ronde est magnifique.

Classée comme monument historique elle vient d'être restaurée, et les armoiries des maires qui contribuèrent à sa construction seront alors rétablies.

Elle servit plusieurs fois de prison et reçut en 1681 une centaine de protestants du Poitou fuyant les persécutions et arrêtés au moment où ils espéraient passer en Hollande. Plusieurs prisonniers anglais y furent détenus vers le milieu du xviiie siècle. En 1793, ceux qu'on appelait les *Brigands de la Vendée* y furent entassés. Enfin elle servit, jusqu'en ces dernières années, de prison militaire.

La Grosse-Horloge

La tour de la Grosse-Horloge ou du *Gros-Reloge* donnait accès, au xive siècle, par un pont tournant, sur le faubourg du Perrot des Chevaliers de Saint-Jean de Jérusalem.

Un hardi travail exécuté en 1672, sous la direction de Boucher de Beauval, réunit en une seule et large arcade les deux portes étroites et inégales dont l'une servait aux voitures, l'autre aux piétons. Elle était encore couronnée à cette époque de machicoulis et surmontée d'un clocher terminé par un campanile couvert de plomb et flanqué de deux tourelles aux faîtes coniques, dont les ardoises étaient taillées en écailles de poisson. En 1746, on abattit ce vieil ouvrage du xv⁰ siècle pour placer sur un massif du xiii⁰ siècle, une sorte de pendule de cheminée, sur un modèle Louis XV, accompagnée d'attributs géographiques, et l'édifice fut dès lors ce qu'il est en ce moment. L'écusson royal et les armoiries des maires qui existaient encore au fronton du monument disparurent en 1792.

La cloche de la Grosse-Horloge fut fondue en 1476, l'année même de l'achèvement de la tour de la Lanterne, sous la mairie de Pierre Furgon.

Marché au Poisson

Le Marché au poisson (porte de 1754, rue Verdière) a pris, depuis quelques années, une extension considérable. Ce curieux établissement présente en effet, dès le matin, une physionomie toute particulière et mérite la visite de l'étranger, qui s'étonnera de trouver réunis tous les poissons océaniques, au milieu des entassements de glace, et de la bigarrure du vêtement et du langage d'une population mêlée, pêcheurs de Groix, de l'Ile-d'Yeu, de Noirmoutier et du littoral aunisien. L'ancien couvent des Carmes fut terminé en 1665, leur premier établissement date de 1293.

Hôtel de la Préfecture

En 1810, époque de la translation du chef-lieu du département de la Charente-Inférieure à La Rochelle,

Grosse Horloge
Ancienne porte remontant au XIIIe siècle
refaite en partie en 1672 et en 1742.

M. le baron Richard, alors préfet, vint habiter l'hôtel de l'ancienne intendance de la Généralité, rue Pernelle.

En 1816, le siège de l'administration départementale fut établi dans l'hôtel qu'avait fait bâtir l'armateur Michel Poupet, rue Réaumur. Augmenté de l'hôtel qui lui est contigu vers le nord, il a été restauré complètement en 1864 et 1865. Un décret du 15 août 1865 a élevé à la seconde classe la préfecture de la Charente-Inférieure.

Les bureaux des divers services entourent une vaste cour plantée et ont une entrée distincte de celle de l'hôtel du préfet. L'hôtel Dupont leur a été annexé.

Archives

L'hôtel des archives a été construit en 1878, par M. E. Bunel, architecte. La première pierre fut posée le 10 juin, sous l'administration de M. E. Regnault, préfet.

Les pièces antérieures à 1790, du dépôt de la Charente-Inférieure, qui constituent, à proprement parler, les archives historiques, se divisent en archives civiles — T. Duffus Hardy. — Monnaie, amirautés de Marennes et de La Rochelle, tribunal consulaire de La Rochelle, présidial de Saintes, sièges de Saint-Jean d'Angély, Rochefort, Marennes, — intendance de La Rochelle, réformés après la révocation, cahiers de 1789, instruction publique, féodalité, communes, bourgeoisie, familles, corporations d'art et métiers, archives ecclésiastiques. Clergé séculier et régulier. Bibliothèque historique de travail. L'inventaire imprimé a été rédigé par M. Meschinet de Richemond, archiviste du département depuis 1862 qui a eu pour successeur M. Jules Pandin de Lussaudière, archiviste paléographe. Le Capitaine Millot ✻, est archiviste, adjoint.

Aux termes de la loi du 29 décembre 1888, le tarif des expéditions, dont la délivrance a été autorisée par M. le Préfet, est de 2 francs par rôle pour les documents de l'ancien régime, o fr. 75 pour les pièces postérieures au 6 novembre 1789, les copies de plans authentiques sont de 1 fr. 50 pour le papier moyen, 2 fr. 25 pour le grand papier et 3 francs pour le papier format maximum, indépendamment des frais de la copie faite par un homme de l'art.

Théâtre

C'est en 1742 que fut construite, à La Rochelle, la première salle de spectacle, sur l'emplacement même du théâtre actuel. Pendant la fin du xviiie siècle et le commencement du xixe, cette salle passa entre bien des mains, et ce n'est qu'en 1846 qu'elle fut reconstruite aux frais d'une société d'actionnaires. En 1862, devenu la propriété de la ville, le théâtre reçut diverses améliorations, entre autres l'établissement d'une seconde sortie du côté de la rue Guiton, pour le prompt dégagement de la salle. Plus récemment encore, en 1886, la ville, sur les projets de la direction des travaux communaux, fit restaurer la salle, refaire le mobilier, construire deux nouveaux escaliers qui portent au nombre de trois les sorties extérieures à chaque étage, établir des portes de sûreté en cas d'incendie, remplacer l'éclairage au gaz de la scène par l'éclairage électrique. L'exécution de ces projets a écarté les chances d'incendie et assuré une évacuation très rapide de la salle.

La salle du théâtre, un peu petite, il est vrai, est cependant très bien aménagée. La scène se ressent de l'exiguité du monument et, malgré cela, la sonorité de la salle est parfaite. La décoration très simple, ne manque pas d'une certaine coquetterie. La façade extérieure est des plus banales et l'administration ne fera jamais rien pour la rajeunir, tant que le voisinage encombrant des maisons environnantes n'aura pas disparu.

Hôtel de la Bourse

Ce fut le 25 mai 1760 que fut posée, par l'intendant de Baillon, la première pierre de l'hôtel actuel de la Bourse, construit par Jean et Henry Tourneur sur les projets de Pierre-Mathieu-René Hue, ingénieur en chef des ponts-et-chaussées. L'édifice fut achevé, sous l'intendance de Guéau de Reverseaux, en 1784 et 1785. Cet hôtel abrite le Tribunal et la Chambre de Commerce, la Société Philharmonique et les agents de change et courtiers de commerce. M. E. Garnault a publié l'histoire du commerce rochelais au xviii° siècle, d'après les archives de la Chambre de Commerce.

Palais de Justice

Le Palais de Justice, le plus beau monument d'architecture classique que possède la ville de La Rochelle, est remarquable, dit M. D. Massiou, par sa noble simplicité. « Le rez-de-chaussée est une galerie couverte, formée de neuf arcades cintrées, reposant sur des piliers quadrangulaires. Il est couronné d'une corniche, au-dessus de laquelle règnent neuf grandes fenêtres carrées, correspondant aux neuf arcades dont les trois intermédiaires sont surmontées de petits frontons triangulaires. L'entablement est couronné d'une corniche très saillante, supportant une élégante balustrade. Au milieu de la façade règne un péristyle formé de six beaux chapiteaux corinthiens, et supportant un entablement dont la frise est décorée d'une guirlande courante de feuilles d'acanthe. Sur la corniche repose une attique, au milieu de laquelle se détache en ronde-bosse un cartouche représentant les attributs du Commerce et de la Justice. A part cet ornement, les arabesques de la frise et les ciselures des chapiteaux, on n'aperçoit aucune moulure sur cette majestueuse façade, où

l'art du sculpteur s'est effacé devant celui de l'architecte, et qui ne doit sa beauté qu'à la pureté des grandes lignes qui en composent l'harmonieux ensemble. »
Le 24 décembre 1792, le directeur du district adjugea les travaux à faire pour l'enlèvement des armes et écussons qui existaient au fronton de la colonnade du palais, et qui « devaient disparaître comme les pouvoirs odieux dont ils retraçaient l'existence ».

Le Palais de Justice avait été construit par les soins et aux frais d'Henri IV, en souvenir de l'affection et du dévouement que lui avaient toujours montrés les Rochelais. La dédicace du monument fut faite le 9 juin 1614, ainsi que le constatait une inscription placée au centre de la façade. De ce vieux monument élevé sur l'emplacement de l'antique auditoire du roi, il ne reste plus que quatre portes intérieures sculptées. En 1783, furent mis en adjudication les ouvrages nécessaires pour la reconstruction et agrandissement des palais et prisons de La Rochelle, sur les plans et devis de M. Duchesne, et le 12 novembre 1789, le Présidial tint sa première séance dans le palais rebâti. Dans la *Rochelle disparue*, M. E. Couneau a dessiné l'ancien Palais, ainsi que les vieux remparts et autres monuments civils et religieux.

Hôtel de Ville

Alph. Menut, président de la Société littéraire, officier d'Académie, qui a bien voulu relire notre manuscrit avant l'impression, nous a, en outre, permis de reproduire la description si autorisée de l'Hôtel de Ville qu'il a écrite pour la Commission des arts et monuments historiques.

« Quand on considère l'Hôtel de Ville de la place qui dégage si heureusement sa façade, on est saisi de l'aspect sévère que lui donne son mur d'enceinte avec son cordon de créneaux et de machicoulis aux consoles richement sculptées, ses niches si délicatement et si artistement fouillées et sa porte de forteresse... La partie de cette enceinte, du côté de la rue de la Grille, commencée en 1487 ne fut achevée qu'en 1498 ; le surplus, quelques années plus tard. Mais si nous franchissons la grande porte ogivale garnie de feuillages recourbés en crochets et de pinacles, et surmontée des armes de la ville, nos idées sombres font place à des sentiments d'admiration et à des souvenirs plus riants ; nous nous trouvons, en effet, en présence d'un magnifique édifice, dernièrement restauré sur les plans et par les soins du Comité des monuments historiques.

« Il se compose au rez-de-chaussée d'une galerie ouverte, véritable *parlouer* de bourgeois, formée de 9 arcades, alternativement ou simplement cintrées ou géminées avec de riches pendentifs et les tympans ornés de beaux trophées, reposant sur 8 piliers et 2 pilastres divisés par tambours et disposés deux à deux. Le plafond en 9 compartiments, montre des cartouches carrés ou ronds très variés de décoration. Sur quelques-uns, on lit les monogrammes de Henri IV et de Marie de Médicis et la date de 1606,

Hôtel de Ville, Salle des fêtes (mairie d'Edouard Boüremieux). Aménagement intérieur dû à M. Lisch avec le concours de M. Massiou.

année de sa construction. Au-dessus de la galerie se développe une superbe frise composée de triglyphes séparés par de gracieux motifs. L'étage supérieur est un ordre composite où l'ionique domine. L'entablement couronné d'une frise et d'une corniche ornée d'arabesques, repose sur 8 colonnes cannelées correspondant aux 8 piliers de la galerie. Entre ces colonnes sont 4 niches cintrées où sont des statues allégoriques. Sur la corniche, au-dessus des 6 larges fenêtres, 6 lucarnes richement composées. Un escalier monumental, avec campanile et dôme, occupé par une statue de Henri IV en faïence émaillée, due à l'habile céramiste parisien M. Deck, sépare cette délicieuse galerie d'un ravissant pavillon Henri II (ancien échevinage). Au premier étage se trouvent la salle des échevins avec la reproduction de leurs armoiries, la grande salle des fêtes, dont l'ornementation est très artistement conçue, et la cheminée monumentale, magistralement exécutée. La gravure du siège, de Callot, orne la salle des Commissions. A côté du cabinet du maire se trouvent exposés le hausse-col de Guiton, les anciens sceaux de la commune, un autographe de Louis XIII pendant le siège, le masque de Henri IV, les cuivres des plans et cartes de l'histoire de La Rochelle du père Arcère, et diverses autres curiosités historiques. La table à dessus de marbre du maire Jean Guiton, objet de la légende si populaire, appartient au mobilier de la Mairie depuis fort longtemps, et, par son style, elle est bien du xviie siècle.

En 1607, le maire Jean Sarragan fit bâtir l'ancienne salle des échevins qui a son aspect sur la rue des Gentilshommes. Elle est percée au rez-de-chaussée, d'une porte et de trois fenêtres au premier étage ; celle du milieu plus large, est surmontée des armes de la ville. Au-dessus, on voit une galerie en corbeille soutenue par des consoles très précieusement sculptées et placées obliquement, ce qui semblerait être un caprice de l'architecte ; mais en ne les redressant pas perpendiculairement à la façade, il a voulu en faire simplement le prolongement de ses murs de refend qui vont en biais.

Au goût particulier qui règne partout, à l'ordonnance de la galerie du rez-de-chaussée où se trouve employé dans les piliers ce système de bossages introduit d'Italie en France par Philibert Delorme, on serait tenté d'attribuer à ce célèbre architecte l'édification de cet hôtel de ville ; mais il n'existait plus lors de sa construction, car il mourut en 1577 ; seulement il ne faut pas oublier que son influence se fit sentir longtemps, que ce mode de décoration caractérise le style des règnes de Henri IV et de Louis XIII et donne à l'architecture française de cette époque une physionomie toute particulière.

En résumé, la restauration de l'Hôtel de Ville a coûté 608.355 francs. L'Etat a contribué à cette dépense, pour une somme de 140.000 francs, le surplus a été supporté par les finances de la ville. Une inscription placée sur la cheminée de la salle des fêtes rappelle que cette restauration fut achevée sous la mairie de M. Edouard Beltremieux.

Armoiries peintes dans la salle des Echevins

Bernon, Perlé, Mignonneau, Poussart, J. Rochelle, Mérichon, de Haraneder, Huet, Salbert, J. Bureau, Godeffroy, Seguin Gentilz, Favre de Chiron, Nicolas de Voutron, Doriole, Thevenin, Berthinaud, de Berrendy, Girard de Bazoges, Guy, Blandin, Guillemin, Jacques Henry, Chastaigner, Langlois d'Angliers, Sarragand, Guybert, Berne, Amos Barbot, Pineau, Sauvignon.

Clocher de l'ancienne église Saint-Jean du Perrot

Restauré en 1888 par M. Corbineau, architecte diplômé du gouvernement, et muni d'une horloge, avec cadrans sur ses quatre faces, le clocher est tout ce qui reste de l'ancienne église Saint-Jean du Perrot, qui avait été édifiée sur l'emplacement occupé par le monastère de Saint-Jean de Jérusalem. Cette église faillit, en 1545, être entièrement détruite par l'épouvantable explosion d'une quantité considérable de poudre déposée dans un magasin voisin. Plus de cent personnes furent tuées et une grande quantité de maisons ruinées. En 1568, l'église Saint-Jean fut entièrement démolie pour réparer et augmenter les fortifications de la ville, à l'exception du clocher qui servit de magasin à poudre. En 1692, l'église fut rebâtie sur l'emplacement de la première et aux frais, semble-t-il, des chevaliers de Saint-Jean de Jérusalem qui en jouirent jusqu'à la suppression de leur ordre. L'église menaçant ruine a été démolie en 1887, la paroisse réunie à la cathédrale, la cure transférée à la succursale de Laleu et la chapelle de Saint-Maurice érigée en succursale le 5 mai 1887. L'école Dor a été construite auprès du clocher.

Eglise Saint-Sauveur

L'église paroissiale de Saint-Sauveur fut érigée en paroisse en 1152. Brûlée au xv° siècle, elle fut reconstruite, puis démolie en 1568, à l'exception du clocher. L'église fut rebâtie en 1659, brûlée en 1705, reconstruite en 1718 et récemment restaurée. Cette église a un buffet d'orgues. Le maître-autel est de bon goût. Le rétable et les deux anges adorateurs en marbre blanc sont d'un beau travail. Le chœur, pavé en marbre, est décoré d'une jolie grille. L'église contenait jadis un Saint-Sépulcre, œuvre de Michel Colombe. Le clocher de Saint-Sauveur fut commencé à la fin du xiv° siècle, la partie supérieure est du xv°, enfin un arrachement considérable du portail de l'église rappelle la date de 1492. L'angle sud-est de l'église est flanqué d'un reste de tourelle, provenant de l'ancienne porte de Maubec.

La grosse cloche, refondue en 1736, avait eu pour parrain le comte de Matignon et pour marraine la ville de La Rochelle représentée par le maire et les échevins.

Temple du culte réformé

Le temple est situé dans la rue Saint-Michel, sur l'emplacement de la salle qui servit aux premières réunions des réformés, et son histoire résume celle des protestants rochelais. La réforme pénétra à La Rochelle, à la suite des prédications de Roussel, chapelain de Marguerite de Navarre. Les buchers s'allumèrent dès 1552, aussi le « culte évangélique » fut d'abord célébré dans des caves à plusieurs issues, et les actes du Consistoire furent tenus en chiffres, puis il eut pour temples, les salles Saint-Michel et Gargoulleau. Les protestants partagèrent, avec les catholiques, les églises de Saint-Sauveur et de Saint-Barthélemy, les réformés payaient les cierges des offices catholiques du matin, le prêche succédait à la messe et précédait les vêpres, et cette bonne harmonie ne fut troublée que par le massacre de Vassy qui déchaîna la guerre civile. Le culte réformé fut transporté dans la prée Maubec, interdit par Montpensier, sa liberté fut consacrée par l'édit de Nantes. Les salles de Sainte-Marguerite et de Saint-Yon servirent aussi aux protestants. Le grand temple, construit sur la place du Château, fut converti en cathédrale en 1630, et remplacé par le prêche de la ville neuve, démoli en 1685. Après la révocation, les réformés demeurés en France furent mis hors la loi pendant cent trois ans. François Touzineau, Elie Vivien, furent pendus pour cause de religion à La Rochelle, en 1738 et en 1746. Trouiller fut condamné aux galères, ainsi que Montfort, en 1746 et en 1751. Gibert fut exécuté en effigie, mais François Rochette le fut en réalité, ainsi que Louis Rang. Dès que les protestants recouvrèrent la liberté religieuse, ils protégèrent les prêtres catholiques persécutés sous la Convention. Elie Thomas épuisa, dit l'évêque Grégoire, député à la Convention, en faveur des prêtres proscrits, « tout ce que la bienfaisance et l'humanité commandent à un cœur humble » (9 mai 1795). Plusieurs pasteurs furent traduits devant le tribunal révolutionnaire de Rochefort.

Le temple actuel, propriété des réformés, remplaça les maisons particulières et la salle du Jeu de paume de la Verdière. L'église consistoriale de La Rochelle est desservie par deux pasteurs. Une salle de conférences populaires avait été ouverte en 1880, rue du Temple, 6 ; les réunions ont lieu aujourd'hui à la Pallice les dimanches à deux heures et demie et jeudis à deux heures, pour la jeunesse, dans une salle neuve.

Les Unions chrétiennes se réunissent, 8, rue de l'Hôtel-de-Ville, tous les jeudis soir à 8 h. 1/4.

Le *Lien Rochelais* est publié chaque mois ; le *Bulletin évangélique*, tous les quinze jours.

CATHÉDRALE

Construite sur les plans de Jacques Gabriel, architecte du roi (18 juin 1742-18 novembre 1762), la cathédrale est du style grec. La coupole du transept, le surhaussement des deux clochers qui, dans le plan primitif, doivent s'élever à droite et à gauche du portail, et l'achèvement des sculptures de la façade modifieront l'aspect un peu lourd du monument ; mais de ces divers travaux, la coupole seule est aujourd'hui achevée.

Parmi les tableaux de la Cathédrale, on cite une œuvre simplement et noblement conçue d'un pinceau vigoureux, l'*Apothéose de Saint Louis*, due à Robert Lefebvre (1756-1830) et deux tableaux placés dans l'autel de la paroisse : *les Chrétiens sur le bûcher*, le *Martyre de saint Barthélémy*, dus au pinceau de M. Omer Charlet de l'île d'Oleron, l'*Annonciation* par Picot, *Saint Louis et les pestiférés de Damas*, par Debat-Ponsan. Il faut citer surtout les fresques de la chapelle de la Sainte Vierge, œuvre de W. Bouguereau, de l'Institut, une illustration rochelaise, la statue de la Sainte Vierge et celle de Monseigneur Landriot, œuvres de M. Thomas, de l'Institut. Les vitraux portent les armoiries des évêques de la Guibourgère, de Laval de Bois-Dauphin, Frezeau de la Frezelière, de Champflour, de Brancas, de Menou, de Crussol d'Uzès, de Coucy, Couet du Vivier de Lorry, Demandolx, baron Paillou, Bernet, Villecourt et Landriot. Une chapelle spéciale est consacrée aux *ex-votos* des marins, provenant de l'église Saint-Jean.

Les restes de l'ancienne église Saint-Barthélemy se composent du clocher, partie du commencement partie de la fin du xv⁰ siècle ; dans le flanc (est) du clocher on voit encore la grande arcade en tiers-point qui soutenait le départ de la grande nef ; l'église Saint-Barthélemy, *au contraire de la Cathédrale*, se trouvait en effet orientée ; d'une miniature datant de 1468, et dont une copie est conservée à la Bibliothèque de la ville, il ressort que dans la restauration, au xv⁰ siècle, de l'église Saint-Barthélemy, on avait conservé les murs romans de l'église du xii⁰ siècle.

Dans la rue Aufredi, on aperçoit en outre quelques restes de l'église Saint-Barthélemy, reconstruite de 1668 à 1678, pour le service de la paroisse.

Le *Bulletin religieux* du diocèse est hebdomadaire.

Clocher de Saint-Barthélemy

La tour Saint-Barthélemy est un édifice quadrangulaire posé sur quatre contreforts carrés très saillants placés aux quatre angles, chaque contrefort est terminé au sommet par un pignon triangulaire garni de crochets et couronné d'une statue ; au-dessus des quatre contreforts règne un cordon en saillie qui partage l'édifice en deux étages. Les faces est et sud de l'étage supérieur renferment chacune trois fenêtres longues et étroites, se terminent par un trèfle encadré dans une ogive à lancettes, dont l'unique volute, décorée de fleurons et de crochets, repose sur deux colonnettes cylindriques très menues. Les deux fenêtres latérales sont murées et renfermaient des statues ; les fenêtres du milieu sont ouvertes et coupées par trois auvents en ardoises ; une fenêtre semblable est pratiquée dans chacune des faces du nord et de l'est.

L'édifice est couronné d'une plate-forme autour de laquelle règne une balustrade formée de nervures prismatiques, encadrant les quatre feuilles. Sur cette plate-forme repose une lanterne qui est inachevée et couverte d'un toit pyramidal obtus en ardoise.

Entrepôt réel de Douanes (ancienne église Saint-Nicolas) et chapelle de Tasdon

Cet établissement occupe l'ancienne église de Saint-Nicolas désaffectée en 1888, par suite du remaniement des circonscriptions paroissiales. Le clocher conservé est approprié au logement du gardien de l'entrepôt.

Pour les besoins du culte de la ville *extra muros* une élégante église a été construite à Tasdon devant le groupe scolaire, composé des écoles de garçons et de filles et de l'école maternelle.

Loge maçonnique a été construite rue Saint-Louis

La première loge date de 1744, la seconde de 1752, et l'*Union parfaite* de 1754. Etablie dans la petite rue de l'Escale, n° 1, l'ancienne maison habitée par N. Venette, la Loge Maçonnique qui formait l'un des angles de la rue a été transportée rue Saint-Louis.

L'architecture de la maison de la rue de l'Escale semble remonter à l'époque de Henri IV ou du commencement de Louis XIII. Elle fut la demeure du médecin rochelais Nicolas Venette (1633-1698), auteur de nombreux ouvrages, et plus tard de Nicolas Billaud dit Varennes (1762-1819), préfet des études, avocat, procureur de la Commune et membre du Comité du salut public.

Sur la façade de cette maison sont sculptés les bustes de six médecins revêtus du costume traditionnel et portant les noms d'*Avicenne*, *Hippocrate*, *Gallien*, *Mesué*, *Gordon* et *Fernel*, et des textes des livres saints. Elle a été affectée à l'œuvre de la Goutte de lait.

Musée Fleuriau

COLLECTIONS DÉPARTEMENTALES D'HISTOIRE NATURELLE

Le 22 novembre 1835, MM. Fleuriau de Bellevue, d'Orbigny père, de Beaupreau et quelques autres naturalistes fondèrent la Société des Sciences Naturelles, dont le but principal était l'organisation d'un musée exclusivement consacré à recueillir les produits naturels du département. Elle fut reconnue établissement d'utilité publique, le 4 septembre 1852 et obtint une mention honorable à l'Exposition universelle de 1889.

Les collections s'entassèrent dans une salle jusqu'en 1861, époque où, sur la demande du Conservateur appuyée par la société, l'administration municipale accorda les fonds nécessaires à l'appropriation du nouveau local.

Dès lors, les trois règnes furent séparés. La salle des séances reçut la botanique. Une galerie fut affectée à la zoologie et à la paléontologie. Ces deux galeries sont publiques.

Le règne végétal renferme toutes les familles.

Le règne animal se divise en deux embranchements. Les vertébrés occupent le tour de la galerie et les invertébrés le centre.

Les vertébrés du département comprennent quatre classes : la première, celle des mammifères, nous présente 6 ordres et 26 espèces, parmi lesquelles il faut citer le *balénoptère rorqual* et le *dauphin bridé*.

Les oiseaux offrent environ 300 espèces des 6 ordres, dont les plus importants sont les *sylvains*, les *échassiers* et les *palmipèdes*.

Les reptiles réunissent 35 espèces.

Les poissons se divisent en 7 ordres et 147 espèces différentes. Citons les *canthères*, les *trigles*, les *scor-*

pènes, les *lampris*, les *cabs*, les *exocets*, les *orphies*, les *morues*, le *cyclopter*, la *môle lune* et la *môle oblongue*, la *torpille galvanique* et la *lamproie*.

Les invertébrés contiennent 16 classes dont les plus intéressantes sont marines, comme les *crustacés*, les *cirrhipèdes*, les *annélides*, les *mollusques*, les *molluscoïdes* et les *rayonnés*.

M. G. Bernard a succédé à M. Lusson et à M. Ed. Beltremieux, président de la société depuis la mort de M. Th. Vivier, et directeur conservateur depuis 1854, qui a publié le catalogue raisonné ou *Faune vivante et fossile* du département.

La minéralogie occupe le centre de la galerie géologique, la géologie et la paléontologie le pourtour.

La géologie et la paléontologie comprennent les époques secondaire, tertiaire et quaternaire qui fournissent un très grand nombre de fossiles.

Le Diluvium est représenté par les ossements de l'*elephas primigenius* et de quelques autres mammifères découverts dans les cavernes de Pons. Un musée spécial est consacré à la préhistoire et à l'ethnographie, un autre à l'ostéologie.

Le dolmen de la Jarne a été dressé dans le Jardin des Plantes et décrit par M. G. Musset, qui a publié la *Charente-Inférieure avant l'histoire et dans la légende*.

La bibliothèque de la Société des Sciences naturelles comprend 2.000 volumes répartis entre toutes les branches des sciences et s'augmente chaque année. Parmi les œuvres des naturalistes rochelais, il faut citer les publications de La Faille, Fleuriau de Bellevue, d'Orbigny, Rang, Beltremieux, Vivier.

Peu de départements possèdent une collection locale aussi riche dans toutes les séries, au jugement de MM. de Quatrefages, Blanchard, Cotteau et des divers naturalistes étrangers qui ont eu l'occasion de la visiter.

Le laboratoire municipal de chimie, fondé en 1877, qui a pour directeur M. Fournier, est installé au Jardin des Plantes.

Musée La Faille

OU CABINET D'HISTOIRE NATURELLE CONSACRÉ AUX COLLECTIONS GÉNÉRALES

Clément de La Faille, avocat au Parlement de Toulouse, puis contrôleur des guerres et naturaliste rochelais distingué, né en 1718, mort en 1770, avait légué à la ville son cabinet d'histoire naturelle avec une somme importante destinée à le compléter et à l'entretenir.

Pendant la mairie de P.-S. Callot aîné, en 1831, cette collection fut placée dans les salles des bâtiments du jardin botanique et ouverte au public en 1834 sous le nom de musée La Faille.

Il se compose de près de 20.000 échantillons formant des suites dans toutes les classes.

Mais les plus complètes et les plus remarquables sont celles de la minéralogie classée d'après la méthode de Beudant et Dufresnoy et complétée par un legs de Fleuriau de Bellevue ; celle des mollusques (coquilles), pour laquelle on a suivi, comme pour tout le règne animal, la classification de G. Cuvier ; enfin celle des polypiers, intéressante par le nombre et la beauté des échantillons ; des aérolithes méritent aussi de fixer l'attention, ainsi qu'une collection de 100 espèces de champignons alimentaires et vénéneux, représentés par une composition plastique du Dr Bucchuer. Ce musée a pour conservateur M. Bernard O ✻, O ✠ président de la Société des Sciences naturelles.

Le musée est ouvert, de midi à quatre heures, les mercredis et dimanches, aux personnes de la ville. Les étrangers peuvent y être admis tous les jours.

Jardin des Plantes

Le *Jardin des Plantes* dépendait autrefois de l'hôtel des gouverneurs. Tranformé en jardin botanique et d'expérimentation, en vertu d'un décret impérial du 6 août 1807, il a reçu depuis 1831 d'importantes améliorations. Une serre y a été élevée pour la conservation des plantes exotiques, et l'étude des abeilles y a été jointe aux études de botanique. L'allée principale du jardin est ornée du buste de Fleuriau de Bellevue, ancien président de la Société des Sciences naturelles du département, député, conseiller général, correspondant de l'Institut et du groupe *d'Héro et Léandre* par M. Laurent.

Bibliothèque

L'hôtel de la Bibliothèque et des Musées fut construit sous Louis XVI, par l'évêque de La Rochelle, de Crussol d'Uzès.

La Bibliothèque fut ouverte le 24 floréal an VII. Les bibliothécaires successifs ont été MM. Gaudin, de Longchamps, Roy, Delayant et Musset, archiviste-paléographe et avocat, lauréat de l'Institut.

J. Michelet qui visita cet établissement en 1835, le caractérise ainsi dans son rapport au ministère de l'Instruction publique : « La Bibliothèque de La Rochelle occupe un beau local tout récemment décoré ; elle contient 20.000 volumes imprimés et 199 manuscrits. (Aujourd'hui elle compte plus de 36.000 volumes, grâce aux legs de MM. Adolphe Bouyer, Charles Meyer, Racaud, général Callier, G. Garreau, etc...). Le bibliothécaire a presque complété une collection des historiens de l'Aunis et de La Rochelle. Les manuscrits sont assez importants, et il serait facile d'en tirer un recueil de textes qui, disposés dans un ordre chronologique, formeraient une histoire de La Rochelle écrite par les auteurs contemporains... Les bibliothèques que j'ai visitées possèdent très peu de manuscrits importants pour l'histoire de France. La Rochelle fait exception, quelques-uns de ses manuscrits mériteraient d'être publiés, au moins par extraits. »

Un catalogue de la Bibliothèque a été publié en 1805 par M. Gaudin. Une souscription parmi les habitants et la générosité de M. Lambertz (qui a donné son nom au pont qui existait derrière l'arsenal), couvrirent les frais de l'impression.

L. Delayant a dressé et publié un nouveau catalogue rigoureusement méthodique qui est tenu scrupuleusement au courant, et à la suite duquel sont consignés les renseignements souvent demandés par le ministère de l'Instruction publique et les bibliographes. Il a complété ce travail par le catalogue spécial et raisonné des imprimés et manuscrits relatifs à l'histoire de la ville ou *Bibliographie rochelaise*. M. Georges Musset a rédigé et publié le *Catalogue des manuscrits*. Le supplément du catalogue des imprimés est sous presse. L'inventaire des cartes et gravures est en préparation.

La bibliothèque est ouverte les lundis, jeudis et samedis, de midi à quatre heures pendant l'hiver, et à cinq heures de mars aux vacances. Elle est fermée pendant les vacances, qui concordent avec celles du lycée. 4064 lecteurs en 1908.

Conformément à l'article 40 de l'ordonnance du 22 février 1839, les livres peuvent être prêtés à domicile, sur l'autorisation écrite du maire, privilège réservé autrefois aux membres du Corps-de-Ville et de l'Académie. C'est à l'hôtel de la Bibliothèque que se réunit l'Académie des belles-lettres, sciences et arts, fondée en avril 1732, et formée de 4 sections ayant chacune leur autonomie : Agriculture (1762), Sciences naturelles (1835), Médecine (1840), Littérature (1853), Société philotechnique d'instruction populaire.

Bibliothèque de la Ligue de l'Enseignement

Le Cercle rochelais de la Ligue de l'Enseignement a fondé, en 1869, une bibliothèque coopérative, qui comprend 4.000 volumes. Le nombre des sociétaires, qui est allé toujours en augmentant, est actuellement de 425. Cette bibliothèque présente une belle collection d'ouvrages sur les sciences, l'agriculture, l'industrie et le commerce, les sciences morales et politiques, l'histoire et la géographie, la littérature et les beaux-arts. L'histoire, la géographie et le roman tiennent une place assez importante, et la *Revue des Deux-Mondes* s'y trouve à peu près complète. Il occupe le rez-de-chaussée de la bibliothèque municipale.

Le Cercle réunit, sous le nom de bibliothèque rochelaise, les ouvrages publiés sur la région et ceux dont les auteurs appartiennent au département.

Le nombre des ouvrages, qui sont lus dans le courant du mois, est en moyenne de 550. Depuis 1880, le Cercle a ouvert des concours entre les instituteurs et distribué des médailles et des prix aux lauréats.

Président : M. Dupuy I, ✯.

Bibliothécaire : M. le Dr Pineau.

Musée de peinture et d'archéologie

La collection de tableaux figurant au musée est assurément très remarquable. Le talent des artistes rochelais et le goût de la population permettent d'espérer que sa valeur ne fera que grandir.

Les artistes rochelais représentés en ce moment au musée sont MM. W. Bouguereau (*Ulysse reconnu par sa nourrice. — L'Océanide. — La flagellation du Christ. — Trois portraits*); J. Chandelier (*Le Gué*); E. Fromentin (*Cavaliers arabes*); E. Pinel (*Embarquement à Saumur des volontaires rochelais en juin 1848. — Passage à La Rochelle du prince de Joinville, 1844. — Naufrage*); A. Sanier (*Coquillages, etc...*).

Citons parmi les noms qui n'appartiennent pas à La Rochelle : Le Sueur (*L'adoration des bergers*); Abel de Pujol (*Germanicus sur le champ de bataille de Varus*, 4 m. 70 sur 6 m. 70); Decaisne (*Portrait de l'amiral Duperré*); Ch. Dœrr (*Virgile lisant l'Enéide*); L. Garneray (*Marine aux environs d'Amsterdam. — Prise du Kent par la Confiance*); E. Genty-Grenet (*Forêt de Fontainebleau*); d'après le Guerchin (*Sybille persique*); attribué à Jordaens (*Le marchand de gâteaux*); Jan Kobell (*Vaches dans un pâturage hollandais*); Robert Lefèvre (*Portrait de la duchesse d'Angoulême*); Lefort (*Le chemin creux*); Le Poitevin (*Pilotes hollandais*); Luminais (*Une consultation*); L. Meyer (*Galet d'Etretat*); attribué à Mignard (*La dame au perroquet*); Brascallat (*Etude de vaches*); Bernier (*Allée abandonnée*); Jacques (*Rentrée de la bergère*); Gervex (*Baigneuse endormie*; Motte (*Richelieu sur la digue*); deux toiles de Gustave Doré; H. Rigaud (*Portrait de Valin, jurisconsulte rochelais*); attribué à Rembrandt (*Tête de vieillard*); L. Tanneur (*La frégate la Belle-*

Poule. — Un naufrage) ; d'après le Titien (*Pèlerins d'Emmaüs*) ; attribué à Velasquez (*L'Alchimiste*).

Auteurs inconnus (*Portraits d'Henri IV, Marie de Médicis, Louis XV. — Siège de la Rochelle, pris de la digue de Richelieu*, donné par Van-Hoogwerf, secrétaire de l'ambassade de Hollande à Saint-Pétersbourg), etc., etc.

A noter également quelques sculptures parmi lesquelles *Moïse ;* deux statues de Schenewertz (*Hésitation. — Jeune fille à la fontaine*).

Musée archéologique. — On remarque également de nombreux monuments archéologiques classés et entretenus par M. G. Musset, auquel on doit les *Faïenceries rochelaises*. Les collections Sanier et de Chassiron méritent aussi de fixer l'attention du visiteur.

M. E. Couneau ※, ✧ a succédé à M. A. d'Orbigny comme président du musée de peinture et M. Furcy De Lavault ✧ en est le conservateur.

Lycée

Réorganisé le 8 mai 1565, le collège fut ouvert à l'enseignement supérieur, et, sous les auspices de Jeanne d'Albret, de Condé et de Coligny, eut des chaires de grec, d'hébreu et de théologie, confiées à des maîtres distingués, pour la préparation au ministère évangélique. Après le siège de 1628, il fut dirigé par les Pères Jésuites qui firent construire la chapelle en 1638. Supprimés par l'arrêt d'août 1761, les Jésuites furent remplacés par des ecclésiastiques du clergé séculier. Le collège fit place, en 1803, à une école secondaire qui redevint collège communal en 1808, et établissement de l'Etat en octobre 1843. Une association amicale des anciens élèves fut fondée en 1880. M. Robert, proviseur, a réalisé les plus heureuses améliorations 331 élèves.

Ecoles communales

Ecoles normales de garçons à la Genette et de filles, rue Dauphine.

Ecoles de garçons : Bonpland et Réaumur, à La Rochelle, à Tasdon et à Laleu.

Ecoles de filles : Valin (Ecole supérieure), Amos Barbot, Dor, à La Rochelle, à Tasdon, à Lafond et à Laleu.

Ecoles maternelles : Arcère, N. Rey, à La Rochelle, à Tasdon, à La Genette, Lafond et à Laleu.

Eglise Notre-Dame

L'église Notre-Dame de Cougnes, la première de La Rochelle, puisque le pape Eugène III autorisa, le 20 février 1152, l'érection d'une nouvelle église, fut détruite en 1573, à l'exception de son clocher, et reconstruite en 1653. Le vaisseau est vaste. Le chœur a été décoré en 1844 avec goût ; récemment le clocher a été surmonté d'une flèche et d'importants travaux ont embelli l'édifice.

C'est à l'église Notre-Dame que le 30 septembre 1789 eut lieu la bénédiction des drapeaux des volontaires nationaux, en présence de tous les ordres de la ville et au bruit des décharges de l'artillerie.

Distribution d'eau (1864)

La distribution comprend une prise qui amène, par un aqueduc, les eaux des sources de Lafond, dans un réservoir souterrain, d'où deux machines verticales à balancier système Farcot, de la force de 15 chevaux chacune, les aspirent et les élèvent dans le château d'eau placé sur le point culminant de la ville.

Le niveau des eaux s'étant abaissé en contrebas du radier de l'aqueduc, une seconde galerie a été creusée à deux mètres au-dessous de ce radier. Les eaux de cette galerie sont élevées, dans l'aqueduc d'amenée, par une pompe rotative, débitant 180 mètres cubes à l'heure, mise en mouvement par une transmission électrique, dont le générateur est placé aux machines élévatoires à 800 mètres de la pompe. Le château d'eau a une contenance de 1800 mètres cubes, qui représentait à peu près la consommation moyenne journalière de la ville jusqu'en 1884 : mais cette consommation tendant à augmenter, la direction des travaux de la ville fut chargée de rechercher de nouvelles sources capables d'assurer une large alimentation ; c'est la vallée de Périgny, située à 4 kilomètres de la ville, qui fut choisie pour l'établissement d'une nouvelle prise d'eau. Un puits cuvelé en fonte de 3 mètres de diamètre a été creusé jusqu'à une profondeur de 9 mètres, une machine de 40 chevaux, qui fonctionne depuis le mois d'août 1884, y puise 200 mètres cubes d'eau par heure, et l'élève dans le château d'eau de la ville, par une conduite de refoulement de 4.000 mètres de longueur, qui passe en siphon sous le canal de Marans. En prévision de l'alimentation du port de La Pallice, un château d'eau a été construit en 1889 à Saint-Maurice, une canalisation qui dessert Laleu et le nouveau port a été établie, et une deuxième machine de 60 chevaux installée à Périgny, tire dans le puits de la prise d'eau 300 mètres cubes d'eau par heure, le nouveau service qui fonctionne depuis le mois de novembre 1889, sans que la nappe d'eau de Périgny paraisse en souffrir, assure à la ville un débit d'eau journalier, supérieur à 5.000 mètres cubes, qui a besoin pourrait suffire pour une ville d'une population double de celle de La Rochelle.

Hôpital général (1673-1688)

L'hôpital général de Saint-Louis contient une population moyenne de 400 personnes.

Il comprend les services suivants : hospices pour les vieillards et les infirmes ; hôpital pour les malades ; dispensaire et dépôt de mendicité et maternité.

Il a reçu dans le courant de l'année 1908, 2177 personnes ; 150 à la maison de convalescence de Saint Maurice ; 209 vieillards indigents ; 56 pensionnaires ; 314 enfants assistés ; 259 enfants de familles indigentes.

Le montant des journées s'est élevé à 182.786.

Salles de médecine : 366 hommes, 183 femmes, 86 enfants. Salles de chirurgie : 323 hommes, 125 femmes, 51 enfants. Dispensaire : 97 femmes. Maternité : 108 femmes.

Le service de santé est fait dans l'hôpital par un médecin et un chirurgien en chef et six adjoints, et dans le dispensaire, ainsi que dans la maternité, par un médecin en chef et des adjoints.

L'hospice protestant, 22, rue du Prêche, placé sous la même administration, fut fondé par les protestants en 1765. De nombreux legs ont été faits par les Réformés, en considération de cet établissement.

Hôpital militaire d'Aufrédi (1203-1811)

Cet établissement a été érigé en hôpital militaire, en 1811, sur l'emplacement de l'ancienne aumônerie fondée par A. Aufrédi.

Une inscription gravée en lettres d'or, sur une plaque de marbre placée sous le péristyle, retrace, en quelques lignes, l'histoire intéressante de cette fondation.

L'hôpital contient plusieurs salles ayant ensemble 280 lits, mais ce nombre pourrait être porté à 350 en cas de nécessité ; le service y est bien organisé dans de vastes bâtiments.

La population moyenne est de 70 malades provenant de la garnison de la place et des militaires de passage.

L'hôpital d'Aufrédi reçoit des corps d'armée du centre et du sud-ouest, les militaires envoyés aux bains de mer.

Nous devons à l'obligeante érudition de M. le docteur Delmas, médecin-major en chef de l'hôpital militaire Aufrédi, la notice suivante, fruit de patientes investigations :

« L'hôpital Aufrédi est le seul hôpital militaire de France dont l'origine remonte au moyen âge. Fondé en 1203 par l'armateur Aufrédi (Aufrei), il ne tarda pas à prendre un développement considérable. Doté, dès le début, d'une salle de malades et de constructions qualifiées de *grant houstel*, il s'augmenta en 1256 d'une chapelle dédiée à Saint-Jean-Baptiste (sur la rue Pernelle) et desservie au XVe siècle par sept chapelains ; — en 1441 d'une *grant'salle* ; — en 1471, surélévation des bâtiments de servitude ; — en 1641, agrandissement des salles et de la chapelle qui prit le nom d'*église de la charité* ; — en 1770, élévation d'un étage au-dessus des deux salles basses, ce qui porta à quatre le nombre de ces salles immenses qui n'avaient pas moins de 52 mètres de long sur 9 de large ; — en 1820 construction de la porte d'entrée actuelle ; — enfin en 1840, prolongement de la grande façade sur toute la longueur de la rue Aufrédi, dont elle n'occupait auparavant que la moitié. Son histoire embrasse trois périodes distinctes.

1° *Municipale*. — Avec gouverneur *laïque* nommé aumônier ou directeur 1203-1628.

2° *Religieuse*. — Sous la gestion des Frères de la Charité, auxquels Louis XIII le donna en toute possession, et en récompense des services rendus à l'armée royale pendant le siège de La Rochelle.

3° *Militaire*. — Provisoire 1794-1802, et définitivement depuis 1811.

(Médecin-major DELMAS, chef dudit hôpital.)

Asile des aliénés (1824)

C'est à Lafond qu'est établi l'asile des aliénés sur une plaine de 16 hectares, dans d'excellentes conditions hygiéniques, au milieu de champs et de jardins que sont venues agrandir de récentes acquisitions.

Un pensionnat, qui a reçu le nom de Claude Bernard, vient d'être édifié dans l'asile et peut contenir 50 pensionnaires. On compte 300 aliénés. M. le docteur H. Mabille I ✪ est directeur de cet établissement.

PRINCIPAUX PARCS

Avenues, cours, places, quais, rues, squares et maisons remarquables

ADMYRAULD (rue) : de la rue Fromentin, 14, à la rue

Chef-de-Ville, 14. — Maison n° 24, avec tourelle et écusson, chargé de 3 arbres, les lettres A, B, F, G, et le verset du psaume 16 : *Tunc satiabor cum apparuerit gloria tua.* Porches.

Arcère (rue) : de la rue Jaillot, 5, à la rue Dauphine, 12. — Filles de la Charité de Saint-Vincent-de-Paul. — Ecole maternelle Arcère.

Armes (place d') : entre la rue Chaudrier et la petite rue Rambaud, cathédrale de La Rochelle. — Porte de ville. — Crèche Caillé.

Aufrédi (rue) : de la rue Chaudrier à la rue Saint-Côme. — Hôpital Militaire (voir plus haut, page 85) ; clocher de la cathédrale, restes de l'église reconstruite de 1668 à 1678.

Augustins (rue des) ; de la rue Saint-Yon, 13, à la rue Chaudrier. — Couvent des Ursulines ou Dames de Chavagnes ; maison des sœurs de l'Espérance ; hôtel de la Renaissance, dit de Diane de Poitiers, construit par Hugues Pontard de Champdeniers, mort en 1565, de la peste, servit d'échevinage de 1695 à 1748. — Caisse d'épargne.

Barbot (rue Amos) : de la rue A.-d'Orbigny, 27, à la rue de la Glacière. — Ecole communale de filles.

Bazoges (rue) : de la rue Saint-Yon, 22, à la rue Chaudrier. — Maison du président de La Vaux-Martin (anciennes grandes écoles), aujourd'hui maison de M. Alfred Vivier. — Cour intérieure avec armoiries, ancien hôtel de Marsan.

Bletterie (rue) : de la rue de la Ferté, 6, à la rue

Saint-Sauveur, 3. — Maison en bois du xv° siècle.

Carmes (rue des) : de la rue Verdière, 25, au cours des Dames. — Façade de la chapelle bâtie en 1676, on a transporté au musée les sculptures et plusieurs inscriptions funéraires. — Marché au poisson.

Chaine (rue de la) : de la rue Saint-Jean, 23, à la tour de la Chaîne. — N° 7, maison du xvi° siècle avec porte armoriée.

Charruyer (parc) : s'étend depuis les bains de la Concurrence jusqu'à la hauteur des casernes. — Doit son nom au legs d'une charitable demoiselle protestante, Adèle Charruyer, décédée en 1885.

Chaudrier (rue) : de la rue Dupaty à la rue du Minage, 69. — Jehan Chauldrier, chassa les Anglais de La Rochelle, en 1372, par un heureux stratagème. — Porches.

Chef-de-Ville (rue) : de la rue du Palais à la rue Réaumur, 35. — Théâtre construit en 1849. — N° 29, maison du xviii° siècle. — Porches.

Cloche (rue de la) : de la rue Verdière, 20, à la rue Réaumur, 41. — Direction des Douanes. — N° 10, cour. « Dieu m'a exaucé en mon humilité et conservé mon innocence. Guillaume Tessier, escuier, S. de Paulias. »

Cordeliers (place et square des) : entre les rues Saint-Louis et A. d'Orbigny. — Couvent de ce nom, aujourd'hui caserne dite Duperré. — Restes de l'ancienne porte de Cougnes.

Dauphine (rue) : de la rue du Minage, 58, à la rue de

la Glacière, 1. — Porte de la ville, construite en 1699. — Casernes Chasseloup-Laubat et Renaudin. Muséums. Ecole normale de filles. Salles des conférences. Couvent des Dames de la Providence. Hôtel de Tallemant des Réaux et du père de l'amiral Duperré. Porches.

DELAYANT (rue) : de la rue Dauphine, 23, à la rue du Séminaire. Avant 1789, elle portait le nom de *rue du boulevard de l'Evangile*, en souvenir du bastion, qui avait soutenu les plus rudes assauts, pendant le siège de 1573.

DUPATY (rue) : de la rue du Palais à l'hôtel de ville. Porches.

DUPERRÉ (quai) : de la rue de la Grosse-Horloge au quai Maubec. — Statue de l'amiral Duperré. — Bureaux des douanes. — Grosse-Horloge. — N° 26, Jolie cour intérieure, porche supportant une terrasse.

EVESCOT (rue de l') : de la rue Saint-Dominique, 1, à la rue du Cordouan, 16. — Couvent des Carmélites. — Caserne d'artillerie.

FEMMES (rue des Bonnes) : de la rue des Cloutiers, 7, à la rue du Cordouan, 2. — Ancienne enseigne. — Maisons en bois.

FERTÉ (rue de la) : de la rue des Gentilshommes, 1, au quai Maubec, 11. — Temple du culte réformé (p. 66). — Couvent des Dames blanches (N.-D. du Refuge). — Ancien hôtel de la duchesse de Rohan en 1627.

FLEURIAU (rue) : de la rue Saint-Yon, 39, à la rue

Jean-Louis-Armand
de Quatrefages de Bréau
10 février 1810-12 janvier 1892.
Venu à La Rochelle en 1853 et en août 1882
pour le Congrès de l'association française pour l'avancement des sciences.

Chaudrier. — Hôtel de L.-B. Fleuriau de Bellevue, 1761-1852. — Ancienne maison de l'armateur S.-P. Meschinet du Richemond (1748-1807), membre du conseil municipal et du conseil de commerce, père du capitaine de corvette (1783-1868). — Ancien hôtel Pascault. — Porches.

Fonderies (rue des) : du canal Maubec à la place des Cordeliers. — Gendarmerie. — Ecole de garçons Bonpland.

Fromentin (rue E.) : de la rue du Palais, 1, à la rue de l'Escale. — N° 12, maison du jurisconsulte R.-J. Valin.

Gambetta (rue) : de la place du Marché à la porte Royale. — Bains-douches municipaux.

Gargoulleau (rue) : de la rue Saint-Yon, 68, à la rue Chaudrier. — Hôtel de la bibliothèque et musées (ancien hôtel Sully, puis palais épiscopal). — Hôtel de France (ancienne maison Gargoulleau).

Gentilshommes (rue des) : de la rue de La Ferté, 2, à la place de la Caille. — Hôtel de Ville. — Maisons en tape, (bois et ardoise). — N° 23, belle cave voûtée.

Grosse-Horloge (rue) : de la rue Chef-de-Ville à la rue Guiton. — Tour de la Grosse-Horloge voir p. 54. — Maison de 1554 à l'angle de cette rue et de la rue du Temple.

Guiton (rue et avenue), de la Grosse-Horloge conduisant au port de la Pallice. — Porte de ville.

Hotel-de-Ville (rue et place de l') : place de l'Hôtel-de-Ville à la place de la Caille. — Hôtel de Ville (voir p. 160). Union chrétienne de jeunes gens, n° 8).

Jaillot (rue) : de la rue du Collège, 34, à la rue A. d'Orbigny. — Lycée. — L'ancien collège avait une académie fondée par la reine de Navarre, Condé et Coligny. Il fut donné aux jésuites après le siège de 1627 et au clergé séculier en 1762.

La Noue (rue de) : de la place d'Armes à la rue Porte-Neuve.

Lescale ou L'Escale (rue) : de la rue E. Fromentin à la rue Chef-de-Ville. — N° 16, Banque de France, ancien hôtel de J. de Lescale. — Maison du médecin N. Venette (1633-1698), aujourd'hui Goutte de Lait (voir plus haut, p. 72). — En face, maison ornée de têtes sculptées. — Maison du xvie siècle, avec toiture en ardoises. Porches.

Mail. — Promenade sur le bord de la mer, parallèle à l'avenue Guiton, qui conduit à La Pallice. — Portes des Deux-Moulins et de la Monnaie.

Marché (place du) : de la rue Thiers à la rue Gambetta. — Maison en tape du xve siècle avec croisées à meneaux. — Maison du xviie siècle.

Massiou (rue Daniel) : de la rue Amos Barbot à la rue Dauphine. — Jardin des Plantes (voir page 75). — Ecole Fénelon. — Lycée des filles.

Maubec (quai) : du quai Duperré au rempart. — Arsenal, fondé en 1786. — Couvent N.-D. du Refuge.

Merciers (rue des) : de la rue Thiers à la rue des

Gentilshommes. — N° 3, maison du maire Jean Guiton. — Maisons en bois et ardoises, tapes du xve siècle. — N° 5, façades du xviie siècle richement ornementées. — Porches.

Minage (rue du) : de la rue du Cordouan, 1, à la rue Dauphine, 2. — N° 22, un cerf sculpté : « serf montaniard 1754 ». — N° 6, maison de la Renaissance. — Fontaine du xviie siècle. Porches.

Monnaie (rue de la) : de la rue des Fagots au Mail. — Hôtel de la subdivision militaire et Direction du Génie. (Ancien hôtel de la Monnaie.) — Porte de ville.

Moulins (rue des Deux) : de la rue des Fagots à la porte des Deux-Moulins. — Tour de la Lanterne et remparts.

Orbigny (rue Alc. d') : de la place des Cordeliers à la rue Jaillot. — Eglise Notre-Dame. — Casernes.

Palais (rue du) : de la rue Dupaty à la place des Petits-Bancs. — Palais de Justice (voir page 59). — Bourse. — Tribunal et Chambre de Commerce. — Porches. — Monument Eug. Fromentin par M. Dubois.

Port (rue du) : de la rue Saint-Sauveur, 8, au quai Duperré, 11, désignée ainsi dès 1540. Au xive siècle, elle se nommait rue de la Poissonnerie.

Port (petite rue du) : du quai Duperré à la rue Saint-Sauveur, appelée en 1352 *vanelle dau port*. En 1407, on ouvrit dans la muraille la porte qui existe encore. *La tour à l'Anglais* que reproduit une gravure, de M. E. Couneau et dont la partie supérieure a dû être démolie récemment, pour des motifs de sécurité publique, aurait été, d'après un vieux plan et la tradition populaire, la résidence des gouverneurs anglais à La Rochelle. Cette construction militaire dominait la ville. Du sommet de la guette au sol, il y avait près de 25 mètres. La construction de l'édifice remonterait aux environs de 1200, d'après des débris sculptés qui en proviennent. A ses pieds s'ouvrait la rue de *Castres* ou du Château, aujourd'hui confondue avec la rue Saint-Sauveur.

Prêche (rue du) : de la rue de l'Arsenal à la rue Saint-Louis. — Hôpital protestant, fondé en 1765. — (Ancien temple de 1630, démoli à la Révocation.)

Réaumur (rue) : de la Porte-Neuve, 1, à la place de la Préfecture. — Hôtel de la Préfecture. — Trésorerie générale, n° 14. — Commissariat de la Marine. — Un cèdre qui date du commencement du siècle. — Porte de ville.

Saint-Jean (rue) : du cours des Dames à la rue des Fagots. — Evêché. — Clocher de l'ancienne église Saint-Jean. — Ancienne église des Carmes aujourd'hui Marché au poisson. — Maisons du xviie siècle. — Ecole Dor, communale, de filles. — Porches.

Saint-Sauveur (rue) : de la place de la Caille au quai Duperré. — Eglise Saint-Sauveur (voir p. 65).

Saint-Yon (rue) : de la place de l'Hôtel-de-Ville à celle du Marché. — Maisons du xviie siècle.

Sur-les-murs (rue) : de la rue des Fagots à la porte des Dames, de la tour de la Lanterne à celle de la Chaîne.

Temple (cour du) : ancienne commanderie, dont il reste encore quelques vestiges.

Temple (rue du) : de la place de la Caille à la place des Petits-Bancs. — N° 49, façade datée de 1554.

Thiers (rue) : de la rue des Merciers à la Corderie.

Verdière (rue) : de la rue Chef-de-Ville, 19, à la rue Saint-Jean, 22. — Hôtel des Archives. — Marché au poisson. — Maison de W. Bouguereau, de l'Institut, précédemment habitée par le Dr Charles Meyer (1815-1881), qui, comme ses frères Louis (1804-1887) et Eugène (1800-1889), s'est distingué par sa philanthropie. — Ernest Jourdan est né au n° 23, ancienne maison de la marquise de Nuaillé.

Villeneuve (rue) : du quai Maubec, 39, à la place des Cordeliers. — Gendarmerie. — Cercle catholique d'ouvriers.

ROCHELAIS CÉLÈBRES

Montmirail (Robert de), premier maire connu de La Rochelle, « des plus favoris conseillers des comtes et comtesses de Poitou, depuis royne d'Angleterre », sénéchal du Poitou.

Aufrédi (Alexandre), XIIe siècle. — 1222 ? — « Bourgeois et armateur rochelais, tombé, selon la tradition, de l'opulence dans la pauvreté et redevenu riche par le retour inespéré de ses navires, fonda en 1203 un hôpital qu'il dota et légua à la ville de La Rochelle, après s'être consacré lui-même avec sa femme Pernelle au soin des malades. »

La Rochelle (Jean de). — Religieux de l'ordre de Saint-François, au xiii° siècle, théologien.

Doriole (Pierre), 1407-1485. — Deux fois maire, 1450-1456, chancelier en France en 1473.

Mérichon (J.), 1410? 1497? — Fut cinq fois maire de La Rochelle et bailli d'Aunis. La flèche de la tour de la Lanterne fut construite pendant son administration. Premier chroniqueur rochelais.

Nochoue (Henry de). — Fonda, dans la rue Verdière, en 1438, l'hôpital et l'aumônerie de Saint-Jacques.

Olivier (François), chancelier de France en 1545.

La Noue (F. de), 1531-1591. — Grand homme de guerre et plus grand homme de bien, disait Henri IV ; il appartient à La Rochelle par son rôle pendant le siège de 1573.

Barbot (Amos), 1556-1625. — Magistrat et annaliste, auteur d'*Annales de La Rochelle* publiées par d'Aussy, continuateur de Jean Mérichon (1410-1497).

Merlin (Jacques), 1566-1620, pasteur à La Rochelle depuis 1590, a laissé deux *Diaires*, l'un autobiographique, l'autre sur l'histoire de La Rochelle.

Guillaudeau, Joseph (1571-1645), avocat et historien.

Guiton (Jean), 1585-1654. — Amiral et maire de La

Rochelle. Célèbre par l'énergie indomptable qu'il déploya dans la résistance.

Vincent (Philippe), 1595-1651. — Historien de La Rochelle, continua Merlin, Pierre et Joseph Guillaudeau, etc.

Mervault (P.), 1607-1675. — Auteur du *Journal du siège de La Rochelle*, dont il fut témoin.

Salbert (Jean-Pierre) né à La Rochelle d'une famille municipale fut pasteur depuis 1613 jusqu'à la fin du siège de 1628.

Ratuit, comte de Souches (Louis), 1608-1682. — Conseiller d'Etat et de guerre de S. M. I., maréchal et commandant général.

Tallemant des Réaux (Gédéon), 1619-1692. — Doit sa célébrité aux historiettes publiées après sa mort, par deux membres de l'Institut.

Gargot (Nicolas), 1619-1664. — Marin intrépide.

Tessereau (A.), 1626-1691. — Conseiller secrétaire du roi. Historien de La Rochelle.

Venette (N.), 1632-1698. — Médecin, anatomiste célèbre.

Colomiez (Paul), 1632-1692. — Philologue et érudit.

Bouhereau (Elie), 1643-1719 docteur en médecine.

Richard (Elie), 1645-1706. — Médecin distingué. Membre de la Société royale de Londres, philanthrope et naturaliste.

Seignette (Pierre), 1660-1719. — Médecin distingué. Médecin du duc d'Orléans.

Des Aguliers (Jean-Théophile), 1683-1744. — Physicien, astronome et mécanicien.

Réaumur (R.-A.-F. de), 1683-1757. — De l'Académie des sciences, naturaliste et physicien.

Jaillot (Claude-Hubert), 1690-1749. — Oratorien, curé de Saint-Sauveur, érudit, collaborateur d'Arcère.

Valin (René-Josué), 1695-1765. — Jurisconsulte. *Commentaire sur l'ordonnance de la marine de 1681.*

Arcère (L.-E.), 1698-1782. — Supérieur de l'oratoire ; auteur de l'*Histoire de La Rochelle*.

Nougaret (P.-J.-B.), 1742-1823. — Littérateur polygraphe très fécond.

Jay (Jean), 1745-1819. — Petit-fils d'un réfugié de La Rochelle, fut investi en 1778 de la plus haute magistrature de la jeune République des Etats-Unis d'Amérique, puis ambassadeur, secrétaire des affaires étrangères et *chief-justice*.

Dupaty (Ch.-M. Mercier), 1748-1780. — Trésorier de France, orateur et littérateur distingué.

De Missy (S.-P.-J.-D.), 1755-1820. — ✱ Armateur, député, maire de La Rochelle, sous-préfet, législateur, homme de bien.

Fleuriau de Bellevue (L.-B), 1761-1852). — O ✱✱ Naturaliste, philanthrope, correspondant de l'Institut, député, fondateur du muséum. Son buste est au Jardin des plantes.

Goujaud-Bonpland (A.), 1773-1858. — ✱ ✱ Botaniste rochelais, collaborateur d'A. de Humboldt.

Duperré, 1775-1846. — Amiral et ministre de la marine. Sa statue orne une des places près du port.

Rougemont (M.-N.-B. de), 1781-1840. — Vaudevilliste spirituel et fécond.

Callot (P.-S.), 1790-1878. — ✻ Maire de La Rochelle, conseiller de préfecture, auteur de *Jean Guiton* et de *La Rochelle protestante*.

Orbigny (Alcide d'), 1802-1857. — ✻ Naturaliste et explorateur, fils du docteur Ch. d'Orbigny.

Delayant (G.-L.), 1806-1879. — ✻ ⌘ Philosophe, historien rochelais et bibliothécaire.

Jourdan (J.-B.-E.-M.), 1811-1871. — Juge au tribunal civil, érudit et historien.

Fromentin (E.), 1820-1876. — O ✻ ✻ Ecrivain et peintre. Ses toiles sur l'Algérie sont remarquables.

Massiou (D.), 1800-1854. — Président du Tribunal civil de La Rochelle, auteur de l'*Histoire de l'Aunis et de la Saintonge*.

Bouguereau (William), 1825-1905. — De l'Institut, illustre peintre. G. C. ✻.

Delmas (Emile), 1834-1898. — Député et maire.

D'Orbigny (Alcide), 1835-1907. — ✻ ✻ Maire.

Charruyer (Edouard), 1861-1906. — Député.

Dor (Eugène), 1818-1883. — ✻ ✻ Maire.

Garnault (Henri-Jules-Noël-François), 1820-1906. — Amiral. A conquis Gabès et Sfax. G C. ✻.

Emmery (Edouard), 1799-1888. O ✻, I ✪, maire, conseiller général.

Drouineau (Gustave), 1800-1878. — Poète et romancier.

Drouineau (Paul), 1799-1882. — ✳ Docteur en médecine, chirurgien en chef des hospices civils.

Vivier (Jehan). — Conseiller au Parlement de Paris, depuis 1572 se signala suivant l'Estoile pour faire enregistrer l'Edit de Nantes en 1599.

Vivier (Jean). — Secrétaire de Philippe-Vincent, rentra à La Rochelle le 8 avril 1628 à travers les lignes royales et remit une lettre au maire Guiton, et déjoua une tentative d'incendie de l'armée assiégeante.

Vivier (Jean-Elie, Elie et Paul). — Seigneurs de Vaugoin furent officiers de la maison du roi. Jean-Elie, colonel du génie en 1792, fut tué au siège de Landeau en 1795, Jacques fut tué aux Indes à la bataille de Negapatam en 1782.

Vivier (Louis-Elie), 1742-1827. — Armateur, commandant de cavalerie, réprima l'insurrection vendéenne en 1793, et devint conseiller municipal, membre de la Chambre de Commerce et du Consistoire, et conseiller de Préfecture.

Vivier (Louis-Nicolas-Pierre), 1779-1862. — Fut commissaire des poudres et salpêtres, juge au Tribunal de Commerce, administrateur des hospices.

Vivier (Louis-Elie), 1818-1894. — Fut colonel d'artillerie. O ✳, I ✤, ✠, conseiller municipal, premier adjoint, fit fonctions de maire au décès de M. Dor jusqu'en mai 1884, président du Conseil d'arrondissement, etc.

Vivier (Auguste). — Son frère, conservateur des forêts, ✳, eut un fils Paul décédé à Madagascar en 1893, capitaine de frégate, ✻, second du *Primauguet*.

Vivier (Jules-Théodore). — Son autre frère, décédé en 1890, fut négociant, membre du Tribunal et de la Chambre de Commerce, président de la commission administrative des hospices, censeur de la succursale de la Banque de France, agent consulaire d'Autriche-Hongrie et chevalier de François-Joseph d'Autriche.

Vivier (Louis-Théodore), 1792-1873. — Fut chef d'escadron d'artillerie, O ✻, I ✻, ✻ (Saint-Ferdinand d'Espagne) (campagne d'Espagne et siège d'Anvers), conseiller municipal, administrateur du bureau de bienfaisance, de l'Ecole normale, de l'asile des aliénés, du Consistoire, président de la Société des Sciences naturelles et de la commission de météorologie, publications sur la géologie, la minéralogie, l'histoire locale, etc.

Chasseriau (baron Frédéric), 1774-1815. — Officier de la Légion d'honneur (1814), chevalier de Saint-Louis, général de brigade, blessé mortellement dans la dernière charge au mont Saint-Jean, le soir de la bataille de Waterloo. Son neveu Frédéric, mort en 1881, fut conseiller d'Etat et a écrit la vie de l'amiral Duperré. — Son frère Théodore (1819-1856) s'est illustré comme peintre d'histoire. Son autre frère Ernest, lieutenant-colonel au 4e d'infanterie de marine, fut tué à Bazeilles, le 2 septembre 1870.

Menut (Alphonse), ✻, 1817-1899. — Président de la

Société littéraire, esprit distingué, travailleur consciencieux, érudition sûre.

BARBEDETTE (Hippolyte), 1827-1901. — Magistrat, député, sénateur, conseiller général, critique d'art.

MOREAU (Auguste-Théodore), 1835-1908. — Général du génie, C ✳, président de la Société des anciens combattants de 1870, de la Société de secours aux blessés militaires.

BELLANGER (Octave), 1839-1909. — Inspecteur d'académie, agrégé de philosophie, a honoré l'Université et l'humanité, en enseignant par son exemple à bien vivre et à bien mourir. Quelque grand que fut son mérite, les qualités de son esprit et de son cœur furent au moins aussi remarquables.

SAUVÉ (Tiburce), 1837-1909. — Magistrat, président du Comice et du Syndicat agricoles et des syndicats de marais de Nuaillé et d'Esnandes, membre de la Société des agriculteurs de France. — Fut un vaillant homme de cœur et de bien, dévoué à toutes les nobles causes.

LIVRE D'OR DE LA ROCHELLE

RUES DE LA ROCHELLE AYANT DES NOMS HISTORIQUES

ABLOIS (Marie-Pierre-Charles Meulan d'), intendant de 1776 à 1781.

Admyrauld (Gabriel), 1819-1877, président de la Chambre de Commerce, bienfaiteur de la cité.

Alfonse de Saintonge (Jean Fonteneau), pilote de François Ier, navigateur.

Aliénor d'Aquitaine, reine de France, puis d'Angleterre, 1122-31 mars 1204. A octroyé les franchises communales à La Rochelle.

Amelot de Chaillou (Jean-Jacques), intendant en 1740.

Amiral Duperré (Guy-Victor), 1775-1846. G. c. ✻

Arcère (Louis-Etienne), 1698-1782, oratorien, historien de La Rochelle.

Aufredi (Alexandre), armateur, fonda l'hospice en 1203 et s'y consacra avec sa femme au service des pauvres.

Barentin (Charles-Amable-Honoré de), intendant en 1737.

Bastion de l'Evangile supporta les trois plus terribles assauts du siège de 1573.

Bazoges (Girard de), maire en 1398.

Béarn (Henri d'Albret) et sa fille Jeanne, mère de Henri IV.

Bethencourt (Jean de), + 1425, explorateur, découverte et conquête des Canaries en 1402.

Bonpland (Aimé-Jacques-Alexandre Goujaud), 1773-1858, médecin et botaniste, explorateur ✻.

Brave Rondeau (Gabriel-Benjamin, dit le), 1757-1796, tué à la bataille de Savone.

Carnot (Marie-François Sadi-), 1837-1894, président de la République, a inauguré le port de La Pallice.

Cavelier de la Salle (Robert) explorateur assassiné en 1687.

Champlain (Samuel de), + 1635, fondateur du Canada, a sa statue à Québec.

Chatonet (Etienne-Henri-Ernest), né à Saint-Maurice près La Rochelle le 6 juin 1836, décédé juge de paix à Versailles le 12 octobre 1885. Député au Synode général des églises réformées de France à Paris en 1872 et 1873, il en fut l'un des secrétaires. *La Revue des Deux-Mondes* accueillit ses poésies en 1859. Magistrat, écrivain, bibliophile, il remplit sa charge avec la plus absolue conscience et la plus remarquable distinction. Il est mort avec la résignation d'un sage et la sérénité confiante d'un chrétien. On lui doit notamment : *Notice biographique sur Gustave Dechézeaux* (1875) qu'il était digne de comprendre par le cœur et la vaillance. *Les Adieux*, poésies (Paris, A. Lemerre, éditeur, 1885). Il fut l'un de ces hommes dont l'exemple enseigne à bien vivre et à bien mourir et qui honorent leur cité et l'humanité.

Chaudrier (Jean), 1323-1392. Délivra La Rochelle des Anglais en 1372.

Clocheterie (Isaac Chadeau de la), 1741-1782, illustre marin.

Coligny (Amiral Gaspard Chatillon de), 1517-1572.

Delayant (Gabriel-Léopold), 1806-1879, philosophe et historien, bibliothécaire ✶I✩.

De Missy (Samuel-Pierre-David-Joseph), 1755-1820, député, maire, armateur, philanthrope ✶.

Denfert-Rochereau (colonel Aristide), député, 1823-1878, défenseur de Belfort. C✱.

Denis de Fronsac (Nicolas), lieutenant-général de la Nouvelle-France.

Des Aguliers (Jean-Théophile), 1683-1744, pasteur, physicien et astronome.

Du Quesne-Guiton (Abraham) décédé en 1726, lieutenant-général des armées navales, petit-fils du maire Jean Guiton.

Doriole (Jean), 1407-1485, maire, chancelier.

Duguay-Trouin (1613-1736), illustre marin.

Du Paty (Ch.-Marg-J.-B. Mercier), 1746-1788, écrivain, magistrat, philanthrope.

Edouard Beltremieux (1825-1897), maire, géologue, président du Conseil de Préfecture ✱I♥.

Emile Delmas (1834-1898), maire, conseiller général, député. Port de La Pallice.

Emile Racaud (12 br. an XIII-1887), bienfaiteur de la cité.

Esprinchard (Jacques), sieur du Plomb, voyageur et fondateur de la bibliothèque de La Rochelle.

Eugène Dor (1818-1883), maire ✱.

Eugène Fromentin, 1820-1876, écrivain, peintre, O✱ a son monument.

Fleuriau de Bellevue (L. Benj.), 1761-1852, député, conseiller général et municipal, savant, philanthrope. O✱.

Foran (cap. de vaiss. Job), 1612-1692.

Freycinet (Ch. de Saulces de), 1828, sénateur. O✱.
A contribué à l'ouverture du port de La Pallice.

Gambetta (Léon-Michel), 1838-1882, député, ministre.

Gargoulleau (Louis), échevin en 1562, maire en 1588.

Général Dumont (baron), 1806-1889, bienfaiteur de la cité C ✵.

Hippolyte Barbedette (1827-1901) (cité).

Jacques Cartier, 1494-1552, explorateur.

Jacques Henry, maire en 1573.

Jaillot (Claude-Hubert), 1690-1740, oratorien, érudit.

Jeanne d'Albret, 1528-1572, mère de Henri IV.

Jean Godeffroy, maire en 1627.

Jean Guiton (1585-1654), l'héroïque défenseur de La Rochelle.

Jean de la Rochelle, franciscain du xiii° siècle, dont H. Luguet a fait connaître le *traité de l'âme*.

Jourdan (Ernest), 1811-1871, magistrat, archéologue, érudit.

Jousseaume (frères), ont fait des legs importants à la Rochelle.

La Noue Bras-de-fer (François de), 1531-1591, défenseur de La Rochelle en 1573.

Lemoyne d'Iberville (Pierre) 1642-1706, capitaine de vaisseau, gouverneur de la Louisiane.

La Salle (Robert Cavelier, sieur de) 1643-1687, donna le Canada à la France, après s'être embarqué à la Rochelle en 1678.

Masse (Claude), 1652-1737, ingénieur, écrivain militaire.

Massiou (Daniel), 1800-1854, président du tribunal, historien.

Mervault (Pierre), 1607-1675, chroniqueur du siège de 1628.

Michelet (Jules), 1798-1874, historien national.

Montcalm de Saint-Véran, 1712-1759, héroïque défenseur de Québec.

Montmirail (Robert de), premier maire de La Rochelle, 1199.

Morch (Wladimir-Pierre-Armand), 1832-1888, président de la Chambre de Commerce. Conseiller général. Port de La Pallice ✹✠✠.

Nicolas Venette, 1633-1698, médecin et écrivain.

Orbigny (Alcide d'), 1802-1857, naturaliste. Son neveu maire de La Rochelle ✹◯✠✠. (1835-1897).

Pasteur (Louis), 1822-1895, le plus illustre savant philanthrope du xix° siècle Gc. ✹.

Paul Yvon, 1570-1646, maire de La Rochelle et mathématicien.

Pernelle, femme d'Alex. Aufrédi qui le seconda dans le soin des malades.

Poléon (Pascaud de), illustre famille municipale.

Philippe Vincent, 1595-1651, pasteur, député, orateur, poète, historien.

Quatre Sergents étrangers à la Rochelle, y furent arrêtés.

Rambaud (Guillaume), 1572.

Rambouillet (Catherine de Vivonne, marquise de) 1558-1665.

Rasteau (Jacques), 1786-1854, maire, 1834, député, 1837 à 1846.

Réaumur (Pierre-Antoine Ferchault de), 1683-1757, illustre physicien et naturaliste, a son buste par J.-B. Lemoyne.

Richard (Elie), 1645-1706, médecin, savant, philanthrope.

Rohan (Henri Ier, duc de), 1579-1638. *Mémoires*.

Rohan (Anne de), sa sœur, 1584-1646.

Rohan (de) (Catherine Parthenay Larchevêque, duchesse de), se signala par son courage au siège de La Rochelle en 1628.

Rougemont (Balisson de), 1701-1840, poète dramatique et romancier.

Saint Louis, sacré roi 29 novembre 1226, décédé à la croisade, 25 août 1270. Nom donné au quartier du duc Louis de Saint-Simon.

Saint Marsault (Green de), Louis-Charles-Amable 1745-1778, tué au combat de la *Belle Poule*.

Senecterre (Jean-Charles, maréchal de), 1685-1771, philanthrope, gouverneur de La Rochelle.

Tallemant des Réaux (Gédéon), 1619-1692, auteur des *Historiettes*.

Théophile Babut, 1812-1886, président de la Chambre de Commerce, port de La Pallice. Mme Th. Babut, veuve Rang (1805-1884) fut une élève distinguée de Delacroix.

Thiers (Marie-Joseph-Louis-Adolphe), 1797-1877, député, président de la République, libérateur de la France.

Entrée du port de La Rochelle.

Trudaine (Daniel-Charles), 1703-1769, directeur des ponts-et-chaussées.

Vacher de la Caze, prince d'Amboule, décédé en 1670 après avoir pris, comme Jacques Prony, une part brillante à la conquête de Madagascar.

Valin (René-Josué), 1695-1765, jurisconsulte et écrivain.

Le conseil général de la commune adopta en 1795 une nomenclature des rues qui ne fut pas maintenue, sauf les noms d'Aufrédi et de Guiton.

Il y eut des rues Démosthènes, Platon, Buffon, Plutarque, Guillaume-Tell, René-Descartes, Clélie, Fabricius, Marat, Timoléon, Charondas, Flaminius, Chalier, Lepelletier, J.-J.-Rousseau, Lucrèce, Zénon, Cassius, Publicola, Pélopidas, Thrasybule, Mably, Scævola, les-Horaces, etc.

PORT DE LA ROCHELLE

Le port de La Rochelle est situé sur la côte ouest de France, à 46.12 lat. N. et 4.40 long. O. de Paris ; deux feux fixes de 9 milles de portée indiquent la direction de la passe qui y conduit. Il consiste en un havre intérieur, un bassin également intérieur (307 m. de quais) et un plus vaste extérieur (838 m. quais), précédé d'un avant-port dans lequel les navires sous charges peuvent échouer sur un fond de vase très mou (752 m. 60 de quais). L'écluse de ce dernier dock, destiné principalement aux chargements étrangers a 16 m. 10 de largeur et les quais sont pourvus de rails qui les mettent en communication avec les diverses lignes de chemin de fer. Sur les quais du bassin extérieur s'élève la *Maison du Marin* qui a pour président M. L. Vieljeux. Ce bassin peut recevoir des navires de 1.500 à 2.000 tonneaux de charge ; *en morte-eau peuvent y entrer ceux calant 5 mètres ou 16 pieds 1/2 anglais*. A ce même dock fonctionnent de nombreuses grues, la plupart à vapeur ; il y existe, en outre, une cale de carénage de 90 m. de longueur, des prises d'eau douce, un lestage et autres servitudes. Le port de La Rochelle possède un gril de carénage dont l'usage est gratuit et pouvant recevoir des navires de 65 mètres de quille, des cales de halage, des ateliers et chantiers pour la construction et la réparation des navires et chaudières à vapeur, des remorqueurs, des services de steamers sur les îles de Ré et d'Oléron, Dunkerque, Nantes, Bordeaux, Bayonne, l'Espagne, l'Algérie, l'Angleterre, la Suède, la Norwège, le Danemark, l'Allemagne, la Finlande et la Russie.

L'usage du feu et de la lumière est permis gratuitement à bord des navires.

Ce port, situé d'une manière tout à fait exceptionnelle, *a les rades les plus sûres du golfe et est d'un accès on ne peut plus facile*. Les navires peuvent venir sur les rades par tous les temps.

Le mouvement maritime du port de La Rochelle consiste principalement en la réception de charbon, de minerai de fer, de bois, de poissons salés venant de la grande pêche, de guano, de pétrole, de fonte, de goudron minéral, de vins ordinaires, etc... L'importation et l'exportation des céréales y jouent un grand rôle, et beaucoup d'autres marchandises destinées à l'intérieur et à l'est de la France font l'objet du transit de ce port. Les vins et eaux-de-vie, produits de la région, donnent lieu à un commerce étendu.

La Rochelle a une Bourse, un Tribunal et une Chambre de Commerce, une succursale de la Banque de France, d'importantes maisons de transit, d'armement et de banque, un Entrepôt, des courtiers interprètes, des représentants consulaires des principales nations.

Du tableau de la direction générale des Douanes publié en 1888, il résulte que le mouvement des navires dans les principaux ports de France a été :

Étrangers. — Colonies. — Grande pêche et Cabotage.

ENTRÉES ET SORTIES RÉUNIES

Dates	PORTS	Nombre des Navires	Tonnage	Rang
1	Bordeaux.	24.537	3.868.446	3
2	Marseille.	17.406	9.866.696	1
3	Le Havre.	12.045	5.365.638	2
4	La Rochelle.	8.007	573.170	11
5	Rouen	5.442	2.023.723	6
6	Cette.	5.438	2.340.607	5
7	Dunkerque	4.886	2.591.117	4
8	Boulogne.	4.434	1.050.387	8
9	Calais.	4.409	990.586	10
10	Dieppe	3.262	1.007.959	9
11	Nantes	2.936	335.117	17
12	Rochefort.	2.900	321.840	18
13	Saint-Malo	2.821	426.966	14
14	Saint-Nazaire	2.511	1.307.861	7
15	Caen	2.473	445.429	13
16	Brest.	2.419	307.706	19
17	Cherbourg	2.237	469.396	12
18	Nice	1.955	391.927	16
19	Bayonne	1.634	418.713	15
	Autres ports. . . .	89.247	6.569.923	
	Totaux.	200.999	40.694.207	

PORT EN EAU PROFONDE
A LA ROCHELLE

Inauguré en 1890 par le Président Carnot, sous la mairie d'Emile Delmas

Le port ou bassin de la Pallice est situé à quatre kilomètres à l'ouest de La Rochelle. C'est un port en eau profonde, *accessible par tous les temps*.

L'avant-port est abrité au sud par une jetée rectiligne de 406 mètres qui est reliée à la tête des écluses par des passerelles de halage formées par des travées en fer de 10 m. 50 d'ouverture et reposant sur des piles en maçonnerie. Au nord, l'avant-port est limité par une seconde jetée de 433 mètres, qui part de la côte à environ 400 mètres au nord des écluses et s'arrête à 90 mètres de la jetée sud. Tout l'avant-port a une profondeur de 5 mètres au-dessous des plus basses mers d'équinoxe, d'où il résulte qu'aux plus faibles marées de morte-eau il y aura une profondeur minimum de 9 m. 30 à pleine mer. Dans les marées de morte-eau ordinaire, la profondeur sera de 9 m. 66 ; en marée de vive-eau, elle sera de 10 m. 80 et, en marée d'équinoxe, elle atteindra 11 m. 56. La superficie de l'avant-port est de douze hectares et demi. L'écluse de communication entre l'avant-port et le bassin est à sas, elle a 22 mètres de largeur et 165 mètres de longueur utile, pouvant être divisée par une paire de portes intermédiaires en deux sas de 100 et de 53 mètres. La cote du fond du bassin est à 4 mètres en contrebas du zéro des cartes marines, et celle du fond de l'avant-port à cinq mètres, ce qui fait qu'en morte-eau un navire calant 7 mètres peut entrer presque à toute heure de marée et qu'en vive-eau il peut entrer pendant une période de six à huit heures, soit trois ou quatre heures avant ou après l'heure de la pleine mer.

Le *bassin* a une longueur totale de 700 mètres et se compose de deux parties : 1° un rectangle de 400 mètres de long sur 200 mètres de large où pourront évoluer les plus grands navires ; 2° un deuxième rectangle de 300 mètres de long sur 120 mètres de large. Sa superficie est de onze hectares soixante ares pour un développement périmétrique de 1.800 mètres. Le bassin est creusé à la cote — 4 mètres et la tenue des eaux ne s'y abaissera jamais, dans les marées de morte-eau les plus faibles, au-dessous de la cote 4 m. 50. Les navires y trouveront donc toujours une profondeur supérieure à 8 m. 50. Au sud du grand rectangle, à l'extrémité ouest, sont ménagées, dans le mur du quai, deux formes de radoub, l'une de 180 mètres de longueur et l'autre de 111 mètres. Au milieu du quai Est, une amorce de 22 mètres de largeur est ménagée en vue de l'extension future du port de La Pallice.

La hauteur des quais des bassins est de 2 m. 08 au-dessus du niveau des pleines mers de vive-eau. Leur développement, non compris les têtes des écluses et les entrées des formes de radoub, est de 1.650 mètres.

Le nouvel établissement maritime de la Pallice, avec ses quais bien outillés et convenablement aménagés, est en mesure de suffire à un mouvement commercial annuel supérieur à 1.000.000 de tonneaux.

Les terre-pleins des quais ont une largeur de 200 mètres sur lesquels il va être installé un outillage complet, afin d'assurer la rapidité des chargements et des déchargements et donner toutes facilités au commerce.

De nombreuses lignes de rails permettront l'enlèvement rapide des cargaisons en transit. Les marchandises qui devront séjourner, sans entrer dans l'entrepôt des douanes, seront abritées à peu de frais dans les magasins et hangars publics que la Chambre de Commerce a fait édifier.

Une usine électrique fournit la force motrice nécessaire à la manœuvre des portes, à l'éclairage des phares et sert concurremment avec le gaz à l'éclairage des quais, du port et des jetées.

La distribution de l'eau potable, assurée par la canalisation que dessert le château d'eau de Saint-Maurice, est rendue facile par de nombreuses bouches établies à portée des navires.

Les avantages que présente le bassin de la Pallice sont tellement évidents que, bien avant son ouverture, la Compagnie Générale Transatlantique sollicitait et obtenait qu'une longueur de quai de 300 mètres, comprise entre l'entrée des formes de radoub et le quai, en retour de 80 mètres, côté sud, soit spécialement affectée à l'usage de ses steamers faisant un service régulier (arrêté préfectoral du 21 janvier

1890). La Compagnie générale des bateaux à vapeur à hélice du Nord a également obtenu l'affectation, pour ses steamers effectuant des services réguliers à jours et à heures fixes, du quai en retour de 80 mètres, situé entre les deux quais sud du bassin (arrêté préfectoral du 28 février 1890).

Ainsi le présent est assuré et les intérêts de l'avenir sont garantis dans la mesure du possible (1).

LA ROCHELLE
STATION BALNÉAIRE

Casino municipal. — Bains de mer

M. Aurélien Scholl, dans le *Nain jaune*, recommande La Rochelle comme une station d'été aux touristes.

« La Rochelle, ville pleine de caractère et d'agrément, domine de vertes campagnes où l'air de la mer est tempéré par les plus fines odeurs des foins, des trèfles et des tilleuls. Le Mail est une des plus belles promenades de France. C'est là que se trouvent les bains Marie-Thérèse, au milieu d'un jardin anglais par lequel on descend sur la plage.

« Si La Rochelle était moins éloignée de Paris, la ceinture de pierres de la ville de Richelieu ne pourrait contenir les baigneurs. Et les bonnes sardines et les délicieux coquillages qu'on y trouve ! La campagne est riche et variée, surtout du côté de la porte Dauphine, mais la rade ne lui cède en rien. »

---

1. V. G. Musset. *La Rochelle et ses ports. La Pallice*, revue d'un jour, 19 août 1890.

PORT DE LA ROCHELLE

Bassin de La Rochelle-Pallice (1)

La Rochelle, « grand ville et notable, de moult ancienne fondation », n'est pas seulement célèbre par la lutte héroïque qu'elle soutint contre Richelieu ; elle n'est pas seulement remarquable par ses vieilles tours, sur chaque pierre desquelles est gravée une page de son histoire ou par le pittoresque de ses maisons à pignons et de ses rues à arcades ; ce qui, plus que tout le reste, a fait la célébrité de la cité rochelaise, c'est l'énergie de ses habitants à maintenir leur indépendance et la prospérité de leur ville ; ce sont leurs éminentes aptitudes maritimes et commerciales, c'est la lutte persévérante et inlassable qu'à maintes reprises ils ont soutenue contre les conjonctures adverses, contre les forces de la nature.

Par sa situation, son port présentait des conditions de sécurité absolument exceptionnelles qui provoquaient chez les Rochelais la hardiesse des aventures sur l'océan.

Placé au fond d'une baie bien abritée, d'un échouage sûr et commode sur un fond de vase, il

---

1. *Chambre de Commerce de La Rochelle. Port de La Rochelle. Bassin de La Rochelle-Pallice.* La Rochelle, imprimerie Noël Texier et fils, 1908.

Vue du port prise du clocher de Saint-Sauveur.

procurait aux plus audacieux de grandes facilités pour étendre le champ de leur activité.

A proximité, en effet, ils trouvaient deux grandes rades : au nord, La Pallice, abritée par l'île de Ré ; au sud, les Trousses, abritées par l'île d'Oléron ; et de là, ils pouvaient explorer avec sécurité toute la région maritime qui s'étend de part et d'autre sur le littoral de ces deux îles et du continent. L'expérience de la mer enhardissait les navigateurs, ils eurent vite franchi la porte sur l'Océan que constitue le pertuis d'Antioche, qui sépare les deux îles de Ré et d'Oléron. C'est par la confiance qu'inspiraient aux navigateurs ses accès naturels que le port de La Rochelle vit se développer sa fortune, sous l'effort de ses marins heureusement secondés par les armateurs. Avec l'extension des relations commerciales maritimes, La Rochelle devint bientôt riche et puissante, et elle ne tarda pas à susciter bien des convoitises et à provoquer bien des ambitions : ce fut la période de ses épreuves, mais aussi de ses temps héroïques. La période critique fut de courte durée et les penchants naturels des Rochelais les ramenèrent à cette navigation qui leur assurait la prospérité (1).

Mais l'expérience de la mer, la nécessité d'étendre les relations maritimes vers les pays lointains, les obligèrent à recourir à des navires de dimensions de plus en plus grandes.

---

1. Voir *La Rochelle et ses ports*, par Georges Musset, lauréat de l'Institut.

Les aménagements naturels du port furent insuffisants et à partir du xvie siècle il fut nécessaire de les compléter successivement par des travaux d'appropriation en harmonie avec les nouveaux besoins. Cette période a vu édifier les quais verticaux du havre d'échouage, le bassin intérieur à niveau constant avec un minimum de quatre mètres de tirant d'eau, et enfin le bassin à flot extérieur, voisin du précédent, inauguré en 1862, complété par le creusement du chenal et procurant un minimum de six mètres de tirant d'eau aux pleines mers de mortes-eaux. Tous ces ouvrages sont dans le même voisinage.

Dès 1870, huit ans après, la Chambre de Commerce les juge à nouveau insuffisants. Mais ce ne fut que le 29 janvier 1873 qu'elle demanda à M. le ministre des Travaux publics « la création d'un nouveau bassin accessible aux navires d'un fort tirant d'eau ». La question fut alors mise à l'étude et sa solution poursuivie activement par les corps élus à La Rochelle.

Le programme qui semblait s'inspirer résultait des profondeurs du canal de Suez ; c'était donc un tirant d'eau de huit mètres au minimum à pleines mers de mortes-eaux que les ouvrages à prévoir devaient procurer.

Les efforts communs de la Chambre de Commerce et du Conseil municipal aboutirent en 1876 à l'envoi d'une mission d'étude et d'exploration de la baie et de ses abords, sous l'habile direction de l'éminent ingénieur hydrographe, M. Bouquet de la Grye, membre de l'Institut.

De cette étude approfondie et digne de son auteur, il résulta que si les dépenses d'établissement et d'entretien des travaux pouvant réaliser les conditions de tirant d'eau prévu, au fond de la baie qui fut le berceau commercial de La Rochelle ou dans le voisinage immédiat des aménagements actuels — étaient hors de proportion avec les résultats à en espérer, si, d'autre part, cet effort serait le dernier à tenter, quelque fussent dans l'avenir, les exigences de la navigation — vers le nord de la baie de La Rochelle, très proches du rivage et touchant à la rade de La Pallice, M. Bouquet de la Grye releva des fonds de moins cinq mètres, soit neuf mètres de tirant d'eau par les pleines mers de mortes-eaux.

Avec la profonde conviction que l'avenir devait sanctionner ses prévisions, il appela toute l'attention des intérêts locaux et de M. le ministre des Travaux publics sur les avantages que présentait le point de la côte, au nord de la baie de la Rochelle dénommée « Mare à la Besse », où suivant son expression justement enthousiaste il était permis d'espérer la création d'un « Liverpool français ». Une loi de 1880 déclare d'utilité publique les travaux de création du bassin de La Pallice avec un avant-port débouchant directement sur la baie de ce nom.

Ces ouvrages, aujourd'hui entièrement terminés, comprennent un avant-port de 13 hectares et un bassin offrant 1,600 mètres de quai, ces deux ouvrages reliés par une écluse à sas de 22 mètres de largeur et de 175 mètres de longueur utile. Deux formes de radoub complètent ces installations, la plus grande a, comme l'écluse, 22 mètres de largeur, et 175 mètres de longueur ; l'autre a 14 mètres de largeur et 110 mètres de longueur. Le tirant d'eau minimum qu'il est permis d'utiliser dans le bassin est de 8 mètres aux pleines mers de mortes-eaux.

La mise en service du nouveau bassin fit l'objet d'un arrêté préfectoral du 5 juin 1891 décidant qu'à partir du 5 juin les navires de toutes catégories seront admis à fréquenter le bassin de La Pallice et ses dépendances.

De ce jour mémorable le mouvement maritime du port de La Rochelle va reprendre une marche ascendante rapide et ininterrompue.

En 1880, en effet le tonnage du port de La Rochelle était de	500.727 tonneaux
En 1890, année qui précéda l'ouverture du nouveau bassin, il n'atteignait encore que.	584.638 »
Dès 1895, le tonnage total est passé à	1.224.804 »
pour atteindre en 1900 . .	1.475.666 »
En 1907, il s'est élevé à. .	1.882.235 »
Et pour les quatre premiers mois de 1908, il est en avance de.	65.428 »

sur la période correspondante de 1907.

Le tonnage des marchandises a suivi la même marche ascendante.

En 1890, les entrées et sorties réunies étaient de . .   297.128   »

En 1907, elles sont passées à . . . .   746.079   »

Pour les quatre premiers mois de 1908, l'avance est de   51.719   »

pour les marchandises d'importation et d'exportation seulement.

La comparaison du mouvement de la navigation entre La Rochelle et les pays étrangers, avant et après l'ouverture du bassin de La Pallice, suffira pour montrer que ce mouvement ne profite pas uniquement au commerce local, mais que le commerce national y est également intéressé.

En 1890, sur les 3.886 navires entrés à La Rochelle, 220 venaient des pays d'Europe, 15 des colonies françaises et 1 seulement des pays hors d'Europe.

Sur les 3.921 navires sortis de La Rochelle, 232 allaient aux pays d'Europe, 14 aux colonies françaises et 6 aux pays hors d'Europe.

En 1907, La Rochelle a des relations fréquentes et régulières non seulement avec tous les pays d'Europe, mais avec l'Amérique, l'Afrique, l'Asie.

On compte à l'entrée 330 navires venant des pays d'Europe, 23 des colonies françaises, 47 des pays hors d'Europe.

A la sortie 322 vont aux pays d'Europe, 8 aux colonies françaises et 63 aux pays hors d'Europe.

L'Amérique du Nord est mise en communication avec La Rochelle-Pallice par les vapeurs de la Compagnie Générale Transatlantique, qui, tous les lundis, prennent des marchandises transbordées ensuite à Saint-Nazaire et au Havre.

Sur l'Amérique du Sud, ce sont les paquebots et cargo-boats de la Pacific Steam Navigation Company ; sur le Sénégal et le Congo, ceux de la Compagnie Belge Maritime du Congo ; sur l'Egypte et la Turquie d'Asie, ceux de la Compagnie Royale Néerlandaise ; sur les Indes néerlandaises et les établissements des Détroits, ceux du Lloyd de Rotterdam et ceux de la Nederland d'Amsterdam, etc.

Le Maroc, l'Algérie, la Tunisie sont desservis par les vapeurs de la maison Delmas frères de notre port.

Enfin, depuis le mois de décembre dernier, deux grandes compagnies françaises, les Chargeurs-Réunis et les Messageries Maritimes y font alternativement toucher toutes les trois semaines leurs vapeurs : la première de sa ligne du Tour du Monde (Suez, Indes, Chine, Japon, Etats-Unis, Mexique, Magellan), la seconde de sa ligne d'Extrême-Asie (Suez, Indes, Chine et Japon). Les vapeurs des Chargeurs-Réunis touchent au retour à La Rochelle-Pallice.

Or, ce mouvement ne dessert pas seulement des intérêts locaux, ce sont tous nos industriels, tous nos négociants français qui profitent des lignes de navigation, qui fréquentent notre port. Et la seule inspection des tableaux statistiques détaillés des importations et exportations que publie chaque année la Chambre de Commerce de La Rochelle, suffira à montrer que la part du commerce local est assez restreinte dans le chiffre des exportations notamment. Et par là se justifie l'intérêt national d'un port facilement accessible, bien outillé comme est celui de La Rochelle-Pallice.

La rade de La Pallice abrite fréquemment une escadre de la marine nationale attirée par les facilités de communication avec le continent, etc.

Mais les ouvrages inaugurés en 1890 sont menacés de ne plus répondre, dans l'avenir, aux besoins de la grande navigation, et il semble que nous soyons arrivés à une période critique analogue à celle que décrivait la Chambre de Commerce de La Rochelle dans sa délibération du 29 janvier 1873. La Chambre de Commerce a donc pris l'initiative d'un programme de travaux d'améliorations et d'agrandissement pour profiter de la situation unique sur la côte de l'Océan du port de La Rochelle-Pallice qui, par sa position géographique, par la proximité d'une rade sûre, par l'accès facile de l'avant-port, par la nature même du sol, est tout désigné pour devenir le grand port de l'ouest ouvert sur le Nouveau-Monde aux produits de la France et de l'Europe occidentale.

STATISTIQUES comparées du port de la Rochelle de 1890 (année qui précéda l'ouverture du bassin de La Rochelle-Pallice) et de 1907 (dernière année complète d'exploitation).

Tonnage de Jauge
Entrées et sorties réunies

En 1890....... 584.638 tx
En 1907....... 1.876.763 tx

Augmentation..... 1.292.125 tx
Proportion........ **221** o/o

Tonnage des Marchandises
Importations et exportations réunies

En 1890....... 213.316 ts
En 1907....... 713.740 ts

Augmentation..... 500.424 ts
Proportion o/o.... **234** o/o

Mouvement comparé des 4 premiers mois

DE 1907 ET DE 1908

Années	Tonnage de Jauge	Tonnage des Marchandises	AUGMENTATIONS pour 1908	
			Jauge	Marchandises
1907	589.340 tx	204.924 ts		
1908	654.768 tx	256.643 ts	**65.428** tx	**51.719** ts

Le rapport du tonnage des marchandises (importations, exportations, cabotage et mutations d'entrepôt) au tonnage de jauge (entrées et sorties réunies) dans le port de La Rochelle *est supérieur* au même rapport dans les grands ports d'escales français, Marseille et le Havre.

CHIFFRES DE 1906 (DERNIERS PUBLIÉS)

	Marseille	Le Havre	La Rochelle
Tonnage de jauge......	15.917.119 t_x	8.601.658 t_x	1.841.821 t_x
Tonnage des marchandises........	5.580.665 t^s	3.624.256 t_s	794.758 t^s
Le tonnage des marchandises est égal à	41 o/o	42 o/o	43 o/o

du tonnage de jauge total.

Mouvement de la Population municipale de La Rochelle.

Recensement de 1886.............. 19.883 habitants.
— 1891............. 23.924 —
— 1896............. 25.621 —
— 1901............. 28.578 —
— 1906............. 30.411 —

AUGMENTATION, de 1886 (recensement antérieur à l'ouverture du bassin de La Rochelle-Pallice) à 1906 (dernier recensement), 10.528 habitants, soit 53 o/o.

Le Mail

Appelé au xvie siècle *Corderie-lès-Cours*, et, au xviiie siècle, *Cours Matignon*, le Mail, vaste pelouse de 1.000 mètres de long, dit M. A. de Quatrefages, encadrée de quatre rangées d'ormes séculaires, se termine à mi-côte d'une colline dont le sommet commande le port et la ville. Là on rencontre de gaies maisons de campagne, et leurs jardins encaissés entre des tertres peu élevés. Ces tertres, que la charrue tend chaque année à niveler, sont tout ce qui reste du *fort Louis*, de ce fort qui *avala la ville*, et c'est à peine si l'œil peut deviner, à quelques plis du terrain, le plan des glacis ou la trace des fossés. — *Villa Mulhouse*, construite par M. Emile Delmas maire et député. La villa *Fort Louis* a été élevée par M. Maurice Delmas, la villa *Richelieu*, par le comte de La Redorte et *Portneuf* par M. Léridon.

La Nouvelle Plage

Près de la porte des Deux-Moulins, sous les murs même de la ville, se trouve une plage accessible à tous les baigneurs. On y trouve des cabanes pour les baigneurs, un café-bar, des jeux. Une embarcation est attachée à l'établissement prête à porter secours en cas de besoin.

Tous les touristes de passage dans notre ville ne manqueront pas de visiter la plage connue autrefois sous le nom de plage de la Concurrence ou bains

Canada, et qui a été admirablement aménagée et considérablement agrandie par la municipalité actulle.

Le café récemment construit leur permettra de jouir du merveilleux aspect de la rade et d'une vue splendide sur le parc Charruyer dont les frais ombrages s'étendent jusque sur le rivage de la mer.

L'établissement des bains est un des plus confortables de la côte et toujours plus nombreux sont les baigneurs qui viendront séjourner dans une station qui leur offre les plus magnifiques promenades qu'on puisse rêver.

Casino Municipal du Mail

Situé sur une des plus belles promenades de la ville, le Casino municipal du Mail qui avait mérité les éloges de J.-J. Weiss et d'Aurélien Scholl constitue un coin enchanteur de plus en plus fréquenté par les familles.

Un parc de deux hectares dont les arbres poussent leurs rameaux jusqu'au bord de la mer, est tout particulièrement apprécié par les enfants qui y trouveront des distractions de toutes sortes : ânes attelés et sellés, voitures à chèvre, appareils de gymnastique, jeux de tennis, de croquets, etc.

Les concerts journaliers, les les représentation théâtrales dans la nouvelle salle de spectacle, inaugurée par la municipalité, éclairée à l'électricité et confortablement aménagée en bordure de la mer, attestent que rien n'a été négligé pour satisfaire le public.

Outre à l'intérieur de la ville, les bains-douches de la rue Gambetta, les bains chauds qui datent de 1840, rue Fleuriau, l'hydrothérapie moderne est établie au Casino.

Bains du Mail

C'est près du Mail, sur une lande inculte qui le sépare de la mer, qu'a été ouvert, en 1827, le magnifique établissement des Bains de mer fondé par Fleuriau de Bellevue, l'idéal d'un établissement de ce genre.

« Des constructions élégantes et simples, une large terrasse que borde, en guise de parapet, une haie d'arbustes entrelacés, s'élèvent au-dessus d'une falaise de quelques pieds. Au-dessous s'étend la longue file des tentes. Un plan incliné, pavé de larges dalles que couvre et lave la marée, met les baigneurs inexpérimentés à l'abri des galets et de la vase. Un jardin anglais planté d'arbres verts, émaillé de pelouses, semé de chalets et de kiosques, se prolonge du côté de la digue et permet de choisir, au milieu même des fêtes les plus bruyantes, entre la foule et la solitude. » De la terrasse on aperçoit au loin, à gauche, les îles d'Aix, de Ré et d'Oléron ; à droite la vue se repose sur des champs et une belle végétation. Des salons sont ouverts aux baigneurs pour la conversation, la danse, la musique et la lecture des journaux. Outre les bains froids, il existe aussi des bains chauds, des douches, etc...

Un hôtel avec restaurant, est projeté pour offrir aux étrangers des chambres donnant sur la mer. L'administration des bains a acquis deux vastes champs, qui doublent la superficie de l'établissement ; le premier est orné d'un élégant chalet, qui s'élève au milieu de plantations de pins et d'arbres verts ; le second est ouvert, depuis quelques années, au public, et, sous le nom de *d'Orbigny*, prolonge le Mail jusqu'à la mer.

Les bains du Mail portaient primitivement le nom de *Bains Marie-Thérèse*.

La *Revue des Deux-Mondes*, le *Journal des Débats* et plusieurs autres grands journaux de Paris ont rendu à ce bel établissement un bon témoignage signé des noms les plus autorisés.

Ecoutons M. J.-J. Weiss, des *Débats* :

« Pendant qu'on entend expirer à ses oreilles les sons moqueurs de la valse, on voit se dresser, dans l'ombre, à l'horizon, des masses imposantes et lugubres. C'est la tour Saint-Nicolas, la tour de la Chaîne, la Lanterne, vieux soldats huguenots couverts de balafres, qui ont été témoins, pendant cent ans, des plus sombres comme des plus nobles passions, qui ont vengé l'Europe protestante de la Saint-Barthélemy et tenu en suspens la fortune de Richelieu. On sent alors que le présent a hérité du passé quelque chose d'ineffaçable, que la contrée qu'on embrasse des yeux est une contrée hantée, et que le fantôme des siècles héroïques enveloppe toujours, sans peser trop lourdement sur elle, cette ville aimable, élégante, hospitalière, dorée de soleil et de bonne humeur cordiale, où Scribe a oublié, je ne sais pourquoi, de placer la scène d'une de ses riantes comédies du théâtre de Madame. »

La Jetée. — Pointe des Minimes. — Digue de Richelieu

Pour arriver à la Pointe des Minimes, en partant du pied de la tour Saint-Nicolas, on passe sur le pont tournant, à côté du Marégraphe, on arrive à une longue jetée construite en pierres de taille et qui forme le côté gauche de l'avant-port, lorsqu'on se dirige vers la mer. Cette jetée, bordée à sa gauche de plusieurs rangées de tamaris, forme une des plus belles promenades de La Rochelle. Longue d'environ 1.500 mètres, elle aboutit, après avoir fait un coude très prononcé, à une grève renommée par la variété de ses coquillages. Quelques pas de plus suffisent pour atteindre la pointe des Minimes.

C'est de là que part la célèbre digue de Richelieu. Les vents et les flots en ont démoli et adouci les talus ; mais quand la mer baisse, on la voit montrer une à une ses pierres bouleversées, se détacher du rivage et s'allonger peu à peu, comme une ligne noire qui semble vouloir barrer l'entrée du port. Cette digue en pierres sèches, visible seulement à marée basse et longue de 1.454 mètres, est interrompue, au milieu, par un goulet large de 100 mètres qui sert de passage aux navires.

Une tour pleine, dite *tour Richelien*, avec une sonnerie, mue par le flot, signale aux navires le dangereux voisinage de cette digue.

Proximité des plages de Fouras et de Châtelaillon

La préférence qui s'est manifestée, surtout pendant ces dernières années, pour les plages de Fouras et de Châtelaillon a sa source dans leur proximité de la ville de La Rochelle. Entre deux marées, les baigneurs, qui y sont installés, regardent comme une de leurs meilleures distractions, de venir visiter les curiosités si nombreuses de la vieille cité rochelaise.

Est-il nécessaire d'ajouter, qu'à Fouras comme à Châtelaillon, les baigneurs ne sont nullement privés du confortable qu'ils peuvent désirer, alors qu'un trajet de quelques minutes les sépare de la ville ?

Fouras

A cinquante minutes de La Rochelle, Fouras, port de mer, à l'embouchure de la Charente, est une des stations balnéaires du littoral les plus prospères.

Le Casino est entouré d'un bois spacieux. Pendant la saison, il y a concert tous les jours, et représentation théâtrale et bal, trois fois par semaine.

Salles de jeux, salons de lecture et de conversation. Fouras, jolie ville de 1877 habitants, possède un sémaphore placé sur une tour de 19 mètres de hauteur.

M. A. Duplais-Des Touches, à la fois dessinateur habile et charmant écrivain, a fait revivre l'histoire de Fouras.

Châtelaillon

M. G. Musset a publié une description autorisée de Châtelaillon, à laquelle nous renverrons nos lecteurs.

Il ne reste aujourd'hui d'autre témoin des révolutions qui ont détruit Châtelaillon que des restes au Musée de La Rochelle du prieuré de Saint-Romuald, autour duquel se sont groupées les dernières habitations, qui portent encore le nom de Châtelaillon.

Panorama magnifique à 12 kilomètres de La Rochelle. De nombreux établissements de bains couvrent une plage de près de 4 kilomètres. Pêche abondante sur un rocher de 4.000 mètres de longueur, sur lequel sont construits près de 1.500 parcs à huîtres. Exploitation considérable de bouchots à moules. Pêche à la crevette. Nombreux hôtels et restaurants, marché, bureau de poste, église, gendarmerie, douane, maison d'école.

ENVIRONS DE LA ROCHELLE

Une page de Fromentin

Eugène Fromentin a eu le sentiment vrai des environs de la Rochelle :

« Le soir venait. Le soleil n'avait plus que quelques minutes de trajet pour atteindre le bord tranchant de l'horizon. Il éclairait longuement, en y traçant des rayures d'ombre et de lumière, un grand pays plat, tristement coupé de vignobles, de guérets et de marécages, nullement boisé, à peine onduleux et s'ouvrant de distance en distance, par une lointaine échappée de vue sur la mer. Un ou deux villages blanchâtres, avec leurs églises à plates-formes et leurs clochers saxons, étaient posés sur un des renflements de la plaine, et quelques fermes, petites, isolées accompagnées de maigres bouquets d'arbres et d'énormes meules de fourrage, animaient seules ce monotone et vaste paysage, dont l'indigence pittoresque eût paru complète, sans la beauté singulière qui lui venait du climat, de l'heure et de la saison. Seulement... dans un pli de la plaine, il y avait quelques arbres un peu plus nombreux qu'ailleurs et formant comme un très petit parc autour d'une habitation de quelque apparence. »

Plus loin, il décrit, avec le même bonheur « ce double horizon plat de la campagne et des flots qui devenaient d'une grandeur saisissante à force d'être vide... contraste du mouvement des vagues et de l'immobilité de la plaine, cette alternative de bateaux qui passent et de maisons qui demeurent, de la vie aventureuse et de la vie fixée. »

M. Pierre Blanchon vient de publier les lettres inédites de la jeunesse de Fromentin.

*
* *

Parmi les industries, qui caractérisent le plus particulièrement les environs de la Rochelle, nous devons citer l'*ostréiculture*, la culture des *moules*, et celle des *marais salants*.

« *Les huîtrières* établies dans les communes de Nieul-sur-Mer et de L'Houmeau sont des réservoirs en forme de bassins murés, en pierres sèches, au-dessous du niveau de la marée haute. Le soin du parqueur consiste à dévaser les réservoirs, autrement les produits seraient compromis.

« Ici on n'élève pas l'huître : elle est importée, soit des bancs dragués au large, soit des côtes bretonnes. Le temps de séjour dans les parcs est subordonné au degré de volume, de couleur ou de délicatesse nécessaire au mollusque pour devenir *marchand*, c'est-à-dire vendable. »

Les villages de Marsilly, d'Esnandes principalement, sont le centre d'une industrie spéciale, assez curieuse et qui atteint des résultats importants. Voici, d'après M. C. d'Orbigny père, l'origine et les procédés de cette industrie, qu'on pourrait appeler la *culture des moules*.

En 1035, une barque irlandaise vint échouer à une demi-lieue d'Esnandes ; le patron, nommé Walton, fut seul sauvé. S'étant établi dans le pays, il inventa d'abord les filets d'*allourt*, servant à prendre les oiseaux qui rasent l'eau pendant les soirées et les nuits obscures. Pour tendre ces engins, il fallait aller au milieu des vases ; à cet effet, Walton construisit l'*acon*, sorte de toue longue de 2 à 3 mètres large de 50 centimètres, qu'on dirige en s'agenouillant sur une jambe, et en laissant l'autre, chaussée d'une longue botte, en dehors du bateau, pour servir tout à la fois de gaffe et de gouvernail. En visitant les piquets de ses allourets, l'Irlandais s'aperçut, un jour, que le frai des moules s'y attachait, et que les coquillages venus ainsi en pleine eau étaient supérieurs, pour la grosseur et la qualité, à ceux qui se développent dans la vase sur les côtes. C'est alors qu'il imagina les *bouchots*, angles immenses, formés de pieux et de clayonnages, dont la base regarde la terre et le sommet, la pleine mer. Une étroite ouverture, ménagée à l'extrémité de l'angle pour recevoir des filets ou d'autres engins qui arrêtent le poisson au moment du reflux, complète le bouchot, en faisant tout à la fois un parc à moules et une pêcherie. L'invention de Walton fut accueillie avec faveur ; à son exemple, on construisit des bouchots, et, sans attendre que le frai des moules vînt spontanément se fixer sur les clayonnages et les fascines, on le recueillit sur les côtes pour le transporter dans les parcs qu'on lui avait préparés.

« En même temps, dit M. de Quatrefages, l'industrie se perfectionna, se systématisa, pour ainsi dire, et chacune de ses opérations reçut un nom qui, emprunté à un tout autre ordre d'idées, pourrait faire croire que deux *bou holus*, causant de leurs affaires, s'entretiennent d'agriculture.

« Les petites moules, écloses au printemps, portent le nom de *semence*. Elles ne sont guère plus grosses que des lentilles jusque vers la fin de mai. A partir de cette époque, elles grossissent rapidement, et, en juillet, elles atteignent la taille d'un haricot. Alors elles prennent le nom de *renouvelain* et sont bonnes à *transplanter*. Pour cela, on les détache des bouchots placés au plus bas de l'eau, et on les place dans des poches faites de vieux filets, que l'on fixe sur des clayonnages moins avancés en mer. Les jeunes moules se répandent tout autour de la poche et s'attachent à l'aide des filaments que les naturalistes désignent sous le nom de *byssus*. A mesure qu'elles grossissent, et que l'espace commence à leur manquer, on les *éclaircit* et on les *repique* sur de nouveaux pieux, de plus en plus rapprochés du rivage. Enfin, on *plante* sur les bouchots les plus élevés les moules qui ont acquis toute leur taille et sont devenues marchandes. C'est là que se fait la *récolte*. Chaque jour, une énorme quantité de moules fraîchement cueillies sont transportées, en charrette ou à dos de cheval, à La Rochelle et sur quelques autres points, d'où les expéditeurs les envoient jusqu'à Tours, Limoges et Bordeaux.

L'industrie des Bouchots donne lieu à un mouvement de fonds annuel de près d'un million dans les seules communes que nous avons nommées.

Disposés sur sept rangs, les bouchots, dont quelques-uns ont jusqu'à un kilomètre de la base au sommet, occupent une longueur de 10 kilomètres sur 4 kilomètres de large.

L'industrie *saunière* de l'arrondissement de La Rochelle exploite un peu moins du quart des marais du département entier : 1,839 hectares sur 7,825, produisant des sels fort estimés. On les divise en sels blancs pour l'alimentation et en sels verts, employés à la préparation des poissons de conserve.

Les pluies, trop ordinaires dans la région, ou le manque de chaleur, tout aussi fréquent, ne permettent guère une saison de récolte étendue au delà de quatre mois : juin à septembre.

Plusieurs salines sont établies aux portes mêmes de La Rochelle.

La banlieue de la Rochelle se divise, comme la ville elle-même, en deux cantons.

Le canton *Ouest* comprend Saint-Eloi, le grand et le petit Saint-Eloi, la Monnaie, le moulin du Petit-Beauregard, le hameau du Moulin-Rompu, Tout-Vent, Bel-Air des Ardennes, le moulin de la Mauzée, le Petit-Plessis, le moulin de Beauregard, Diligent, la métairie du Bel-Air, le hameau des Ardennes, le moulin Bel-Air, le Moulin-Neuf et le hameau de Beauregard, enfin les villages de Tasdon et de Lafond dont nous reparlerons.

Le canton *Est* comprend la Genette, les bains du Mail, la Corderie, Richelieu, le Fort-Louis, Saint-Maurice et Laleu, la Ferté, La Pépinière, Bel-Air, Jéricho, Mireuil, La Trompette, le moulin des Brandes et le Petit-Fétilly, ancien domaine de la maison de Beauharnais.

Esnandes (11 kil. de la ville). Les touristes qui iront à Esnandes ne devront pas manquer de visiter l'*église* fortifiée de ce village. La partie la plus ancienne remonte au xiie siècle. L'édifice est entouré de fossés et surmonté d'une plate-forme et de chemins de ronde. Les murs, épais de 2 à 3 mètres, étaient autrefois hérissés de créneaux. La face occidentale a conservé deux guérites à cul-de-lampe ; au midi se trouvent deux autres guérites carrées. La porte et les fenêtres sont encore surmontées de mâchicoulis, et, pour plus de sûreté, toutes les ouvertures du côté de la mer sont complètement bouchées. La façade principale se compose de trois portails, celui du milieu est décoré de sculptures romanes; six colonnes, à chapiteaux sculptés, supportent les voussures. Deux groupes de colonnes cylindriques coupent cette façade, où l'on aperçoit encore quelques vestiges d'un zodiaque formant cordon. L'édifice fut réparé en partie au xiiie siècle ; le chœur date du xve siècle et le chevet droit qui le termine paraît avoir remplacé l'abside primitive du xve siècle. L'église d'Esnandes a été classée parmi les monuments historiques et souvent dessinée. Elle vient d'être restaurée, sous la direction de MM. Ballue fils et Massiou. (Voir plus haut, p. 134 « *Bouchots d'Esnands* ».)

Laleu (1108 habit., réuni à La Rochelle, 4 kil. de la ville). Le nom de *L'Aleu* est tout féodal ; il est la traduction d'*Alodium* (franc aleu) parce qu'il fut donné en toute franchise par les sires de Châtelaillon, en 1063, aux moines de Cluny. L'église dédiée à Saint-Pierre fut construite en 1592.

Le général baron Dumont, décédé en 1889, a donné à la ville la chapelle votive qu'il a fait construire à Saint-Maurice, et à l'intérieur de laquelle il a fait graver les noms des soldats rochelais tombés au champ d'honneur pendant la guerre de 1870.

Louis XIII avait établi à Laleu ses quartiers généraux pendant le siège.

M. Alphonse Menut possède un charmant coffret fleurdelisé, qui paraît se rapporter à cette résidence royale.

Le bois fleuri, au moyen âge, des tombes du XIIe siècle, au musée, rappellent le passé de Laleu auquel le port de La Pallice vient de donner une importance toute nouvelle.

Marsilly (8 kil. de La Rochelle) possède une église, dont le clocher mérite de fixer l'attention. On voit, sur une vieille porte de 1566, aujourd'hui à Lafond, maison Roland, des inscriptions rimées qui rappellent la brièveté de la vie et les espérances éternelles. Plusieurs maisons ont des textes évangéliques en latin. (Voir plus haut, page 133, *Parcs à huîtres*. La Richardière, appartient à M. L.-E. Meyer.

Nieul (6 kil. de La Rochelle) a quelques restes de son château et une église remontant au xii⁰ siècle, dans laquelle a été inhumé René-Josué Valin, avocat et procureur du roi à l'amirauté de La Rochelle, né dans cette ville le 10 juin 1695 et décédé à la Bourelle le 23 août 1765. Chaudrier et Gargoulleau figurent au nombre des anciens seigneurs de Nieul. (Voir plus haut, page 133, *huîtrièrs*).

Saint-Xandre (6 kil. de La Rochelle). Outre un château historique qui rappelle Louis XI, Saint-Xandre possède une église rebâtie en 1634.

Angoulins (8 kil. de La Rochelle), a encore son église du xi⁰ siècle. Au ix⁰ siècle, elle en avait deux et son port était important. — Station de chemin de fer.

Chatelaillon est l'objet d'une notice spéciale (voir plus haut, page 131). — Villa de M. A. d'Orbigny.

Aytré (4 kil. de La Rochelle) possède une église fortifiée. Elle compta parmi ses seigneurs, les Chasteignier, les du Lion, les Nicolas, les d'Angliers, les Guillemin et les Green de Saint-Marsault. — Station de chemin de fer.

Dompierre-sur-Mer (7 kil. de La Rochelle) tire son nom de son château. Le clocher de son église a quelque caractère. — Station de chemin de fer.

Puilboreau (4 kil. de La Rochelle) possède une église toute récente et une Ferme-Ecole établie sur le domaine de Grammont, dont l'étendue est de 98 hectares 66 ares. Le personnel se compose de

30 apprentis renouvelés chaque année par tiers, d'un chef de pratique, de jardiniers, surveillants, etc., sous les ordres d'un directeur (M. Bouscasse).

Lagord (4 kil. de La Rochelle). L'église a été restaurée en 1840.

Périgny (5 kil. de La Rochelle) a une église ogivale et possédait jadis le château de Coureilles, où Charles VII résida.

Rompsay (2 kil. de La Rochelle). Charmant petit hameau, entre Dompierre et La Rochelle. Les bords du canal forment une des promenades les plus agréables l'été, à l'ombre des grands arbres qui longent le chemin de fer. Beaupreau, appartient à Mme J.-L. Germain.

La Jarne (8 kil. de La Rochelle). Le portail de l'église est des plus curieux pour les archéologues. Il a souvent été reproduit par la gravure.

L'Houmeau (5 kil. de La Rochelle). L'abbé Lacurie fait dériver le nom de L'Houmeau de *Ulmus*.

Le port du Plomb, aujourd'hui comblé, servait à la navigation au moyen âge. Il était encore fréquenté en 1608. (Voir plus haut, page 133, « Parcs à huîtres »). — La Faucherie appartient à M. Ch. Morch.

Rochefort-sur-Mer (32 kil. de La Rochelle).

Rochefort, qui garde le cours maritime du fleuve, est la ville la plus peuplée de la Charente-Inférieure : elle n'a rang que de chef-lieu d'arrondissement, mais c'est là que se trouve l'un des cinq grands ports militaires de France. La cité, qui date de deux siècles à peine (1666), est construite avec la plus grande régularité, elle possède un très agréable et très vaste jardin public. Rochefort est une cité complètement militaire ; environnée de remparts, elle entoure elle-même une ville fermée, celle de l'arsenal et du port de guerre : c'est là que sont les chantiers de construction navale et les curieux établissements de la marine, ateliers, magasins, forges, corderies, chaudronneries, fabriques diverses; quant au célèbre hôpital de la marine, l'un des plus vastes, des plus aérés, des mieux aménagés de France, il est en dehors de la ville, entre des promenades et des jardins. Les navires de guerre sont à l'ancre dans le port que forme la Charente elle-même, devant l'arsenal et les chantiers. Ce port militaire a de grands avantages, car le mouillage est profond, parfaitement protégé contre toute attaque d'une flotte ennemie, et la rade dans laquelle débouche la Charente, et que défendent les forts de l'île d'Aix, de l'île d'Enet, de l'île Madame, de l'écueil Boyard, est parfaitement sûre, pendant les tempêtes. Le port marchand de la ville, dit de la Cabane-Carrée, a une véritable importance. Rochefort possède deux églises paroissiales, un temple du culte réformé et une salle de conférences, 30, rue du Champ de foire, au faubourg, trois riches bibliothèques et de précieuses archives classées par le regretté docteur L. Ardouin, médecin principal de la marine.

Rochefort possède une crèche municipale, de nombreuses sociétés de secours mutuels, l'orphelinat de la marine, des établissements d'assistance, celui de la goutte de lait.

Un monument a été élevé à Grimaud, membre de l'Institut, et une statue à l'amiral Pottier. (Voir la notice de M. Duprat) éd. H. Jouve.

PROMENADES EN MER

Ile de Ré. — L'île de Ré est séparée du continent par le Pertuis Breton, qui n'a que 5 kilomètres de largeur (1). « Longue de 30 kilomètres environ, l'île de Ré n'offre pas un contour étendu, son extrême largeur dépassant à peine 5 kilomètres. Promptement réduite, cette largeur, vers le milieu de l'île, s'abaisse au chiffre de 70 mètres, constituant le passage de la route qui conduit à Ars.

« Basse sur les flots, presque entièrement privée d'arbres, entourée d'immenses platins vaseux découvrant au reflux, envahie par les dunes sablonneuses, l'île ne présente aucun intérêt pittoresque. Sans le vaste champ d'étude qu'elle offre à la science; sans les grands souvenirs historiques qu'elle rappelle; sans l'importance que lui confère sa situation et sans l'industrie dont ont fait toujours preuve ses habitants quatre fois plus nombreux que ceux du reste de la France (16.000 hab.) eu égard à l'étendue du sol, elle ne recevrait guère de voyageurs.

« L'île de Ré possède des marais salants qui font,

---

1. Extrait du *Littoral de la France*, par Ch. Aubert, ᴏ.

avec les vignes, la richesse du pays. Les terres labourables ont peu d'étendue. La partie de la côte qui regarde la haute mer est hérissée de rochers.

« Les vapeurs qui font le service de l'île partant de La Rochelle, font environ 20 kilomètres avant d'arriver à Saint-Martin. Le passage le plus court n'est fréquenté que par le bateau postal prenant les voyageurs pressés d'arriver, soit à Rivedoux, soit à Sainte-Marie.

« Au point de vue pittoresque, il est mieux de prendre pied à *Saint-Martin*. La petite ville apparaît, sentinelle attentive, appuyée sur un château fort et sur d'épaisses murailles, prête à résister avec courage à l'ennemi, comme elle le fit toujours dans le passé. »

Saint-Martin reste une position importante. Son bassin à flot fut creusé en 1835. Le chenal est très accessible. La rade est très bonne. Très fréquenté, le port reçoit le produit des pêches des nombreuses chaloupes qui s'y donnent rendez-vous.

Très mouvementée, mais « propre et bien bâtie, la petite ville fait remonter son origine aux Romains ».

« Depuis la suppression du bagne de Rochefort, elle reçoit de grands navires destinés au transport des condamnés à la déportation qui, en attendant l'heure du départ, sont internés à la citadelle de Saint-Martin.

« L'église paroissiale date du XIIe siècle et mérite de fixer l'attention. Il existe un temple du culte réformé sur la place, du côté opposé à l'ancien *hôtel des Cadets*. » Musée Ernest Cognacq.

« *La Flotte*, centre maritime. Son port, très amélioré, éclairé par un feu fixe situé sur le môle, est toujours fréquenté par de nombreuses chaloupes et peut recevoir d'assez grands navires. »

« *Ars*, buste de Carnot par Chaput, inauguré en 1899, malgré son église du XIIe siècle aux riches sculptures, aux boiseries curieusement fouillées, au clocher élevé, assez gracieux sous la bizarre calotte noire, dont la navigation fait un point de repère, Ars, sera rapidement traversée par le touriste pour arriver au *Phare des Baleines* (commune de Saint-Clément des Baleines). »

Ce phare « situé à la pointe de Ré, domine de 50 mètres les plus hautes marées. Son feu, éclipsé de demi-minute en demi-minute, a une portée de plus de 24 milles marins. Terminé en 1854, il est, depuis 1881, éclairé à la lumière électrique ».

« Éloigné de 3.000 mètres en mer, sur un écueil isolé, un second phare, haut de 22 mètres, à feu fixe, avec une portée de 15 milles, complète l'orientation de la route à suivre par les navires, soit qu'ils doivent reconnaître le pertuis d'Antioche, ou continuer leur voyage vers le Sud. »

« Ces phares sont admirablement, presque luxueusement aménagés. Un joli jardin, créé sur la dune, entoure la construction principale, et repose la vue fatiguée par la réverbération des sables. Ce n'est pas néanmoins cette agréable oasis qui doit frapper l'imagination et la captiver. Il faut gravir la spirale de l'édifice et venir s'accouder sur le petit balcon qui entoure extérieurement la lanterne. Si le vent soulève les flots, l'âme comme les yeux éprouveront une impression profonde de grandeur sévère. Chaque lame semble pousser la lame qu'elle suit à un assaut furieux contre les dunes ébranlées. Ces bruits que l'on entend seulement au bord de l'Océan, « cet appel de la mer » des poètes, remplissent tout l'espace, gémissent ou râlent de tous les points de l'horizon. »

Ile d'Oleron. — La Rochelle est en relations journalières avec Oléron ; la traversée par bateau à vapeur se fait en une heure et demie environ.

Par le Chapus, on peut profiter d'un départ très matinal et revenir le soir même, après un passage en bateau mis en correspondance avec la nouvelle ligne de chemin de fer.

On aborde au *Château*, petite ville fortifiée, chef-lieu d'un des deux cantons de l'île. La citadelle garde un des côtés du port. Quelques grands arbres dominent les remparts. Au fond du bassin, la ligne verte de la route, bien ombragée, promet un abri contre le vent ou le soleil. On franchit la porte de la ville, où une population à la physionomie sympathique circule dans des rues propres, aux maisons blanches bien bâties,

Si la vue de la petite cité a fait bien augurer de l'île, la promesse n'est pas trompeuse. Partout l'intérêt se trouvera excité. Le sol fort bien cultivé, donnait, il y peu de temps encore, de très bon petit vin. Le phylloxéra a fait son apparition..... C'était la ruine complète de l'île. L'industrie ostréicole est en train de réparer tout.

Saint-Pierre, bâti au centre de la partie la plus large de l'île occupe une gracieuse vallée enfouie dans la verdure de vieux ormes, de nombreux jardins, de places élégamment ornées de fleurs et d'arbustes.

L'église paroissiale de Saint-Pierre n'est pas sans intérêt ; mais toute attention se reporte vers la *Flèche,* joli monument du moyen âge. C'est une flèche ou fanal haut d'environ 25 mètres. Cette pyramide octogone dans le bas, se terminait par un cône hexagonal que la foudre a renversé en 1793 et qu'on a remplacé par une pyramide à quatre pans. Ce monument gracieux et svelte, date du XIIe siècle et paraît être de construction anglaise. Il existe aussi un temple du culte réformé. La maison de *Judith Renaudin* appartient encore aujourd'hui à la famille de Julien Viaud le capitaine de vaisseau (académicien Pierre Loti.)

Boyardville, près du fort Boyard, était naguère le siège d'une école de hautes études de défenses sous-marines transférée à Toulon, et est le point d'arrivée des vapeurs faisant le service de La Rochelle à Boyardville. Le port de la Perrotine est d'une réelle importance, son mouvement annuel n'est pas moindre de 50.000 tonnes.

Signalons encore les petites villes de *Saint-Georges* et *Saint-Denis.*

ILE D'AIX. Par la nature de son sol, la petite île a pu résister à l'assaut des vagues, mais, non sans se trouver beaucoup réduite. Elle ne mesure pas 3 kilomètres en longueur et sa largeur atteint à peine 1.800 mètres. La petite île n'est guère célèbre que par le court séjour qu'y fit Napoléon Ier en 1815, lorsqu'il s'embarqua sur le *Belléphoron* pour Sainte-Hélène.

LA ROCHELAISE

à travers les siècles

> C'est une erreur de notre temps de croire qu'un écrivain, parce qu'il s'appuie sur des principes dont il ne doute pas, doive être d'intelligence étroite, d'esprit hautain, de cœur sans pitié... La bonté ne mérite son nom qu'à condition d'être intelligente et bien portante. La tolérance n'a de prix que si elle est à base de foi.
>
> RENÉ DOUMIC

« La mer n'a pas que son écume et ses vagues, que sa surface brillante sous le soleil, éternellement agitée par la folie des brises ou la colère des tempêtes ; elle a aussi ses profondeurs invisibles et tranquilles où dorment les trésors de sa force ; où se combinent incessamment les éléments rénovateurs de sa vie, où s'accumulent les travaux patients de ces infiniment petits qui font les assises des mondes, où s'élabore enfin l'œuvre mystérieuse et féconde de ses destinées.

« De même que dans le Français, il y a deux hommes, dit M. Edouard Pailleron, il y a deux peuples dans ce peuple. Derrière celui qui se montre, il y en a un autre, le vrai celui-là ! en qui bat encore le cœur de notre race, en qui s'épanouit encore la flore de ces sentiments simples, de ces vertus nécessaires sans lesquels une nation ne pourrait pas vivre ; j'en sais encore parmi nous, Dieu merci ! qui ont d'autre but que l'argent, d'autre ambition que le plaisir ; qui veulent, qui pensent, qui croient, qui espèrent, et donnent, sans compter, leur intelligence à la grandeur du pays, leur travail à sa richesse, leur vie à sa défense et leur dévouement à ses misères ! »

Charité, devoir, héroïsme, c'est sous ces trois formes que je puis vous montrer la Rochelaise à travers les siècles. Encore, les trouverez-vous, le plus souvent, confondues l'une dans l'autre. Ainsi, j'ai constaté que, presque toujours, c'était par le devoir que commençait la charité. On se donne à ses parents, puis, peu à peu, le zèle s'allume, l'âme s'agrandit, et après sa famille, qui, si nombreuse qu'elle soit, a pourtant ses limites, on appelle à soi cette grande famille des déshérités qui, elle, n'en a pas. Après avoir donné, on se donne : le bien est un engrenage : une fois le cœur pris, il faut que tout l'être y passe. La charité inspire parfois à la femme le courage d'un guerrier et l'âme d'un martyr, ce sont des héroïnes, ces vaillantes qui courent à la contagion, comme les soldats vont au feu, vivent au milieu de l'épidémie et quelquefois en meurent. « Le devoir, ajoute M. Edouard Pailleron, peut se comprendre par la raison, la bienfaisance par la bonté, l'héroïsme par le courage, mais il n'y a que la foi qui puisse expliquer la charité. C'est un Dieu qui l'a révélée aux hommes et elle est restée divine. »

Charité, devoir, héroïsme, telle est la vie de la digne compagne de l'armateur Rochelais, Alexandre Aufredi, de cette vaillante Pernelle, qui née dans l'opulence, et après avoir retrouvé cette opulence perdue, se consacre au soin des malades dans l'aumônerie fondée par son mari et mérite d'être associée à la reconnaissance si justement acquise à la mémoire glorieuse d'Aufredi.

Si le nom de Pernelle a seul survécu, les autres aumôneries ont connu bien des dévouements aujourd'hui oubliés. Nombre de bienfaitrices « qui s'en vont droit devant elles, le cœur ouvert à toutes les souffrances, les bras tendus à toutes les misères, les yeux fermés à toutes les fautes ; ramassant les enfants abandonnés, recueillant les vieillards, relevant les blessés et les malades, dont aucun doute n'a jamais troublé la foi intrépide et dont aucun mécompte n'a jamais châtié les saintes témérités ». (Rousse.)

Sous le règne de Charles V, une Rochelaise, Guillemette, eut une telle réputation de sagesse que le roi la fit venir à sa cour et qu'il se trouva bien d'avoir suivi ses conseils.

Une autre Rochelaise trouva dans les inspirations de son patriotisme les lumières de Jeanne d'Arc dont l'histoire fut insérée au Livre Noir de notre échevinage. La dame blanche qui apparaissait à la Catherine Rochelaise lui révéla les victoires du roi de France et lui faisait découvrir l'argent qu'on essayait de cacher au lieu de le consacrer à la défense de la Patrie.

Les fêtes offertes par le corps de ville n'étaient pas pour la Venise française des manifestations de la prospérité publique, elles furent, parfois, un moyen de servir le Patriotisme. Les crédits alloués aux Mairesses étaient bien employés.

Froissart nous apprend qu'à un banquet le gouverneur anglais Philippe Mancel, officier plus brave que malicieux, fut invité par une lettre que lui lut Jean Chaudrier, à conduire pour une revue ses troupes hors des remparts de La Rochelle, ce qui permit à Duguesclin d'entrer en ville avec une garnison française en 1372. Ronsard célébra dans ses vers son aïeul Chaudrier, et les Maires y gagnèrent la noblesse héréditaire pour tous de l'Echevinage.

Marguerite d'Ecosse, fiancée au dauphin de France, s'embarque et va tomber au pouvoir de l'ennemi. Les Rochelais sacrifient pour la sauver une expédition en Flandre. Le dauphin devait être Louis XI qui n'oublia pas les obligations contractées envers les Rochelais. Il songea même à faire une résidence royale de l'hôtel Mérichon, le Maire qui, de ses deniers, acheva la tour de la Lanterne et fut député aux états généraux de Tours avec La Trémoille, Pierre de Nozillac, Ragot, Bernage et Jean le Flamant.

Une humble servante, Marie Becandeau, montre jusque sur le bûcher la fermeté des convictions profondes qui avaient pénétré les couches populaires, pendant que la primauté morale justifiait celle du sang chez Marguerite dont on vient de découvrir les poésies, chez Renée de France ou Eléonore de Roye.

Au-dessus des conflits d'intérêts, entre la monarchie absolue et la monarchie féodale, entre les parlements et les grands, entre la robe et l'épée, entre les villes et les châteaux, il y avait la passion de la vérité, et le développement de nobles caractères, il y avait de grandes figures et de nobles dévouements. La cour de Navarre trouvait dans la bourgeoisie rochelaise des personnalités et des cœurs vaillants, Jacques Lardeau sauva la vie de celui qui devait être Henri IV.

Au moment de l'héroïque défense de leur cité en 1573, on vit les Rochelaises revêtir les armes de leurs frères et de leurs maris pour leur procurer quelques instants de repos, repousser les surprises des assaillants et manœuvrer du haut des remparts la baliste qui versait sur les agresseurs l'huile bouillante, le brai et la résine.

La *mairesse* à leur tête, enseignes déployées et tambour battant, elles vont travailler aux fortifications.

La duchesse de Rohan, Catherine de Parthenay, avant de partager les souffrances des assiégés pendant le blocus de 1627, écrivit à la Rochelle la tragédie d'*Holopherne*.

« Durant l'horreur de cette famine, écrit un témoin oculaire, Pierre Mervault, comme il y eut des exemples de cruauté, il y en eut aussi plusieurs de très grande charité en la distribution gratuite que firent divers de ce qu'ils avaient de surabondant, bien que, faisant comme les autres, ils eussent pu s'enrichir.

« Notamment j'ai eu connaissance des sieurs Jacques Duprat et Abraham Thiraud, qui ayant chez eux une très grande quantité de froment, et d'autre blé, qu'ils avaient recueilli de leurs héritages, n'en vendirent pas un seul grain, mais le distribuèrent à tous ceux qu'ils jugèrent en avoir besoin, pour le leur rendre seulement après que Dieu aurait redonné la paix. D'ailleurs il y en avait qui faisaient des charités secrètes, desquelles personne n'a jamais pu découvrir les auteurs. Entre autres, il en est venu une à ma connaissance, qui m'a semblé mémorable. Le sieur Daniel de La Goute, avocat du roi honoraire, avait une sœur, veuve d'un marchand nommé Prosny, qui était fort honnête femme et fort charitable, de sorte que la famine commençant à être plus âpre qu'à l'ordinaire, elle assistait libéralement les pauvres. Sa belle-sœur, femme dudit sieur de La Goute, qui était d'une autre humeur, l'en reprenait souvent et lui demanda, un jour, en colère ce qu'elle ferait quand elle aurait tout donné, à quoi elle répondit : ma sœur, le Seigneur y pourvoiera.

« La famine s'étant renforcée et le siège continuant, cette veuve qui était chargée de quatre enfants se trouva à l'étroit, et n'ayant plus aucune provision, s'en vint vers sa belle-sœur pour lui demander du secours ; mais elle, au lieu de lui en donner, la couvrit de reproches et lui dit qu'elle avait bien prévu qu'elle en serait réduite là, avec toute sa belle espérance et ses beaux mots : Le Seigneur y pourvoira, et qu'à la bonne heure, il y pourvut donc. Ces paroles lui navrèrent le cœur et elle s'en retourna toute confuse à la maison, résolue de prendre la mort en gré. Etant arrivée à son logis, ses enfants vinrent au devant d'elle avec une grande joie et lui dirent qu'il était venu un homme qu'ils n'avaient pu connaître, à cause qu'il était tard, qui avait frappé à la porte et aussitôt qu'elle lui eût été ouverte, y avait jeté un petit sac de froment d'environ un boisseau et s'était retiré promptement, sans leur dire quoi que ce soit. Cette femme, ne croyant presque pas à ses yeux, sort à l'heure même de sa maison et le plutôt que le lui pût permettre la grande faiblesse où elle était, alla retrouver sa belle-sœur et lui dit d'un ton ferme, dès qu'elle la vit : Ma sœur, le Seigneur y a pourvu. Puis se retira sans lui dire autre chose.

« Par le moyen de ce secours non attendu et venu si à propos, elle coula le temps jusqu'à l'entrée du roi et ne sut jamais à qui elle devait ce bienfait. »

Michelet nous peint la Rochelaise de la fin du xviie siècle.

Celle de la bourgeoisie marchait dans le petit bonnet, la fraise, la jupe étroite du temps de Louis XIII. Elle se reconnaissait tout de suite à je ne sais quoi de serré, de modestement fier, si on peut dire. Telle elle était d'enfance. Ici tout est droit, point de courbe,

Elle est austère d'aspect, et plutôt triste. Qui s'en étonnera, après tant de persécutions ? Sédentaire, solitaire, elle tenait ses enfants bien près d'elle. Elle était belle de pureté surtout et de vertu visible. Les enfants de bonne heure étaient à l'unisson, tout sages, tout sérieux, très discrets, point bruyants. On le vit dans les fuites, dans les cachettes où un rien perdait la famille ; ils ne bougeaient, étaient muets, souffraient tout, ces pauvres petits. Les dragonnades prirent l'aspect d'une jacquerie. La dame, une femme délicate, qui, même étant simple bourgeoise, était toujours noble d'éducation et de tenue. Mais nulle humiliation ne peut dompter l'âme. La Terreur de 93, en pleine guerre, devant l'ennemi, dans la misère et la famine, fut sauvage, mais point hypocrite, et n'eut point les gaietés diaboliques de 1685, remarque Michelet.

Pendant qu'une nouvelle Rochelle s'était fondée de l'autre côté de l'Océan, la vieille Rochelle, avec ses libertés, avait perdu toute sa population et les nouveaux habitants y avaient apporté un esprit nouveau. Tout s'était transformé, mœurs, institutions, l'art lui-même.

La Catherine contemporaine de Jeanne d'Arc revivait dans Marie de Cardozzo, portugaise, veuve d'un Rochelais.

Mais si Marie de Cardozzo rappelait Catherine et Guillemette, une autre Rochelaise renouait la noble tradition de Pernelle.

Anne Forestier fonde un hôpital et met au service

des enfants et des malades, sa vie et sa fortune. L'évêque Etienne de Champflour lui accorde son patronage, ainsi que Mme de Chamilly, la femme du Gouverneur.

Les femmes des armateurs Rochelais sont l'ornement de la Société nouvelle, unissent aux dons de l'esprit les plus précieuses et les plus sérieuses qualités du cœur et se distinguent par la culture des lettres et des arts.

Michelet a dit que 89 fut la réaction de l'équité, l'avènement tardif de la justice éternelle.

Ce fut un grand jour que celui où les Rochelaises arborèrent la cocarde tricolore, pendant que le doyen des armateurs Rochelais hissait le pavillon national, symbole de la liberté, au mât d'un navire rochelais.

Ce fut un grand jour que celui où les dames Rochelaises brodèrent le drapeau de nos volontaires que le brave Rondeau devait conduire à la victoire.

Boissy d'Anglas a dit la signification patriotique des fêtes que la Révolution avait instituées et qui furent rehaussées par la présence des dames rochelaises.

La fête Rochelaise de l'agriculture

Messidor an IV (juillet 1796)

Conformément à l'arrêté du Directoire signé Carnot, en date du 20 prairial, les administrateurs, le commissaire du Directoire exécutif, les autorités constituées, la Garde nationale sédentaire et en activité, enfin tous les citoyens et citoyennes convoqués au son du tambour et des fanfares se rangent en ordre sur la place publique. A quelque pas, devant l'autel de la Patrie, on place une charrue ornée de feuillages et de fleurs et attelée de bœufs. Un char surmonté d'une statue de la Liberté, tenant d'une main une corne d'abondance et montrant de l'autre les ustensiles du labourage, suit la charrue qui est précédée d'un groupe de vingt-quatre laboureurs, choisis parmi les plus anciens du canton et recommandables par la constance et le succès de leurs travaux ; ils sont accompagnés de leurs femmes et de leurs enfants.

Tous tiennent, d'une main, un des ustensiles du labourage et de l'autre, un bouquet d'épis et de fleurs. Les chapeaux sont ornés de feuillages et de rubans tricolores.

L'administration municipale désigne celui des laboureurs, dont l'intelligence, la bonne conduite et l'activité ont mérité d'être proposées pour exemple ; son nom est proclamé à haute voix, et pendant toute la cérémonie, il est placé à côté du président, qui prononce un discours analogue à l'objet de la fête. Au son d'une musique instrumentale entremêlée d'hymnes, le cortège s'avance dans la campagne et se range en ordre dans un champ, dont la municipalité peut disposer. Les laboureurs se mêlent parmi les citoyens armés, et à un signal donné, ils font l'échange momentané des ustensiles du labourage contre les fusils. Au son des fanfares et des hymnes, le président enfonce dans la terre le soc de la charrue et commence un sillon.

Les laboureurs rendent les fusils ornés d'épis et de fleurs, et reprennent les ustensiles en haut desquels flottent des rubans tricolores. Le cortège revient sur la place publique, le président et le laboureur honoré du prix, déposent sur l'autel de la Patrie tous les ustensiles et les couvrent d'épis, de fleurs, et des diverses productions de la terre. Cette cérémonie se fait également au son des fanfares et des chants. La fête est terminée par des danses.

Une lettre du 13 messidor an IV, ajoute : « C'est surtout lorsque le cortège a eu quitté l'enceinte de la ville que la fête a pris son véritable caractère ; la voûte des cieux était devenue le temple où tout un peuple adressait ses vœux et sa reconnaissance à Celui qui donne la rosée ; le doux zéphyr inclinait légèrement les moissons : on eût dit que l'épi surchargé de son fardeau venait nous inviter à nous enrichir de ses dons.

« Parvenus au lieu de la station, un beau désordre a rapproché, confondu tous les spectateurs...

« Placé près de l'autel de la Patrie, j'ai été à portée d'entendre célébrer, dans le discours de notre Président, les bienfaits de la Providence et proclamer la solide gloire dans la personne d'un cultivateur qui avait été désigné pour être l'objet de l'estime générale ; je l'ai vu, ce respectable et honnête laboureur, recevoir, avec une tranquille émotion, la couronne destinée aux vertus champêtres et les affectueux embrassements des présidents et des deux administrateurs.

« J'ai vu ensuite tracer le sillon que des mains plus accoutumées à ce rude travail devaient approfondir... J'aurais désiré t'envoyer une description plus pittoresque, mais il manque à ton ami le pinceau de Théocrite et les grâces de Des Houlières. »

Les affiches de La Rochelle du 6 messidor reproduisent l'hymne de P.-J.-B. Desforges.

En voici quelques strophes :

> Tandis que versé pour la gloire,
> Le sang de nos braves guerriers,
> Du noble champ de la victoire
> Fait une forêt de lauriers,
> Du laboureur la main prépare
> Les moissons, leurs riches bienfaits.
>
> C'est ainsi que le soc répare
> Bien des maux que le glaive a faits.
> Elle approche l'heure si chère
> Qu'appellent tous les cœurs français
>
> Où Mars, éteignant son tonnerre,
> Disparaîtra devant la Paix.
>
> Ouvrez-vous, âmes paternelles,
> A l'espoir de voir vos enfants
> Que la gloire alors sur ses ailes,
> Vous ramènera triomphants.

Elie-Louis Seignette était alors président du district, Demissy, maire, Danglade, Bon, Desbois, Garnault, Garnier, Jousseaume et Raboteau, administrateurs de la commune.

Les cultivateurs couronnés avaient été Héraudeau, de la Flotte, Reigner, d'Angoulins et Petit, de Liversay.

Jean-Jacques Weiss a pu dire que le fantôme des siècles héroïques enveloppe toujours, sans peser trop lourdement sur elle, cette ville aimable, élégante, hospitalière, dorée de soleil et de bonne humeur cordiale.

Essaierons-nous de peindre maintenant la Rochelaise au xxe siècle. Il suffit d'ouvrir Fénelon et de relire Salente. La peinture d'Antiope est éternellement vraie. Le cœur de son père se repose sur elle, comme un voyageur abattu par les ardeurs du soleil se repose à l'ombre sur l'herbe tendre.

Saluons avec respect l'effort patient qui, lentement, mais sûrement, fraiera notre chemin vers l'orient de la justice, de l'amour et de la fraternité, et l'aurore des temps futurs chantés par Maurice Bouchor se lèvera sur l'humanité régénérée.

Que si maintenant nous voulons tirer de ces souvenirs du passé et de ces rêves d'avenir un enseignement pratique pour l'heure présente, si nous voulons esquisser, en quelques traits, la voie que nous aimerions voir suivre aux avant-coureurs du mouvement féministe, nous dirons simplement : il n'est pas seulement juste et nécessaire de concéder à la femme les droits qui lui manquent et à défaut desquels sa personnalité morale est amoindrie, il convient aussi de lui rendre accessible l'exercice de devoirs qu'elle réclame et qu'elle saurait remplir. Entendons-nous bien : Emancipation signifie tout autre chose qu'assimilation rigoureuse de la femme à l'homme.

La femme n'est par nature ni supérieure ni inférieure à l'homme ; elle est autre, ce qui est bien différent. Plus exactement encore, elle est l'égale de l'homme par la dignité morale qui fait d'elle une personne libre, responsable de ses actes ; mais elle est autre par la nature des facultés et des organes qui déterminent la nature de ses devoirs et l'énergie de ses moyens. Il en résulte qu'il n'y a pas deux morales, une pour chaque sexe, et que « les personnes sans distinction de sexe ont comme personnes des droits égaux que la loi et les pouvoirs publics doivent garantir. » (E. Pillon, supplément du *Relèvement Social*, 1ᵉʳ janvier 1897.)

Déjà l'opinion publique et les parlements se sont émus de certaines inégalités juridiques qui pesaient depuis l'antiquité sur la femme.

Pour ne parler que de la France, le Parlement a successivement reconnu à la femme en 1881 le droit de retirer de la Caisse d'épargne sans autorisation du mari l'argent qu'elle y a déposé ; en 1891, un droit de succession *ab intestat* sur les biens du mari ; en 1893, la pleine capacité civile de la femme séparée de corps.

Plusieurs projets analogues adoptés par la Chambre ne semblent pas destinés à un échec devant le Sénat.

L'un confère aux femmes le droit d'être témoin dans les actes de l'état civil. Un autre leur laisse la libre disposition du salaire qu'elles ont gagné par leur travail. Ce n'est pas assez. Il convient d'accentuer la responsabilité du mari trop aisément défendu par la loi contre les conséquences de ses légèretés et de ses fautes. Il convient d'abolir la loi qui interdit la recherche de la paternité, loi d'égoïsme faite par des hommes, qui oblige trop souvent la femme à porter seule les conséquences d'une faute commune. Il convient d'arracher de notre code français, comme elles l'ont été ailleurs, les pages relatives à la protection légale du vice, lois d'iniquité qui assurent à l'homme coupable la pleine impunité et livrent des malheureuses dégradées au plus honteux asservissement, au lieu de les relever.

Tardivement aussi, les sciences et les arts ont été offerts à l'activité féminine. A cet égard, les idées ont réalisé d'indéniables progrès. On s'est rendu compte que le petit nombre des Bélises et des Philamintes ne suffit pas à discréditer les femmes d'esprit, qui ont su faire, au plus grand profit de leur plus proche entourage, un usage discret de leur culture intellectuelle. On a compris qu'il fallait enlever à l'égoïsme méprisant de l'homme ce prétexte que la femme n'est point capable de s'intéresser aux travaux du mari. Mais puisque aussi bien on s'est résolu à entrer dans cette voie d'émancipation, il est difficile de leur fermer l'accès de certaines carrières, telles que le barreau et la médecine, dont la clientèle féminine serait heureuse, en bien des cas, de trouver aide et protection auprès d'une femme.

Nos voisins d'outre-Manche, conservateurs respectueux, s'il en fût, des traditions du passé, n'ont-ils pas admis les femmes dans les bibliothèques et comités scolaires, ne leur ont-ils pas reconnu le droit de vote et d'éligibilité dans la nomination des juges consulaires, des conseils de prud'hommes et même le droit de vote pour les élections aux conseils de comté ? Y a-t-il témérité à souhaiter une intervention plus active de la femme dans les questions d'intérêt professionnel ou local, dont elles relèvent par les mêmes charges, et, souvent, par la même compétence que l'homme ?

Faut-il aller plus loin ? Faut-il réclamer pour la femme la participation à la vie politique ? Nous n'oserions, pour le moment, suivre jusqu'à ce point les « féministes » les plus déterminés. Nous savons bien que la Nouvelle-Zélande, l'Australie du Sud et trois états de l'Amérique du Nord, ceux de l'Utah, du Wyoming et de Washington, ont accordé la franchise parlementaire aux femmes et on ne dit point que la législation y soit devenue moins active, ni moins pratique. Reconnaissons cependant que de graves objections s'élèvent contre ce paragraphe du programme féministe et qu'à tout le moins nos idées ne sont pas mûres pour se prêter à une transformation aussi radicale de nos mœurs politiques. Reconnaissons aussi qu'une infime minorité de femmes se montre soucieuse de se mêler aux luttes électorales et de siéger au Palais Bourbon. Un plébiscite récent a été ouvert sur la question dans l'Etat de Massachusetts. Sur 575.000 femmes que l'on conviait à voter, 23.000 seulement ont pris la peine d'exprimer leur opinion.

Au reste, nous l'avons dit, il ne s'agit pas seulement de reconnaître aux femmes un minimum de droits que réclame leur dignité morale ; il s'agit de leur enseigner qu'à l'extension des droits correspond l'élargissement des devoirs. Leur indépendance s'accroît, mais il ne leur est pas permis d'en mésuser. Si le cercle familial un peu étroit des siècles passés peut et doit s'élargir, c'est à la condition que la femme n'en profite pas pour se soustraire aux joies et aux charges de la maternité pour se laisser séduire par un malsain mirage. Emancipée, la femme ne réclamera point une part des conflits mesquins de la politique, mais elle s'apercevra qu'elle peut jouer un rôle décisif dans la crise sociale qui menace notre monde moderne.

Ne craignons pas de l'affirmer : la femme est peut-être plus capable que l'homme d'opérer la réconciliation des classes. Il est plus facile à la jeune fille et à la femme riches ou aisées qu'à leurs frères ou à leurs maris de pénétrer au foyer de l'ouvrier et de s'y faire accueillir, sans méfiance, sans rancune, en amie respectée et en conseillère écoutée. Mieux que l'homme, elle a la douceur insinuante qui fait accepter à l'enfant dévoyé, à la femme égarée, à l'ivrogne et au paresseux un reproche et une leçon. C'est aux femmes que la propagande antialcoolique a dû, en Suisse, les plus nombreuses recrues parmi les hommes. En Belgique, les femmes de la bourgeoisie se dévouent à leurs sœurs moins heureuses ; elles ont constitué la Ligue des Femmes chrétiennes qui s'efforce d'améliorer la condition matérielle et morale des ouvrières. En Angleterre, c'est une femme, Miss Humphrey Ward, qui a créé, au cœur du Londres industriel, une sorte d'université populaire où les ouvrières trouvent, le soir, auprès de femmes dévouées, des leçons de morale familière, d'art, de littérature, d'hygiène domestique, d'économie et même de gymnastique. En France, les institutions charitables patronnées par des femmes et des jeunes filles sont nombreuses et prospères. Mais peut-être ont-elles été conçues d'après un type trop uniforme, elles ressemblent trop à des administrations, elles n'assurent pas la rencontre aisée, familière, fréquente de la femme pauvre et de sa sœur plus fortunée. Nos lois, et surtout notre éducation domestique fortifiée par des traditions séculaires, laissent à la femme trop peu d'initiative en dehors de l'atelier de la modiste et de la couturière. On lui a trop laissé ignorer quelle influence apaisante elle pourrait exercer dans nos conflits sociaux et même internationaux. On ne saurait trop lui redire aujourd'hui qu'elle est solidaire de l'homme et, avec lui, responsable du lendemain, qu'elle doit prendre clairement conscience de ses droits et de ses devoirs nouveaux, exercer sa liberté au profit de la solidarité humaine, et mettre, comme par le passé, sa pitié et son abnégation au service de ceux qui ont faim et soif de charité (1).

Si Mme Arvède Barine semblait avoir élu domicile dans le XVIIe siècle, elle ne se détournait pas pour cela de son temps. Très intéressée, un peu affligée aussi, par le spectacle de notre société, elle suivait avec curiosité le mouvement des idées ; elle assistait, non sans effroi, à la marée montante des paradoxes où risque de sombrer l'avenir de la femme. Elle ne ménageait pas les conseils à celles qu'elle voyait faire si étourdiment fausse route A la turlutaine d'émancipation dont sont travaillées nos « féministes », elle opposait ce portrait des femmes d'autrefois, qui subordonnaient leurs goûts à leurs devoirs et ne se croyaient pas à plaindre pour cela. Elle n'était pas du tout persuadée que la femme eût aucun profit à attendre de la révolution qu'appelle son imprudence. Elle ne voyait pas venir l'ère de l'indépendance féminine ; mais elle voyait s'en aller le respect de la femme...

Il faudra qu'on réunisse quelques-uns de ces articles consacrés aux questions actuelles. On en composera facilement un recueil qui s'intitulerait si bien, suivant la mode ancienne : *L'Esprit d'Arvède Barine !* Ce sera un livre exquis où toutes les femmes auront profité qui sauront s'y plaire. Il leur ensei-

---

1. M. Th. Ruyssen a bien voulu formuler les conclusions de cet article. Qu'il reçoive nos plus vifs remerciements !

gnera, sans pédantisme et sans défaillance, l'art de vivre.

René Doumic

Le professeur Henri Meyer (1841-1895)

Frédéric Godet a dit du *Christianisme du Christ*, le livre qui valut à Henri Meyer le grade de docteur en théologie : « A prendre le livre dans son ensemble, nous déclarons qu'entre tous les produits religieux et théologiques de la moderne théologie française, nous n'en connaissons pas un qui soit plus propre que celui-ci à donner à la foi évangélique une conscience ferme de l'inébranlable solidité de son objet. » Henri Meyer était plus qu'un professeur plein de savoir, versé dans les sciences théologiques, il avait trouvé, chez son père et dans sa famille l'exemple du devoir, au sens le plus élevé du mot, et au contact d'un tel modèle de modestie et d'humilité spirituelle, on se sentait devenir meilleur. Il gagna tous les cœurs par la douceur de son caractère, la délicatesse de sa conscience, sa bienveillante indulgence toujours prête à s'exercer, à La Rochelle où il fit de fortes et brillantes études au lycée, à Montauban, en Vendée, dans son église de La Roche-sur-Yon et comme président du consistoire de Pouzauges, à Montauban où il revint comme professeur. Il avait une sorte de passion de sincérité, une grande bonté de cœur, un désintéressement absolu, il aimait le vrai pour le vrai, le bien pour le bien, il avait une âme véritablement belle. Son frère Gustave Meyer (1845-1906) a marché sur ses traces dans son ministère à Fontenay, à Cherbourg et à Paris et, comme lui, a montré la plus grande vaillance dans l'accomplissement du devoir. A chaque génération, le nom de la famille Meyer a grandi et s'est fait plus honorer et aimer.

BIBLIOGRAPHIE

Bibliographie rochelaise, œuvre posthume de L. Delayant. ✿ — La Rochelle, Siret, in-8, 1882.

Historiens de La Rochelle, par le même. — La Rochelle, Mareschal, 1863, in-8.

Histoire politique, civile et religieuse de la Saintonge et de l'Aunis, par D. Massiou, 1836-1840.

Histoire du département de la Charente-Inférieure, par L. Delayant. — La Rochelle, Siret, 1872, in-12.

Dictionnaire des lieux dits de la Charente-Inférieure, par Amédée Clément. — Manuscrit à la Bibliothèque de la ville et aux Archives départementales.

L'Art en Saintonge et en Aunis, par MM. l'abbé Laferrière et Georges Musset. — Toulouse, Hébrail et Durand, imprimeur, et les auteurs à La Rochelle, in-4, par fascicule d'une feuille et 9 pl. ; en cours de publication.

Histoire de La Rochelle et du pays d'Aulnis, par L. Arcère. de l'Oratoire. — La Rochelle, Desbordes, 1756-1757, 2 vol. in-4.

Histoire de La Rochelle, par E. Dupont. ✿ — La Rochelle, Mareschal, 1830, in-8.

Histoire des Rochelais, par L. Delayant. — La Rochelle, Siret, 1870, 2 vol. in-8.

Histoire de l'Eglise Santone et Aunisienne, par l'abbé Briand. — La Rochelle, Boutet, 1843, 3 vol. in-8. (Clouzot, lib. à Niort.)

Ephémérides historiques de La Rochelle, par J.-B.-E. Jourdan. — La Rochelle, Siret, 1861-1871, 2 vol. in-8. — (Tome premier épuisé.)

Statistique du département de la Charente-Inférieure, par Gautier. ✵ — La Rochelle, Mareschal, 1839, in-4.

Dictionnaire topographique de l'arrondissement de la Rochelle, par Th. Vivier O ✵ ✵ et Jourdan. — Manuscrit, à la Bibl. de la ville.

Mémoire sur la Généralité de La Rochelle, par Begon, publié par M. Musset. — Tours, Bouseret, 1875.

La Rochelle et son arrondissement, par Lancelot. — Tours, Mame (1871-1875), un vol. in-f., accompagné de 60 eaux fortes, dont 25 hors texte.

Etude hydrographique de la baie de la Rochelle et projet d'établissement d'un nouveau bassin à flot, par M. Bouquet de la Grye. O ✵ ✵ — Paris, Imp. nat., 1877, in-4.

Biographie saintongeaise, par Pierre Damien-Rainguet. — Saintes, Niox, 1852, in-8. (Clouzot, Niort.)

Biographie de la Charente-Inférieure (Aunis et Saintonge), par MM. Henri Feuilleret et L. de Richemond. — Niort, Clouzot ; La Rochelle, Petit, 1877-1878, 2 vol. in-8.

Familles rochelaises, par Jourdan. — Manuscrits à la Bibl. de la ville.

Biographie rochelaise, par L. Delayant. ✵ ✵ — Manuscrits, à la Bibl. de la ville.

Inventaire sommaire des Archives départementales et hospitalières, par M. de Richemond. — Paris, Dupont ; La Rochelle, Martin, 8 vol. in-4, 1867-1906.

W. Manès. O ✵ ✵ — *Description physique, géologique et minéralogique de la Charente-Inférieure*, 1853, in-8.

Description des falaises de l'Aunis, par M. Ed. Beltremieux. ✳ — La Rochelle, Siret, 1856, in-8.

Essai sur les plantes marines des côtes du golfe de Gascogne et particulièrement sur celles du département de la Charente-Inférieure, par C. d'Orbigny, in-4, 40 p. (Extrait des *Annales du Muséum* pour 1820.)

Musée Fleuriau. Vertébrés de la Charente-Inférieure, par M. Ed. Beltremieux. — La Rochelle, 1859.

Faunes fossile et vivante du département de la Charente-Inférieure, par le même. — La Rochelle, 1864 et 1866, in-8.

Archives historiques du Poitou, de Saintonge et d'Aunis.

Commission des arts et monuments.

Société de géographie de Rochefort.

Bulletin de la Société de l'histoire du Protestantisme français.

Revue Historique.

Diverses pièces concernant la torpille, rassemblées par M. Seignette, à la Bibliothèque de La Rochelle.

Souvenirs d'un naturaliste. — Les côtes de Saintonge :
I. La Rochelle; II. Châtelaillon, Esnandes, par A. de Quatrefages, de l'Institut. C. ✳ — *Revue des Deux-Mondes*, 15 avril, 15 mai 1853. — Paris, Charpentier.

Catalogue des animaux mollusques... du littoral de la Charente-Inférieure, par M. H. Aucapitaine. ✳ — *Revue et magasin de zoologie*, 1852, 8 janvier, p. 10 et 11.

Histoire des parcs et des bouchots à moules des côtes de l'arrondissement de La Rochelle, par M. C.-M.-D. d'Orbigny père. — La Rochelle, 1847, in-8, 14 pages.

Les ruines de Châtel-Aillon et du prieuré de Saint-Ro-

muald, par l'abbé Chollet. — La Rochelle, Z. Drouineau, 1865, in-8.

Châtelaillon, bains de mer, 2ᵉ édit. — La Rochelle, Dubois, 1881.

Guide médical et hygiénique du baigneur aux plages de l'Ouest, par le Dʳ G. Drouineau. ❋ — Paris, Victor Masson, 1869, in-12.

Recherches sur les commencements et les premiers progrès de la Réformation en la ville de La Rochelle depuis l'an 1534 jusqu'en 1587, par Philippe Vincent. — Rotterdam, Ascher, 1693, in-12.

La Rochelle protestante. Recherches politiques et religieuses, 1126-1792, par P.-S. Callot. ❋ — La Rochelle, Mareschal, 1863, in-8.

L'Eglise réformée de La Rochelle, par M. L. Delmas. ❋ — Toulouse, 1870, in-12.

Histoire du siège de La Rochelle en 1573, par Cauriana traduite par Delayant, avec un plan de la ville en 1573, par Jourdan. — La Rochelle, Siret, 1866, in-8.

Diaire du pasteur Merlin, publié par MM. C. Dangibeaud et de Richemond.

Journal des choses les plus mémorables qui se sont passées au dernier siège de La Rochelle, par Pierre Mervault, Rochelais. — Diverses éditions depuis, 1644.

Siège de la Rochelle, journal contemporain, publié par M. de Richemond. — La Rochelle, Thoreux, 1872, in-8. plan et fac-simile.

Jean Guiton, dernier maire de l'ancienne commune de La Rochelle, 1628, par P.-S. Callot, ❋ ex-maire de La Rochelle, 3ᵒ édit. — La Rochelle, Siret, 1879, in-12. avec fac-similes.

Histoire des réformés de La Rochelle, depuis l'année 1660 jusqu'à l'année 1685 en laquelle l'édit de Nantes a été révoqué, par A. Tessereau et de Laizement. — Leyden, Amsterdam, 1688, in-12 avec planche.

Commentaire sur la coutume de La Rochelle et pays d'Aunis, par M⁰ Estienne Huet. — La Rochelle, Arnauld de Mancel, 1688, in-4.

Autre commentaire, par René-Josué Valin. — 1765-1768, in-4, 3 vol.

Notice sur l'origine du tribunal de commerce de La Rochelle, par M. G. Méneau. — La Rochelle, Mareschal, in-8 avec planches.

Glossaire de l'Aunis, par M. L.-E. Meyer. — La Rochelle, Z. Drouineau, 1870, in-8.

Notice historique sur la cathédrale de La Rochelle, par l'abbé Cholet. — La Rochelle, in-8.

Revue de l'Aunis. — *Revue de l'Aunis, de la Saintonge et du Poitou.* — (1ᵉʳ oct. 1863 au 25 déc. 1869).

Notice historique sur la Société d'Agriculture de La Rochelle, de 1760 à 1788, par J.-P.-C. Godineau. — La Rochelle, Siret, 1854, in-8.

Notices sur l'Académie de La Rochelle et des diverses Sociétés rochelaises. — La Rochelle, Siret, 1872, in-8.

Notice sur les cours d'accouchement du département de la Charente-Inférieure, par le Dʳ G. Drouineau. ✽ — La Rochelle, Siret, 1874, in-8.

Une famille d'ingénieurs géographes. — Claude Masse, sa vie et ses œuvres, par M. de Richemond. — Rochefort, Ch. Thèze, 1882, in-8.

Annales de l'Académie de La Rochelle.

Annales de la Société des sciences naturelles.
Archives historiques de la Saintonge et de l'Aunis.
Bulletin de la Société de médecine et de chirurgie.
Bulletin mensuel de la statistique démographique.
Annales de la commission de météorologie.
Archives historiques du Poitou.

La Rochelle historique et monumentale, 1882, par J.-B.-E.-M. JOURDAN. Publication posthume, planches d'Ad. Varin et de M. E. Couneau.

Les tours de La Rochelle, par EMILE COUNEAU, ✻ in-4. Nombreuses gravures.

— *La Rochelle disparue*, in-4, 1905. Nombreuses illustrations.

L'hôpital militaire d'Aufredi à La Rochelle, par le Dr LOUIS DELMAS, ✻ médecin-major de 1re classe. — La Rochelle, 1892, Noël Texier, planches de M. Emile Couneau.

Histoire des réfugiés huguenots en Amérique, par MESCHINET DE RICHEMOND, trad. de Ch.-W. Baird avec M. A.-E. Meyer, planches et cartes, 1886, in-8, de 632 pages.

— *Lettres inédites d'un armateur rochelais (de Missy), 1789*, in-8, 1889, Siret.

— *Les livres de raison et les voyages d'Elie Richard*, in-8, 1890.

— *Diaires* de Joseph Guillaudeau, J. Perry.

Causes de la chute de la commune de La Rochelle, in-8, par C. LARONZE, ✻ inspecteur d'Académie aujoud'hui recteur à Rennes. Thèse latine de doctorat es lettre.

Les noms d'hommes rochelais, par GEORGES MUSSET, lauréat de l'Institut, in-8, 1880.

— *La Charente-Inférieure avant l'histoire, dans la légende*, in-8, 1885, planche.

— *Documents sur la réforme en Saintonge et en Aunis, aux XVIe et XVIIe siècles*, in-8, 1887.

— *Les faïenceries rochelaises*, in-4, 206 pages avec héliogravures, 1888.

— *La Rochelle et ses ports*, grav. par M. Emile Couneau, in-4, 1889.

— *Le Commerce de La Rochelle*, in-4, 1889.

— *Historiens de La Rochelle, l'amiral Jurien de la Gravière*, in-8, 1892.

— *Jean Fonteneau, dit Alphonse de Saintonge. Cosmographie*, in-8, 1894.

— *Cartulaire de l'abbaye de Saint-Jean-d'Angély*, in-8, 1894.

— *Saint-Martin de Ré et La Rochelle 1827-28 par P. Mervault*, avec introduction et notes 1893 in-4o.

Le Commerce rochelais au XVIIIe siècle, d'après les Archives de la Chambre de Commerce : La Représentation commerciale (1887), avec héliogravures ; *Les Etablissements maritimes* (1888), avec plan. — *Marine et Colonies*, 2, vol., 1891. — *La Bourse et le tribunal de Commerce*. — *Le livre d'or de la Chambre de Commerce*, planches en couleurs, par Emile Garnault, lauréat de l'Institut.

— *Biographies des Armateurs rochelais* (inédit).

Histoire des comtes de Poitou. Alfred Richard, ✳ archiviste de la Vienne, membre non-résident du Comité historique, lauréat de l'Institut, etc. 2 vol. in-4.

La Rochelle disparue. Emile Couneau, ✳ 2e éd. des planches, in-4.

Châtelaillon. Bruhat, docteur ès lettres, in-8.

— *Le Monachisme en Saintonge et en Aunis*, in-8.

— *Histoire du Collège de La Rochelle.*

Reveau (G.). — La Rochelle trois fois assiégée, enfin rendue, prise, soumise (texte latin). Amsterdam, J. Janssen, 1649.

Jurien de la Gravière. G ✤ ✸ — *Siège de La Rochelle,* éd. F. Didot 1891, avec plan.

Rodocanachi. — *Les derniers temps du siège de La Rochelle, 1628, relation du nonce apostolique.*

Henri Hauser. — *François de la Noüe (1531-1591),* Hachette, 1892.

Ernest Lavisse. — *Histoire de France.* Hachette, 1905.

Le Vassor. — *Histoire de Louis XIII,* 1757.

Benoist. — *Histoire de l'Edit de Nantes,* 1695.

Griffet (P.). — Histoire du règne de Louis XIII, 1758.

Louis Batiffol. — *Au temps de Louis XIII, 1904.*

Laugel (A.). — *Henry de Rohan* (1579-1638), 1889.

Schyberson. — *Le duc de Rohan et la chute du parti protestant en France,* 1880.

H. Bordier et E. Charton. — *Histoire de France d'après les monuments,* complétée par G. Ducoudray.

L. Batiffol. — *Le siècle de la Renaissance,* 1909.

Description tant de l'assiette de La Rochelle, de son port, de ses murs et de ses fortifications anciennes et modernes que de sa naissance, progrès, accroissement, prérogatives et privilèges... par Pierre Mervault, Rochelais (1607-1675).

(Bibliothèque Marsh à Dublin. Manuscrits. Fonds Bouhéreau.)

La Rochelle, capitale du petit pays d'Aunis, est bâtie au fond d'une baie ou golfe de l'Océan, qui en son embouchure a deux promontoires, l'un nommé Coureilles, du côte du sud, et l'autre, qui lui est opposé, nommé Chef de Baie, vulgairement Chef de Bois. Deux îles la couvrent d'assez près ; celle de Ré à deux lieues du côté de Chef de Baie et celle d'Oléron, un peu plus éloignée du côté de Coureilles ; ce qui fait qu'on n'y peut aborder du côté de la grande mer, que par trois avenues, qu'on appelle pertuis : le Pertuis Breton, vers le nord ; le Pertuis de Maumusson vers le sud ; et le Pertuis d'Antioche, qui est large d'un peu plus de deux lieues, entre les deux îles.

Comme cette ville n'est abordable, du côté de la mer, que par trois endroits, l'on n'y peut non plus venir à pied que par un détroit de terre, qui n'a pas une lieue d'espace, entre les bourgs de Surgères et de Mauzé. Tout le reste est environné de basses eaux et de marais, largement répandus, qui viennent des rivières de la Charente, et de la Sèvre-Niortaise.

L'assiette de cette ville est presque toute plate ; son port est en forme d'un pied de cheval, et les premiers bâtiments qui ont été faits à l'entour, ont donné à la ville la même figure. Ce port n'est pas si petit, qu'il ne soit capable de plus de deux cents vaisseaux d'environ trois cens tonneaux. Il n'y en entre pas de plus grands ; encore ceux-là n'y entrent-ils que durant la pleine mer. Au reste il est fort sûr, ayant son embouchure étroite, avec des tours des deux côtés, à l'une desquelles la chaîne est attachée et à l'autre bout elle se hausse et se baisse par le moyen d'une machine.

La ville n'était autrefois fortifiée que d'une muraille flanquée de tours à demi saillantes, avec quelques boulevards, qui y avaient été faits depuis qu'elle était tombée entre les mains de ceux de la Religion réformée. Depuis, sous les règnes de Henri IV dit le Grand et de Louis XIII dit le juste, elle avait été autrement accrüe tout autour, s'y étant fait une grande fortification à la moderne, de treize grands bastions royaux, bien remparés aux lieux nécessaires. Les lignes de défense y étaient bien observées, les courtines, épaules, casemates et fossés à fonds de cuve, taillés dans le roc en beaucoup d'endroits, et en d'autres, revêtus de bonne matière, qui ne la rendaient pas seulement de sûre défense, mais encore agréable à l'œil.

L'eau entrait, quand on voulait, dans les fossés, par un conduit appelé le Larron, qui était du côté de la Tour de la Lanterne, de l'autre côté ; on l'y faisait descendre des marais, qui sont vers la porte de Saint-Nicolas. Les chemins couverts et les contrescarpes des fossés étaient fort larges et suffisants pour y conduire le canon, et assez profonds pour y faire passer de la cavalerie. Avec cela, ils étaient bien flanqués ; défendus encore de bons dehors, de pièces cornues, de demi-lunes et bastions, et entre autres au-devant des cinq portes de la ville, nommées les Portes de *Cougnes*, de *Maubec*, de *Saint-Nicolas*, des *Deux-Moulins*, et la *Porte-Neuve*, qui, outre leurs doubles portes, ponts-levis et rateaux, avaient pour les couvrir et défendre, des bastions et des tenailles, de résistance quasi-pareille aux murailles et aux remparts de la ville. Et afin de la fortifier davantage du côté de la mer, lorsqu'on se vit menacés du siège, on bâtit, proche les Moulins de Tasdon, les moins éloignés de la ville, et à l'endroit où la côte de Coureilles se courbe pour faire le fond du golfe, un fort revêtu de maçonnerie à chaux et à sable, qu'on nomma le *Fort de Tasdon*, qui était composé de trois bastions et d'un demi, avec son fossé et sa contrescarpe, et qui commandait depuis la porte de Saint-Nicolas, et où il n'était éloigné que de cinq cents trente pas ou environ, jusqu'à la Tour de la Lanterne, et au devant de la courtine des deux bastions qui regardaient la campagne, du côté de la Barroüère, on fit une pièce détachée en forme de tenaille ; le tout bien muni d'artillerie et des autres choses nécessaires. Si bien que par le moyen de toutes ces fortifications, La Rochelle était une des plus fortes places de l'Europe, et ne se pouvait presque prendre que par la faim.

Quant à son commencement, il ne se trouve point qu'avant les courses des Pirates de Danemark et de Saxe es côtes de Poitou, Saintonge et Aquitaine, lesquelles ils ont rôdé un fort long temps (ce qui fut cause que toute la côte, qui est depuis l'embouchure de la rivière de la Loire jusqu'à l'embouchure de la Garonne, s'appelait le *Rivage des Pirates Saxons*) ladite ville fût grand'chose. Il paraît seulement, selon quelques-uns, que c'était un *château* accompagné de quelques maisons, pour réprimer les courses desdits Pirates et autres écumeurs de mer, et selon quelques autres, que c'était une petite *Bourgade de Pêcheurs*, qui gagnaient leur vie à Châtelaillon et autres lieux, mais qui était forte par sa situation, étant bâtie sur une petite colline, dont elle a pris le nom de *Rochelle* et en latin *Rupella*, c'est-à-dire petite Roche, par son circuit marécageux et maritime, si ce n'est du côté du Poitou, qui est terre ferme, par son pays fertile, par son havre, qui de jour à autre se rendait bon, sûr et propre au commerce des rivières et ports de France, et de ceux des royaumes et pays étrangers, elle était enfin parvenue à la grandeur, puissance et réputation où ils la voyaient.

Mais quelque soit son commencement, si ne peut-on révoquer en doute, qu'avec le temps elle ne se soit accrüe et rendüe illustre et recommandable par le commerce, et par la générosité de ses habitants, qui défirent lesdits Danois et Saxons, qui couraient leur mer et leurs côtes, qu'elle gagna le cœur et la faveur de ses voisins, et surtout de ses seigneurs, et entre autres de Eble de Mauléon et de Godeffroy de Rochefort, qui, en l'an 1130, lui octroyèrent quelques franchises, et de porter pour armes, un navire pourvü de toutes voiles, comme s'il voguait en pleine mer, au lieu d'un petit bateau plat avec une simple voile, qu'elle portait auparavant : mais principalement de Guillaume, dernier Comte de Poitou et Duc de Guyenne, qui l'avait usurpée sur lesdits de Mauléon et de Rochefort, qui lui octroya l'an 1140 le droit de communauté, marque de ville, et d'avoir des murailles, fossés, forteresses, et les mêmes Franchises, Libertés, Coutumes et autres Privilèges qu'avaient les meilleures Villes de ses seigneuries ; ce qu'Eléonor sa fille, après qu'elle s'en fût accommodée avec Rodolphe de Mauléon, à qui elle donna en échange le château et forteresse de Benon, avec ses appartenances et dépendances, etc., confirma, en l'an 1199, et avec le droit de commune, lui octroya d'élire un maire, par chacun an, le jour de la Quasimodo ; ensemble le droit de justice, haute, moyenne et basse, et d'avoir cens, rentes et domaines.

Ce que Louis VII, dit le jeune, roi de France, avant qu'il eût répudié ladite Éléonor, confirma, comme firent aussi Henri II, roi d'Angleterre, par le droit que lui en avait donné ladite Éléonor sa femme, et Richard et Jean, aussi rois d'Angleterre, et ensuite Louis VIII, roi de France, en l'an 1224, après qu'il l'eût retirée par force d'armes des mains de Henri III, roi d'Angleterre, qui n'avait pas voulu se trouver à son sacre, pour lui faire hommage comme Vassal de la Duché de Guyenne, non seulement lui confirma les privilèges accordés par les ducs de Guyenne et par les rois d'Angleterre, mais les augmenta, ayant promis par ses Patentes, de ne la point mettre hors de ses mains, et de n'en point ruiner sa clôture.

La paix de Brétigny de l'an 1360 la fit servir de victime pour le rachat du roi Jean, pris à la bataille de Poitiers par Edouard, prince de Galles, l'an 1356 et par ce moyen tomber entre les mains du roi d'Angleterre, Edouard III, qui par ses Patentes du 25 octobre confirma à ses habitants tous leurs privilèges, en tant que par écrits et originaux, ils en feraient apparaître.

Entre lesquels privilèges, ils emploient, qu'en vertu de la Commune, les Echevins, Conseillers et Pairs élisent le jour de Quasimodo, trois personnes de ladite Commune. C'est à savoir les trois qui ont le plus de voix, lesquels trois ainsi élus, ils présentent au Sénéchal, ou à son Lieutenant, qui prend celui qui lui plaît, lui faisant prêter serment, qu'il sera fidèle et loyal au roi, et gardera fidèlement la ville, à lui et à son hoir mâle, et les autres serments accoutumés.

Et par une marque très auguste, il lui établit une Justice Souveraine, pour connaître des appellations qui se doivent relever au Parlement, unit à la Justice ordinaire et par appel, l'île d'Oleron et le fief d'Aunis, etc.

S'étant retirée, en l'an 1372, de la domination dudit roi Edouard III en chassant de son château, dit *de Vauclair*, et de ses murailles la garnison anglaise, elle se remit ès mains du roi Charles V, qui par Patentes du 3 février 1372, lui confirma ses Privilèges, et lui en accorda de nouveaux, et entre autres, que, suivant ses anciens Privilèges, elle ne pourra être séparée de la couronne de France, et que le roi et ses successeurs ne la pourront mettre hors de leurs mains, ni à jamais faire démolir ni ruiner ses murs et forteresses. Et d'autant que ce privilège avait été enfreint par le roi son père, la délaissant aux Anglais, il le réitère et confirme, sans que jamais, sous couleur même de la prison du roi, elle puisse, par échange, mariage, ou autrement être soumise à autre puissance qu'à celle des rois de France. Que si le roi d'Angleterre, ou autres ennemis de l'Etat, l'assiégeaient par mer ou par terre, que de tout son pouvoir il l'emploiera pour lui donner assistance et faire lever le siège, il la décharge de toutes redevances, servitudes, impositions, gabelles, dixièmes, treizièmes, et autres subsides, etc. Sous lesquels Privilèges, et les autres, il fit ressortir nüement du ressort de Paris.

Et par Patentes du 8 janvier 1372, il donna le

Privilège et Titre de Noblesse à ses Maires, Echevins et Conseillers, et, pour comble de bienfait, l'île d'Oleron pour ressortir à son siège.

Charles VI et les autres rois, et entre autres Louis XI, ses successeurs jusques à François Ier lui confirmèrent tous ses Privilèges, et lui en accordèrent d'autres. Ledit roi François Ier la regarda d'un œil d'indignation, mais sa soumission l'apaisa. Henri II, l'an 1548, la laissa jouir des mêmes libertés, et l'honora d'un siège Présidial et la mit au rang des plus signalées villes du royaume. Sous les règnes de François II, Charles IX et Henri III, elle a été agitée de diverses tempêtes, qui l'ont plusieurs fois menacée de naufrage. Sous Henri IV dit le Grand, elle trouva du repos et s'accrut.

Sous Louis XIII, dit le juste, à présent régnant, elle s'est trouvée au milieu de divers écueils, mais sa clémence fit succéder le calme à l'orage.

Toutefois en cet an 1628, il lui ôta ses murs, bastions et remparts, supprima sa Maison Commune, ses Maires et ses Privilèges, etc., ainsi qu'il se voit par sa Déclaration (de novembre 1628).

La commune Rochelaise

CHARTE DE HENRY PLANTAGENET
DUC DE NORMANDIE, DEPUIS ROI D'ANGLETERRE
SECOND MARI D'ALIÉNOR EN PRÉSENCE DE SON
FILS ET HÉRITIER RICHARD CŒUR-DE-LION

(Marchegay, chartes de Fontevraud, 1170)

« Henry, par la grâce de Dieu, roi d'Angleterre et duc de Normandie, d'Aquitaine, comte d'Anjou, à l'archevêque de Bordeanx, aux évêques, comtes, barons, juges, vicomtes et à tous les ministres et fidèles du Poitou entier, salut.

« Sachez que j'ai concédé et confirmé, par cette présente charte, à tous mes Bourgeois de La Rochelle pour leur fidèle service, toutes ces libertés et libres coutumes que le comte de Poitou, Guillaume, leur a concédées, comme le témoigne la charte de Louis roi des Français, qu'ils possèdent depuis lors... Je leur concède aussi le droit d'avoir une Commune pour la défense et la sécurité de leur ville et de leurs biens, la foi qu'ils me doivent, mon honneur et celui du Seigneur du Poitou, mon héritier, restant saufs et autant qu'ils en useront raisonnablement...

« En conséquence, les choses sus-dites sont concédées par moi à mes Bourgeois bien-aimés en présence de Richard mon fils et mon héritier en Poitou, qui y donne plein consentement, et devant les témoins Guillaume et Etienne, évêques du Mans et de Reims, Richard fils de roi, Maurice de Creon, etc., donné au Mans... »

La première et plus ancienne institution de communauté octroyée aux Rochelois par Alienor, répudiée du Roy Louis le Jeune et depuis Reine d'Angleterre, l'an 1199 traduit de latin en françois.

Alienor, par la grâce de Dieu, Reyne d'Angleterre, Duchesse de Normandie et d'Aquitaine et Comtesse d'Anjou, aux Archevesques, Evesques, Comtes, Barons, Seneschaux, Présidents, Justiciers, Baillifs et tous autres, soit présents, soit à venir, qui verront ces lettres, Salut. Sçachez que nous avons accordé à perpétuité, et confirmé par ces présentes, à nos chers et fidèles, tous les Habitans de La Rochelle et à leurs Héritiers la Communauté jurée dans ladite Ville, afin qu'ils soient mieux en estat de garder et de défendre, tant nos droits que les leurs ; conservant en son entier la fidélité qu'ils nous doivent et à nos successeurs, et maintenant aussi nos droits et ceux de la Saincte Eglise. Nous voulons donc et ordonnons que toutes les coutumes libres, usitées dans leur ville, qu'eux et leurs ancêtres ont pratiquées jusques icy sous notre domination, et sous celle de nos prédécesseurs, soient conservées inviolablement à eux et à leurs héritiers et pour les maintenir et pour défendre nos droits et ceux de nos successeurs, ils emploient et exercent contre quelque homme que ce soit, la force et le pouvoir de leur dite communauté, autant qu'il sera nécessaire, la fidélité qu'ils nous doivent et les droits tant de nous et de nos successeurs que de la Sainte Eglise demeurant en leur entier. Et afin qu'eux et leurs héritiers jouissent en paix de leur communauté et maintiennent et conservent à perpétuité les justes et usitées coutumes de leur ville, Nous avons fait sceller ces présentes de notre scel, pour leur donner le poids d'une authorité perpétuelle. Donné à Niort l'an de notre salut mil cent quatre-vingt-dix-neuf, en présence de Pierre Bertin, alors Seneschal de Poictou, Chalon de Rochefort, Launay Ogier, Raymond de Lesse, M° Isambert alors M° des Escolles de Scainctonge, Pierre Prieur de la Maison des Aumosnes de La Rochelle, Godeffroy de Sauvigné, Pascault, Sancy de Beaulieu, David du puis Liborel, Guillaume Theana, Pierre de Faye, Guillaume Salomon, Amaurit de Caturcy, Pierre de Vouvant, Odon abbé anglois, et de plusieurs autres.

(Mervault Mss. *Recueil de la naissance, progres, etc., de la Ville de La Rochelle*, p. 15 et 16.)

A Niort, Aliénor « reçut une nombreuse députation de gens de La Rochelle qui venaient lui apporter leurs témoignages de fidélité comme à leur unique maîtresse ; toutefois ils ne se contentèrent pas de cette démarche gracieuse, ils sollicitèrent d'elle une grande faveur, c'est de constituer leur communauté en commune jurée. Aliénor se rendit à leur demande et elle leur accorda une charte solennelle qui établissait une commune dans leur ville ; elle spécifiait que cette concession avait pour but de faciliter aux habitants les moyens de défendre ses droits aussi bien que les leurs, qu'ils engageaient leur foi envers elle et envers ses successeurs, tant pour le maintien de ses droits que de ceux de l'Eglise. Elle confirma en même temps tous les libres usages en vigueur dans la ville et reconnus tant par ses prédécesseurs que par elle-même. Ce fut sans nul doute le sénéchal, Pierre Bertin, le voisin et l'ami des Rochelais, qui présenta à la reine la députation composée de David de Puilboreau, de Guillaume Téaud, de Pierre et Philippe de Faye, de Guillaume Salomon, d'Amaury de Caours, de Sanche de Beaulieu et de Pascaud de La Rochelle. A la délivrance de la charte assistèrent, en outre, Raymond de Rex, Isembert, maître des écoles de Saintes, Pierre de Vouvant, Eudes, abbé d'Angles et autres (1).

---

1. Le mot de commune jurée n'était pas employé dans la charte de Henri II, on ne le trouve que dans celle d'Aliénor, et, d'autre part, comme c'est seulement après la concession de la reine que l'on rencontre le nom d'un maire de La Rochelle, il est à croire que la commune d'Henri II avait pour chef le prévôt royal. A ce propos, nous nous éloignons de l'opinion que Giry a émise dans ses *Etablissements de Rouen* : il en sera pareillement pour quelques autres points de détails,

Le 8 novembre (1200) Jean sans Terre, étant à Niort confirmait les privilèges accordés à La Rochelle par sa mère et ses prédécesseurs ; il est à croire que le messager des Rochelais était Hélie Bernard, ancien sergent de Richard, à qui, le même jour, le roi donnait en récompense des bons services qu'il lui avait rendus ainsi qu'à son frère, le minage et le cens du petit change de La Rochelle, pour les tenir désormais en fief...

Aliénor finit par s'éteindre à Poitiers, le 31 mars 1204, âgée d'environ quatre-vingt-deux ans.

La tombe qui a recouvert les restes d'Aliénor existe encore dans l'ancienne église de Fontevrault, seulement les sculpteurs du xiiie siècle, tout en donnant à la reine le costume du temps, n'ont pas reproduit sa physionomie. La statue représente une femme de quarante ans au plus, tandis qu'Aliénor en comptait plus de quatre-vingts. C'est une figure de convention, aussi bien que celles qui surmontent les sépultures d'Henri II, de Richard Cœur-de-Lion, de Jeanne de Toulouse et d'Isabelle d'Angleterre, qui font un funèbre cortège à la vieille reine. (Voy. Courajod. *Les sépultures des Plantagenets, à Fontevrault. Histoire des comtes du Poitou*, par Alfred Richard, t. II, p. 439 et note.)

---

sur lesquels nous n'insistons que lorqu'ils présenteront un véritable intérêt historique.

Alfred Richard. *Histoire des comtes de Poitou. Alienor*. II, page 439, note.

Pour la postérité, la fille de Guillaume VIII reste un personnage énigmatique ; bien qu'elle ait inspiré de grandes passions, on ne sait si elle était belle ; quoi qu'elle ait favorisé les troubadours, on ignore si elle était instruite ; elle présida des cours d'amour, mais rien ne dit qu'elle en ait pratiqué la doctrine, sa politique était plutôt celle d'une femme qui se laisse aller à ses impulsions, bonnes ou mauvaises, que d'une personne de tête qui sait diriger les destinées d'un Etat. Elle avait les qualités et les défauts de ses ancêtres, les comtes de Poitou, mais si on ne peut souscrire aux paroles du moine de Fontevrault (1), on doit d'autre part rejeter les imputations calomnieuses qui ne lui ont pas été ménagées par les historiens (2). (Alfred Richard. *Hist. des comtes de Poitiers*, II, p. 438, 439.)

---

1. Elle rehaussa, dit le *Nécrologe de l'abbaye*, la grandeur de sa naissance par l'honnêteté de sa vie, la pureté de ses mœurs, la fleur de ses vertus, et, par sa vie sans reproche, elle surpassa presque toutes les reines du monde.

2. On possède le dessin du sceau dont elle usait comme duchesse d'Aquitaine, après son mariage avec Henri Plantagenet. Il la représente debout et en face, nu-tête, avec son corsage à longues manches ; de la main droite, elle tient une fleur, et de la gauche un oiseau dont la tête est tournée vers elle. La légende est incomplète et porte : + ALIENOR DVCISSE AQUITAN... (Bibl. nat. man. lat. 5480, p. 486, extraits du *Cartulaire de Fontevrault* par le P. Lardier). Il était appendu à une charte de 1152 par laquelle Aliénor, s'intitulant comtesse des Poitevins, déclarait qu'après qu'elle eût été séparée de Louis, roi de France, pour cause de parenté, et qu'elle fût remariée avec Henri, comte d'Anjou, elle vint à Fontevrault, entra dans le chapitre des religieuses, et confirma tout ce

Les membres du corps de ville résignaient de leur vivant la pairie en faveur soit de leurs fils, soit de leurs neveux, dès qu'ils avaient atteint l'âge de douze ans et lorsqu'un des pairs mourait avant cette résignation, ses collègues élisaient, à sa place, son plus proche parent. L'usage de ces résignations était fort ancien et des statuts avaient été établis, pour le réprimer, par les maires de 1393 et de 1407. Autorisé par le roi en 1531 et 1559, avec des restrictions pour l'âge, le Parlement prononça, à ce sujet, un arrêt en

---

que son père et ses prédécesseurs avaient donné à l'abbaye, et en particulier renouvela la concession d'une rente de 500 sous poitevins que le roi Louis et elle-même avaient précédemment donnée au monastère... Quand Aliénor fut devenue reine d'Angleterre, elle conserva son sceau de duchesse d'Aquitaine (dont la légende, citée incomplètement plus haut, était ainsi conçue : ✠ ALIÉNOR DVCISSE AQUITANORUM ET COMITISSE ANDEGAVORUM) et s'en servit comme contre-sceau derrière les empreintes de son sceau royal, dont on connaît une description se rapportant à un acte de 1155 (Cirot de la Ville. *Histoire de la Grande Sauve*, II, p. 85, n. 1) ; la reine est debout, vue de face, ayant une robe serrée à la taille et est revêtue d'un manteau ; elle tient de la main droite une tige fleurie à trois crochets, et de la gauche un globe surmonté d'une croix sur laquelle est perché un oiseau. On y lit pour légende : ALIENOR DEI GRACIA REGINE ANGLORUM DVCISSE NORMAN. (Voy. Douet. d'Arcq. *Collection de sceaux*, III, p. 263, n° 10006. — Bibl. Nat. man. lat. 5480, p. 265 et D. Fonteneau, LXXXII, p. 261, n° 200.) La différence essentielle entre ces deux sceaux consiste en ce que dans le sceau royal Aliénor porte une couronne, tandis que sur le sceau ducal sa tête est ceinte d'un bandeau. En tête d'une de ses lettres à Célestin III, on lit cette phrase qui est bien le cri du cœur d'une mère affligée : « Moi, Aliénor, par la colère de Dieu, reine des Anglais » (Alfred Richard, II, p. 439).

date du 5 avril 1567, un nouveau statut des maires et échevins fut rédigé en 1570.

Les bourgeois, parmi lesquels il y en avait qui n'étaient pas originaires de La Rochelle, s'émurent plusieurs fois et en 1612 enfin la question se dressa menaçante : la municipalité voulut résister, la bourgeoisie recourut à l'émeute : on en vint aux mains, et le corps de ville fut forcé d'accepter, le 29 mars 1614, le traité qui lui fut imposé par Jean Tharay et autres tribuns, dont le résultat fut la création du conseil des 48, composé de bourgeois et chargé de contrôler les actes du corps de ville et de présenter à chaque vacance trois candidats entre lesquels devait être choisi le nouveau pair ; l'admission dans le corps de ville de cinq procureurs syndics nommés par les compagnies, pour faire prévaloir les revendications populaires. Le conseil des 48 et les syndics furent supprimés le 1er juillet 1626, comme condition expresse de la paix accordée par Louis XIII le 6 février (Diaires de Merlin et de Joseph Guillaudeau).

Alexandre Aufredi

La légende la plus populaire à La Rochelle est assurément celle de ce bourgeois du XIIIe siècle, l'un des pairs de la commune, dont les dix vaisseaux partis pour des mers lointaines prolongent leur voyage durant dix années, et reviennent chargés d'une riche cargaison, au jour où l'armateur, dont cette longue absence avait trompé les prévisions, tombé dans la plus grande détresse, abandonné de ses proches, était réduit au rude labeur des portefaix.

Retrouvant avec le retour de ses navires une fortune inespérée, ému de sympathie pour des misères qu'il a appris à connaître en les partageant, Aufredi fonde en 1203 l'aumônerie nouvelle qui emprunte son vocable au voisinage de l'église Saint-Barthélemy, s'y consacre avec sa femme Pernelle au soin des pauvres et meurt dans l'Hôtel-Dieu qu'il a fondé, laissant à la postérité un nom, que la reconnaissance de chaque siècle entoure d'une auréole nouvelle.

Les traditions recueillies au bout de trois siècles par le conseiller au Présidial Raphaël Collin ont servi de point de départ à tous les récits successifs.

Les dix vaisseaux, les dix années de traversée, la prétendue dureté des parents d'Aufredi à son égard se sont perpétués dans toutes les relations.

De la légende essayons de dégager l'histoire.

Ce qu'il importerait de posséder, c'est un document contemporain d'une authenticité inattaquable, c'est l'acte même de la fondation de l'aumônerie, c'est le testament original d'Alexandre Aufredi.

Or ce testament avait jusqu'ici échappé à tous les érudits rochelais, même au savant abbé Cholet, auquel appartient l'honneur d'avoir remis en lumière ces vénérables reliques d'un autre âge.

Nous avons eu la bonne fortune de mettre la main sur le précieux parchemin qui nous a permis de compléter l'inventaire des fonds hospitaliers.

Point de date. Le bas de la charte est rongé, mais

la date se lit dans la physionomie du document, dans cette gothique élégante, arrondie, perlée... La date se lit dans la magistrature annuelle du maire Galerne, rapprochée de l'épiscopat du prélat de Saintes Ponce II de Pons qui a apposé sur le testament son sceau armorial pour lui conférer le caractère d'authenticité. « J'ai établi dans la nouvelle aumônerie que j'ai construite à La Rochelle, un laïque comme procureur du temporel pour administrer le bien des pauvres « (Statui quod in dicta domo sit procurator rerum temporalium laïcus qui paupe [rum bona] ministret). » Je veux et j'ordonne à présent que Pierre Barbe, s'il a le bonheur de revenir des pays d'outre-mer, soit l'économe perpétuel de cette Maison, mais s'il ne revient pas, je veux et j'ordonne qu'on y établisse un procureur d'après le conseil de mon père Ponce, évêque de Saintes, mon bien cher ami personnel et d'après l'avis des prud'hommes Jehan Galerne, maire, Sanz de Beaulieu, Aymery de Cahors, Jehan Junan, Girard de la Chambre, S. Guiart, Pierre Foucher, Jehan de Jart, Philippe Léger, Alexandre Tolope et Geoffroy Aufredi. Après le décès de ceux-ci, je veux que le procureur soit institué d'après le conseil du maire et de dix prud'hommes de La Rochelle, dont la moitié sera de ma famille, si on peut en trouver de qualifiés à La Rochelle. J'ordonne aussi que maintenant Hubert, prêtre, et maître Gaultier, s'il revient des pays d'outre-mer, y soient établis pour administrer les sacrements de l'Eglise, à l'exception du baptême, aux pauvres et aux frères de ladite Maison. Si maître Gaultier ne revient point, qu'un autre prêtre soit institué au choix du procureur de la Maison et sur le conseil des prud'hommes ci-dessus désignés. Que l'un de ces prêtres autorisé par l'Evêque de Saintes, ait la charge de l'âme des frères et des pauvres de la Maison. Chacun de ces prêtres recevra de l'établissement dix livres seulement et sera logé et nourri aux frais de l'aumônerie. Si les prud'hommes s'aperçoivent que le procureur de la Maison ou le prêtre qui n'a pas charge d'âmes, ne se conduit pas honorablement, ils pourront le congédier sans consulter le seigneur Evêque. Quant à celui qui a charge d'âmes, ils pourront également le congédier avec l'agrément du seigneur Evêque. Je lègue tous mes biens meubles et immeubles, et toutes mes dettes actives à ladite aumônerie, à l'exception de ce que j'ai légué à ma femme, à cette condition que ladite Maison satisfasse convenablement au gré de mes exécuteurs testamentaires, savoir le seigneur Ponce, vénérable évêque de Saintes, Sanz de Beaulieu, Aymery de Cahors, Jehan Junan, Girard de la Chambre, S. Guiart, Pierre Foucher, Jehan de Jart, Philippe Léger, Alexandre Tolope et Geoffroy Aufredi, à mes dettes et obligations... »

Aufredi meurt et ses dernières volontés ne sont pas respectées.

Abusant de pensées, conçues d'abord, puis abandonnées par le fondateur, les Templiers appuyèrent par la violence leurs prétentions à cet héritage; mais ils furent réprimés par l'accord de la commune, du roi et du pape. La lettre que le maire Galerne et les bourgeois adressèrent à cet effet à Henri III d'Angleterre (puisque tout l'Ouest de la France avait passé aux Anglais à la suite du fatal divorce de Louis VII) fixe à l'année 1220 la date de la mort d'Aufredi.

Outre ses bâtiments de la ville et les terrains qui y touchaient, Aufredi ou plutôt Offroy (forme française du nom) donna à l'aumônerie la prée de Saint-Laurent contenant environ mille journaux, domaine qui, en 1798, était estimé plus de deux cent mille francs ; il ne cessa pendant les premières années qui suivirent sa fondation, d'acheter les terrains qui environnaient l'édifice principal, pour en accroître la commodité, et de bonne heure, il reçut des donations suscitées par son exemple. La première, dont il nous reste un titre est du roi Jean sans Terre, lui-même.

Voici les termes de Mérichon reproduits par Pierre Mervault « 1203. Roland de Matha. En sa Mairie et année, l'hospital de Saint-Barthelemy fut basty par Mre Alexandre Offroy, l'un des Pairs de ladite ville de La Rochelle pour recevoir et héberger les pauvres mendians, impotens et enfans orphelins affluans en ladite ville, lequel Hôpital il dotta de plusieurs Domaines, rentes et revenus. Et par son testament ordonna que ce qu'il avoit donné audit Hospital fut continué après son déceds et qu'après iceluy, Mre Pierre Barbe, Pair de ladite ville et son proche lignager en fust aumosnier et administrateur, et après luy que M^res de la communauté de la ville en eussent le patronage, l'entière disposition et provision et qu'ils y pourvussent tel d'entre eux qu'ils verroient et connaistroient en leur conscience estre capable de bien s'acquitter de ladite charge d'aumosnier, à conserver les droicts, domaines et rentes dudit Hospital et à bien traiter lesdits pauvres, mendiants et enfans orphelins, etc.

Gouverneurs ou Directeurs de l'Hôpital ou Hôtel-Dieu Saint-Barthélemy

1 Alexandre Aufredi, 1203-1220.
2 Pierre Barbe, 1224-1232.
3 Girard Vender, 1256.
4 Guillaume Helyes, 1263-71
5 Johan de Londres, 1282.
6 Thomas de Sanz, 1287-1294.
7 Johan de Maraant, dit le Mégissier, 1299-1301.
8 Domingue Berthomé, 1306-1315.
9 Berthelot de Vernoil, 1318-1334.
10 Johan de Vair, 1341-1346.
11 Johan Mosner, 1349.
12 Guillaume Mosner, dit Chappellet, 1350-1351.
13 Pierre Jasse, clerc prieur 1351.
14 Pierre la Calme, 1352-1357.
15 Johan de Maignac, 1359-1377.
16 Johan du Sollier, 1378.
17 Astor Barthomé, 1379.
18 Johan Rouart, 1384-1387.
19 Thomas Brouart, 1386.
20 Jehan du Cheillou, 1387-1397.
21 Thomas Laurens, 1397.
22 Jehan du Cheillou, 1408.
23 Jehan Foulquier, 1415.
24 Guillaume Massicot, 1420.
25 Jehan Guybert, 1450.
26 Nicole Pignonneau, 1452.
27 Jehan Guybert, 1453.
28 Nicole Pignonneau, 1454.
29 Foulques Roullin, 1470.
30 Pierre Poirier, avocat, du roi, 1475, maire en 1478.
31 Noble homme Georges Geoffroy, 1492.

32 Noble homme Pierre Langlois, 1495.
33 Guillaume Moulinier, 1504.
34 Jehan Foucquier, eschevin, 1515-1518.
35 Jehan de Fourest.
36 Noble homme Olivier le Queux, sieur de la Tousche et de l'Isle, 1530, maire en 1535.
37 Anthoine de la Roche, Maître d'hôtel du gouverneur Guy Chabot de Jarnac. 1536-1537, « ne rendit compte » de sa gestion.
38 Noble homme René Johanneau, 1538-1539.
39 Olivier le Queux, 1539-1540.
40 Olivier le Queux et Jacques Bureau, 1540-1542.
41 Yves Testard et Raoulet Cadois, 1543-1545.
42 Olivier le Queux et Pierre Boisseau, 1546-1549.
43 Olivier le Queux.
44 Jehan Rondeau.
45 François Barbier.

En vertu d'un statut municipal l'élection des hospitaliers devient triennale du 25 mars à pareil jour.

46 Raoullet du Jau, 1555. 1557.
47 Toussaint Gorribon, 1558-1560.
48 Pierre Guyet, sieur de Barbarant, 1561-1563.

Période protestante

49 Guillame Choisy, écuyer 1567-1569.
50 Claude Huet, échevin, 1570-1572.
51 Jehan Blandin, écuyer, sieur de Herbiers, 1573-1575.
52 Jehan Thévenin, écuyer, 1576-1578.
53 Jehan Pajault, écuyer, 1579-1581.
54 Jean Bouhereau, écuyer, 1582-1583, décédé le 11 mai 1584.
55 René Bréchelière, acheva l'exercice de son prédécesseur.
56 Jean Gargoulleau, écuyer sieur de Nieul, échevin, 1585-1587.
57 Jehan Blandin, écuyer, sieur des Menus Fiefs, échevin, 1588-1590.
58 François Manigault, pair 1591-1593.
59 Louis Berne, sieur du Pont de la Pierre, 1594-1596.
60 Jacques Barbot, écuyer, sieur de Lardaine, 1597-1599.

61 Jehan Deschamps, pair, 1600-1602.

62 Jehan de Casault, sieur de la Pré aux Bœufs, échevin, 1603-1605.

63 Paul Yvon, écuyer, sieur de Laleu, échevin, 1606-1608.

64 Gabriel de Lameth, éc. sieur de Cheusses et Condun, 1609-1611.

65 Abel Barbot, sieur de Lardaine, échevin, 1612-1614.

66 Jehan Berne, écuyer, sieur d'Angoulins, etc., échevin, 1615-1617.

67 Daniel de Lastres, pair, 1618-1620.

68 Louis Easmes, sieur de Lugré, pair, 1621-1622. meurt avant d'avoir achevé ses trois années.

69 Samuel Georges, pair, achève son exercice.

70 Josué Gargoulleau, 1624-1626.

71 Jehan Tharay, 1627-1628, banni avec neuf de ses compatriotes, lors de l'entrée de Louis XIII dans La Rochelle soumise.

MÉDECINS DONT LES NOMS ONT ÉTÉ CONSERVÉS

Johan du Poiz, 1351 ; M° Raymon, 1352 ; Jehan de Poulaine, 1395 ; Jehan Desdeghen, Nicolas Texier, Jehan Cadoge 1471; ces deux derniers chirurgiens, Launay, 1564 a écrit sur *l'antimoine*, 1568 ; Goyer, et Prou, 1575 ; Pierre Chanet, connu par ses écrits, Jehan Coyttar, de Thairé, 1578 (épidémie de scarlatine) ; Jehan de Bagareines, 1579 ; Olivier Poupart, peste à La Rochelle, traités sur Hippocrate et Galien, 1580-1583; Béziers, 1584 ; Malsay, 1588 ; Rifaut, 1596 ; Massiot, 1600 ; Bartoie, 1600 ; Jehan Baulot, 1603 ; Petit, 1608 ; Pierre Amelot, 1627 ; Samuel de Loumeau, Gayet, 1628 ; Chanet, 1640 ; Elie Richard, 1669, 1675, 1683. — *Médecins de l'hôpital de la Charité* : Gallot, 1690 ; Nicolas Venette, 1694 ; Cochon Dupuy, 1698 ; Chauvet et des Barbalières, 1704 ; de Vilars, 1758 ; Destrapières, jusqu'à sa mort, 1787 ; Ami Félix Bridault, 1770. — *Chirurgiens* : Beauregard, 1728 ; Lassalle Charault, 1750 ; Eléazar Lavielle, 1756 ; Pierre Salmon; 1766.

Médecins militaires attachés a l'Hopital Aufredi

(Après MM. Vieillefond, Astier, Casimir, Poutier, Legendre et Pinet de 1808 à 1820 qui n'appartienent pas à l'armée : 1820, Clairian ; 1820-1832, Godelier O ✻ ; 1825, Hirn ; 1825, Jenty ; 1825, Bertrand ; 1826, Jacquier ; 1828, Gasté ; 1829, Alquier ; 1829, Drouineau ✻ ; 1830, Leignel ; 1834, Guillemot ; 1832, Godfroy ; 1837, Cas. Broussais ; 1841, Delpech Delperié de Frayssinet ; 1842, Crouigneau ; 1842, Barreau ; 1843, Vanderbach ; 1844, Paul-Emile Garreau O ✻ (importantes publications) ; 1844, Mercier ; 1845. Chatelain ; 1847, Cuvillon ; 1848, Lécard, O ✻ ; 1853, Malapert ; 1856, Cardaillac ; 1859, Boyreau ; 1863, Raoult ; 1870, Cros ; 1878, Mourlon ; 1871, Lagarde O ✻ ; 1878, Fée ; 1870, Nogier ; 1879, Jeunehomme ; 1882, Bachelet. — *Médecins-chefs :* 1882, Chabert ; 1883, Albert ; 1885, Ducelliez ; 1886, Dumayné ; 1888, Louis Delmas ✻ ; 1891, Bachelet ✻.

Le 19 août 1890, le président de la République Carnot a visité les hospices de La Rochelle.

LA ROCHELLE AU TEMPS DE CHARLES VII

Le 25 octobre 1415 fut un jour de deuil pour la France.

Les fautes et les malheurs de Crécy et de Poitiers se renouvelèrent à la journée d'Azincourt. Pour faire tête à la coalition des Anglais et des Bourguignons, il ne restait à la France, envahie par l'étranger, déchirée par la guerre civile, qu'un prince encore enfant et les débris du parti d'Orléans découragé par la captivité de son chef.

Mais, tandis qu'au nord de la Loire, l'Anglais, enivré de son triomphe, voyait à ses pieds les peuples frappés de vertige, une ligue formidable s'organisait dans le Midi, sous les auspices de Charles, dauphin de France, qui venait de prendre à Poitiers le titre de régent du royaume.

Ayant eu avis que le duc de Bretagne, l'un des chefs du parti bourguignon, marchait sur l'Aunis avec une armée, Charles partit de Poitiers, au commencement d'octobre 1422 et vint à La Rochelle pour se concerter avec les barons des hautes et basses marches de Saintonge.

C'était le seul port militaire du royaume qui restât

au Dauphin, seigneur de Châtelaillon et du grand fief d'Aunis. Mais la malheureuse destinée qui le poursuivait avec tant d'acharnement sembla l'accompagner jusqu'à La Rochelle.

Le 11 octobre, le Dauphin tenait un grand conseil dans la maison où pendait pour enseigne le coq, à l'angle des rues de la Mocquerie, aujourd'hui Chef-de-Ville, et du Coq, actuellement rue Verdière, la charpente s'écroula tout à coup et l'assemblée se trouva ensevelie sous les débris.

Plusieurs furent dangereusement blessés et l'on compta parmi les morts Jean de Bourbon, seigneur de Préaux. Le Dauphin fut providentiellement épargné. Sa chaire était placée sous l'arcade cintrée creusée dans un vieux mur de la ville. Il vit tout s'abîmer devant lui, et demeura protégé au milieu des ruines. Cette délivrance merveilleuse impressionna très vivement les esprits. Charles envoya au Mont Saint-Michel, en guise d'ex-voto, son buste en cristal placé sur une pierre qui s'était détachée au-dessus de sa tête, au moment de l'accident.

Henri de Plusquallec, gouverneur de La Rochelle, en l'absence de Tanneguy du Châtel, fit les avances de l'expédition écossaise, envoyée par Murdoc Stuart au secours de la France et qui débarqua dans notre port. Ces avances se montèrent à 36.000 écus d'or, en y comprenant le fret des navires et le transport des troupes.

Le dauphin, pour garantir le remboursement de sommes aussi considérables dut engager ses châteaux de Taillebourg et de Châtelaillon. Pour récompenser la fidélité des Rochelais, il maintint les droits de leurs officiers municipaux contre les entreprises des juges royaux. Après son départ, les Rochelais repoussèrent une descente des Anglais. « Ils s'imposèrent aussitôt une taxe extraordinaire et se mirent en état de défense. Etienne Gillier, maire de la ville, prit la surintendance du commandement. Indépendamment de la milice urbaine, la cité menacée, soudoya un corps d'auxiliaires. Cette armée de secours avait à sa tête Antoine de Clermont, gentilhomme du pays et seigneur de Surgères. Durant quatorze jours, elle occupa les falaises qui fermaient vers l'Océan les abords de La Rochelle. Dans le même temps, un hardi capitaine breton, Bernard de Kergueben, se porta un peu au-devant de l'ennemi. Il était monté sur un de ces navires armés pour la course, que les diverses marines du moyen âge désignaient sous le nom générique de baleiniers ou ballengers. Grâce à cette attitude énergique, l'ennemi se retira après une vaine tentative. Charles VII conserva le dernier port de mer qui restât à la monarchie et ce port fit des prodiges, dit Vallet de Viriville. »

Cependant des lettres du roi arrivent à l'adresse du maire de La Rochelle. On chante un *Te Deum* dans toutes les paroisses de la ville et « fut donnée aux enfants une fouace, afin qu'ils criassent devant la procession Noël ! Noël ! » — Que s'était-il donc passé ?

Jeanne d'Arc avait sauvé la France.

Le *Livre Noir* de La Rochelle, rédigé par le greffier de la maison commune, nous donne, en effet, au mois de septembre 1429, une relation qui peut prétendre à figurer comme la première en date dans la série des chroniques relatives à la Pucelle, au jugement si autorisé de Jules Quicherat.

Le *Livre Noir* nous dépeint l'arrivée à la cour de Charles VII de l'humble bergère de Vaucouleurs. Son habillement était noir et gris, des pieds à la tête. Elle avait les cheveux « noirs et ronds », c'est-à-dire coupés suivant cette mode du xve siècle qui fit de la chevelure comme une calotte posée sur le crâne. Nous voyons l'étendard de Jeanne, cet insigne du commandement qu'elle était venue réclamer, au nom de la puissance céleste et dont les couleurs et les figures lui avaient été, disait-elle, révélées par ses voix. Le *Livre Noir* nous apprend que cette bannière portait un Saint Esprit d'argent en champ d'azur, la colombe tenant en son bec une banderolle avec ces mots : De par le roy du Ciel.

Puis se déroule la merveilleuse histoire, l'épée de Jeanne, relique extraite de l'autel de l'église Sainte-Catherine-de-Fier-Bois, la sommation faite par la Pucelle aux Anglais d'évacuer le territoire de France, les pratiques de dévotion qu'elle introduisit dans l'armée, son entrevue avec le Frère Franciscain Richard et leur commune prière, suivie du retour de Troyes à l'autorité royale, et la longue suite des triomphes de la vierge de Lorraine.

Le comte de Suffolk, après la prise de Jargeau, rend son épée à la Pucelle, « qui est, dit-il, la plus vaillante femme du monde et qui doit tous nous subjuguer et nous mettre à confusion ».

Voilà une jolie scène et toute nouvelle. Cette brillante épopée commencée à la prise d'Orléans, se poursuit par le sacre du roi de France à Reims, pour se terminer au siège de Paris. L'armée assiégeante n'avait perdu qu'un seul homme, Jean de Villeneuve, bourgeois de La Rochelle.

Au moment où un heureux coup de main va mettre Charles VII en possession de la capitale de son royaume, un ordre parti du camp royal oblige Jeanne à lever le siège. Sacrifiée aux calculs d'une politique égoïste, la libératrice du territoire, à vingt et un ans, n'avait plus qu'à mourir ; mais les flammes de son bûcher éclairèrent la fuite de ses bourreaux. La prédiction de Guillaume Prieuse était accomplie : « Jamais roi anglais n'a régné en France, jamais l'Anglais n'y règnera. » Mais ne regrettons rien pour l'héroïne, pas même son supplice, car le drame finit mieux ainsi, il fallait le martyre pour sceller le sceau à sa gloire et surtout à sa sainteté. (R. Saint Hilaire.)

À la manifestation du sentiment national aux extrémités du territoire, dit Vallet de Viriville, à ce triangle qui se termine au nord par Tournay, à l'ouest par La Rochelle, à l'est par le pays de la Pucelle, correspondent les plus anciens monuments de la langue vulgaire de la France, les chartes et contrats usuels découverts et classés jusqu'ici par les philologues.

La Rochelle fournit à Charles VII successivement

appelé Charles le Victorieux, puis Charles le bien Servi, des serviteurs distingués, issus de sa maison commune. Le maire de 1456, Pierre Doriole, fut élevé à la dignité de chancelier de France. Le premier annaliste de La Rochelle, Jean Mérichon, futur chambellan de Louis XI, fut cinq fois maire, président en la Chambre des Comptes et député aux états généraux.

Au lendemain d'Azincourt,

> La grande pitié du royaume de France

inspira Jeanne d'Arc :

> Pars et va sauver la France,

et à ce cri Espérance ! de la vierge de Lorraine répondit Guillemette, de La Rochelle, refuge de toutes les libertés.

FÊTES POPULAIRES

LE BANQUET DE LA PELOTE DU ROI

François Ier, par lettres patentes données à La Fère au mois de juillet 1530, perpétua dans les mains de Charles Chabot de Jarnac, gouverneur de La Rochelle, l'ancienne mairie élective de La Rochelle dont il supprima les soixante-quinze conseillers et pairs et ne conservant que les vingt-cinq échevins, ordonna que ces officiers, auparavant innamovibles, seraient renouvelés tous les deux ans. On peut faire remonter à cette époque l'origine des malheurs de La Rochelle. En 1527 à l'occasion de certain impôt communal appelé droit de Souchet que la municipalité levait à son profit sur les vins vendus en détail dans les tavernes de la ville et dont les débitants prétendaient s'affranchir, une violente émeute éclata entre le peuple et le corps de ville. Aux cris d'exemption, liberté, la multitude insulta publiquement les municipaux, les poursuivit jusqu'à leur demeure et menaça de se porter aux derniers excès. Le maître des requêtes Jean de Laugeac, évêque d'Avranches, dépêché par le roi essaya un accommodement entre le corps de ville et les bourgeois, mais le corps de ville et la bourgeoisie étaient trop irrités l'un contre l'autre pour qu'il fût possible de les réconcilier. Jarnac proposa à la cour des modifications dans la constitution du corps de ville au profit de son ambition personnelle. La suppression de leur magistrature élective par l'édit de 1530 avait profondément mécontenté les Rochelais. Jarnac espéra faire diversion aux murmures en rétablissant une vielle fête populaire.

Le lundi, 20 février 1541, tous les époux mariés à La Rochelle dans le courant de l'année furent condamnés, par sentence du bailli, à contribuer au banquet de la pelote du roi, en versant « ès mains de deux entremetteurs » ou commissaires chargés des apprêts de la fête une taxe de deux, trois ou quatre écus arbitrée selon les facultés de chacun par le lieutenant général. En conséquence de ce jugement, fut décerné le lendemain « contre tous les nobles et praticiens nouvellement mariés », un exécutoire portant contrainte « par saisie de leurs biens meubles et immeubles, prise et détention de leurs personnes, » pour le paiement de la taxe, « comme étant des propres deniers du roi. » Chaque époux fut tenu en outre de fournir trois pelotes, dont une « armoriée à l'écu de France » et de les apporter en un lieu convenu pour « être courues au plaisir du roi ou de ses officiers. »

« Ledit jour, 21 février, porte le procès-verbal de cette solennité, jour accoutumé pour recevoir le devoir que tous les nouveaux mariés sont tenus de payer au roi, notre Sire, les officiers de la ville et gouvernement de La Rochelle se sont, après proclamations faites, transportés au carrefour de Mauconseil, lieu ordinaire à faire l'assemblée, et de là au pré nommé les Corderies, joignant la porte des Deux-Moulins pour recevoir l'hommage dû au roi, notre souverain seigneur, par les nouveaux mariés de l'année.

Auquel lieu a été procédé à la réception desdits hommages et devoir comme il suit premièrement M. Mathurin Torquèze, l'un des nouveaux mariés de l'année, a présenté trois pelotes, l'une figurée des armoiries dudit seigneur roi, et les deux autres blanches, pour icelles être courues au plaisir dudit seigneur, si présent était, sinon de ses officiers, etc. » Après avoir reçu dans un chapeau les trois pelotes de chacun des nouveaux mariés, le lieutenant du gouverneur distribua aux autres officiers du roi présents à la cérémonie, celles qui étaient blasonnées aux armes de France, puis il abandonna les blanches à qui en voulut, les dernières furent alors lancées, l'une après l'autre, à travers la prairie. La multitude se rua de tous côtés pour s'en saisir, non sans force culbutes, ce qui divertit beaucoup le bon peuple et lui fit, un moment, oublier ses maux et son ressentiment. Le soir un banquet fut servi, aux frais des nouveaux mariés, à ceux qui avaient remporté les prix de la course.

(*Reg. du gouvernement de La Rochelle*, Procès verbaux des 20 et 21 février 1541, f° 30.)

La Rochelle avait partagé le mécontentement des gens de l'île de Ré, de Marennes, de l'île d'Oléron au sujet du lourd impôt que François Ier faisait lever sur le sel et sur les vins vendus au détail. Jarnac en profita pour y introduire des soldats à sa solde. Mais la population de la ville réfréna elle-même et le força de désavouer l'arrogance de ses satellites Il eut recours au roi. Tavannes introduisit frauduleusement des troupes dans la ville, puis, faisant succéder la violence au mensonge, parla en maître. François Ier fut reçu avec un respect inspiré par la crainte (1542), mais il s'en tira habilement. Il parut faire céder la justice à la clémence, montra de la confiance et en obtint, il emporta l'amour et l'argent des Rochelais (L. Delayant). La fête populaire de la guerre aux coqs était analogue à celle de la pelote du roi, les sergents de la prévôté poursuivaient et mangeaient, après les avoir atteints, des coqs fournis par les administrés.

Histoire véritable de certains voïages périlleux et hazardeux sur mer

Par Bruneau de Rivedoux, publiée par le pasteur Loys de la Blachière (Niort, 1599) *Naufrage aux Bermudes.*

M. Charles de La Roncière a conté dans son *Histoire de la Marine Française* (Plon, t. III, p. 584), d'après les récits contemporains de l'ancien sergent-major de Du Plessis-Mornay, défenseur de La Rochelle en 1573, l'odyssée de quarante-cinq matelots de La Rochelle, embarqués en mars 1556 sur une patache, qui, arrivée à trois lieues des îles Bermudes, donna, une nuit, à pleines voiles contre une roche et s'éventra. La patache faisait partie d'une escadrille commandée par un capitaine nommé Mesmin, marin pratique, mais peu sensible, attendu qu'au lieu de venir au secours du bateau en détresse, il prit aussitôt le large en attendant l'aube. Le jour se leva sur une scène lugubre : accrochés aux cordages, les grappes de naufragés pendaient aux flancs de l'épave dans une position affreuse. Mesmin ne s'en émut pas ; ses officiers, mandés en Chambre du Conseil, déclarèrent froidement qu'il restait trop peu de vivres pour le retour de tous en France ; et la voile haute, l'escadrille s'éloigna.

Les pauvres abandonnés ne perdirent pas courage. Sur deux radeaux fabriqués de planches arrachées au navire, ils gagnèrent la Bermude, confiants dans la miséricorde divine ; les radeaux abordèrent à sept lieues l'un de l'autre, de part et d'autre d'une rivière qu'il fallut franchir pour se réunir. L'île était inhabitée. De leurs chapeaux les matelots se firent des chaussures, car les épines blessaient leurs pieds nus. Ils n'avaient d'ailleurs pu sauver aucune provision et le sol de l'île ne produisait que des palmiers ou des ronces. Le plus urgent était de se sécher, et groupés en bivouac, les naufragés, après bien des tentatives infructueuses, réussirent, dès la première nuit, à allumer du feu.

Le bois ne manquait pas et la flamme bientôt fut vive et claire. Aussitôt, venus de tous les points de la forêt, des oiseaux « gros comme des courlis », affolés par la nouveauté, fascinés par l'éclat du brasier, voltigent tout autour, s'y jettent et tombent rôtis; les robinsons n'ont qu'à manger « cette manne céleste » et ce repas est arrosé par la buée que la fraîcheur de la nuit, après une journée d'écrasante chaleur, dépose, comme en de larges coupes, sur les feuilles des palmiers centenaires.

Le lendemain, on s'installe. La plage fourmille de tortues et de coquillages ; et le soir venu, il suffit de raviver le feu pour renouveler la provision de gibier qui vient de soi-même s'y plumer et s'y cuire. Si l'on ajoute à ces agréments que le climat de l'île est sain et agréable, son air pur, sa végétation miraculeuse, on conçoit que ces pauvres paysans de France, jetés par la Providence dans cet Eden inespéré aient pris goût à ce régime, qu'aux heures les plus ambitieuses, ils n'auraient osé rêver.

Pourtant, si bien nourris qu'ils fussent, les Rochelais regrettaient leur maigre pitance de France et leurs campagnes de l'Aunis ou du Poitou. Ils fabriquèrent une sorte de barque sur laquelle ils comptaient s'entasser au nombre de quarante-deux ; trois des compagnons devaient rester dans l'île : le maître d'équipage, le pilote et un autre marin poitevin, condamnés à la relégation par leurs camarades, après un procès en règle, jugement, délibéré et verdict prononcé à la pluralité des voix, pour avoir formé le complot de mettre la barque à l'eau et de partir seuls. Les autres arrimèrent l'embarcation, la chargèrent d'oiseaux rôtis, de tortues salées et d'une barrique d'eau. Ils n'avaient pour armes que deux vieilles épées rouillées. Quelle que fût leur résolution, traverser l'Océan et rallier la France dans cette sorte d'arche et en pareil équipage, leur parut tout de même un peu trop téméraire, on gouverna donc sur les Antilles, à trois cents lieues de là.

Au bout de trois semaines, on est en vue de l'île de Mona. Non loin du rivage, se balance une jolie caravelle d'une douzaine de tonneaux ; les Rochelais, ivres de joie, poussent des cris, agitent les bras, entonnent un chant de triomphe. A la vue de ces sauvages velus, hurlants, presque nus, l'équipage de la caravelle, pris de terreur, abandonne le navire, se sauve à terre ; les Rochelais accostent l'embarcation déserte, s'y installent, appareillent sans perdre un instant et gagnent la pleine mer, mettant le cap sur Saint-Domingue. En rade de Monte-Christo, même aventure : en voyant s'approcher à pleines voiles ce bâtiment monté par une troupe de bandits à mines farouches, les matelots d'un navire portugais, chargé de sel, ne font pas meilleure contenance que leurs camarades de l'île de Mona ; ils sautent à la mer et disparaissent, trop heureux d'en être quittes, la vie sauve, pour la perte de leur bateau.

Cette fois les Rochelais étaient équipés de manière à risquer la traversée de l'Océan ; mais il leur manquait un guide. La miséricorde divine ne leur fit pas défaut, observe Loys de la Blachière. Le pilote portugais, remis de sa frayeur, vint courageusement offrir « aux pirates » de racheter son bâtiment ; on le retint à bord ; de dépit « il en prit un tel mal au cœur qu'il en pensa mourir », mais il se remit bientôt et consentit à conduire les Français jusqu'à La Rochelle. Pourtant, tout en tenant la barre, et en commandant la manœuvre, il méditait, cherchant un moyen de se délivrer de ses indiscrets passagers et de rentrer en possession de son bateau. Il crut l'avoir trouvé : en vue de l'île Leogane, il montre à ses geôliers un vaisseau espagnol de 160 tonneaux, bien équipé, il est vrai, et armé en guerre. Mais les quarante-deux aventuriers n'étaient plus gens à reculer; leurs deux vieilles flamberges au vent, sous une pluie de boulets, ils montent à l'abordage, et quand ils sont sur le tillac, étrange phénomène ! l'ennemi s'est évanoui. Sans attendre un corps à corps, les Espagnols se sont tous jetés aux chaloupes et ont pris le large. Les Rochelais abandonnent leur pilote, prennent possession du grand navire, cinglent vers l'est. Leur traversée fut un peu longue, mais des plus heureuses. Deux ans après leur départ, alors qu'on les avait rayés du nombre des vivants, les naufragés des Bermudes rentraient triomphalement à La Rochelle, tous sains et saufs, et riches ! Riches de leurs prises successives et de quelques autres petites opérations faites au cours du voyage. Ce n'était point de la piraterie ; telles étaient alors les mœurs de la mer et personne — surtout les Espagnols — n'avaient rien à reprendre d'une fortune si prodigieusement acquise.

Tandis qu'ils regagnaient leurs foyers et y retrouvaient « leurs veuves et leurs orphelins » ils apprirent une nouvelle qui mit le comble à leur satisfaction.

Mesmin, le cynique Mesmin, ce capitaine qui les avait lâchement abandonnés, cramponnés à leur épave, Mesmin, par un juste retour, avait essuyé une série de revers tout aussi miraculeux que leurs étonnantes aubaines : il avait perdu successivement son navire, puis un garde-côte portugais capturé devant Saint-Domingue, puis une vieille patache qu'il avait frétée à Lisbonne ; enfin, il était parvenu à rentrer à Bordeaux sur une barque chargée de butin ; mais l'ambassadeur de Portugal l'avait fait arrêter et réclamait de l'amirauté un châtiment exemplaire. Grâce à l'intervention de Montluc, Mesmin parvint à sauver sa tête, mais il était ruiné et discrédité pour jamais. Et c'était justice ! conclut L. de la Blachière.

Fête militaire de l'Ascension

« Le jeudi 28ᵉ de may 1615, il s'est fait une telle Ascension en ceste ville, écrit Joseph Guillaudeau, et si belle et magnifique que je croy que jamais il n'en feust fait une telle. »

Le 11 avril 1615, en la deuxième mairie de Louis Berne, écuyer sieur du Pont de la Pierre, un accord était intervenu entre tous les habitants de la ville. Les noms de « trépelus, originaires, francs bourgeois, traîtres » étaient supprimés. Les maires, échevins, conseillers, pairs et tous les habitants avaient juré entre les mains du maire d'oublier les discordes passées et de jurer et promettre d'observer inviolablement les vingt-huit articles accordés par les maire, échevins, conseillers et pairs aux bourgeois et habitants le 29 mars 1614. Des prières d'actions de grâces furent faites dans les deux temples et les articles d'accord envoyés à toutes les églises réformées de France. Le 26 avril 1615, Jacques David fut élu maire, et accepté au nom du roi par le sénéchal, le lundi suivant. Le duc de Rohan pour sceller cet accord obtint des procureurs des bourgeois et du conseil des quarante-huit le retour des Rochelais bannis de la ville et après les élections des nouveaux syndics et des quarante-huit, une fête militaire consacra ce rétablissement de la paix et de la concorde entre tous les citoyens.

Au lieu accoutumé, à la montée du château, une ville fut dressée entourée de onze tours ou tourelles. Elle fut gardée par la compagnie des Espagnols, commandée par Jehan Gendraud, l'un des échevins, Guillemau, lieutenant, et Poignant, enseigne. C'était la compagnie urbaine du carrefour. Ils se promenèrent toute la matinée et l'après-dîner s'habillèrent tous en Espagnols, les uns en taffetas rouge, les autres en boucassin rouge, tous passementés d'or et d'argent, ils se concentrèrent dans la ville. Ils furent alors assaillis par la cavalerie, commandée par Delhomme, J. Torterue et de Berrandy jeune. Tous bien montés, habillés de grandes casaques de satin blanc, ou de taffetas blanc, passementés de clinquant d'or, et les selles recouvertes aussi de clinquant d'or.

A la cavalerie succédèrent les carabins, conduits

par Begaut l'aîné et Cardinaut. Leurs mandilles de taffetas feuille morte étaient de l'autre côté bleues avec du clinquant d'or et d'argent.

Sept à huit cents hommes richement habillés et bien armés se campèrent devant la ville. Ils avaient pour colonels Berger et Chalmot.

La compagnie des Sauvages avait pour capitaine Jacob de Hinsse, pour lieutenant Pierre Renault et pour enseigne Pierre le Jeune. Cette compagnie, formée des gens les plus honorables de la ville, sortit de son fort bâti près de la Monnaie, auquel ils mirent le feu en allant secourir les assiégés.

La compagnie des Anglais était composée d'enfants de La Rochelle, vêtus de taffetas blanc et rouge, tous jeunes gens à marier, commandés par Guillemin, lieutenant Gacherie et guidon Bouchet sieur de Maubec.

La compagnie des Hollandais, capitaine Holton l'aîné, lieutenant Jehan Gauthié et enseigne Jean Dehargues, se reconnaissait au pourpoint de toile d'argent ou de satin blanc, avec grègue de satin noir et bas de soie blancs. Ils assiégèrent la ville.

Les Suisses vinrent aussi camper et dressèrent leur batterie de siège. Ils obéissaient à Berthomé Simon, Jean Renaudeau et Jean Hurtaud et s'avançaient avec leurs chariots au son des cornemuses et du hautbois.

Les Italiens, commandés par Piguenit le jeune, de La Coste l'aîné et Duvignaud vinrent secourir la ville assiégée, ils étaient habillés de satin et taffetas bleu, et leurs chapeaux passementés avec clinquant d'or.

Les assiégeants recevaient du secours des Wallons, commandés par Loysi, Giraud et Charles de La Coste. Cette compagnie était vêtue de casaques grises avec clinquant d'or et d'argent et les chapeaux garnis de taffetas bleu et bordés d'or.

La ville finit par être prise, mais on n'abattit qu'une tour ou deux.

Rohan, Le Maire et Bequel, roi de l'arquebuse, qui étaient sur une estrade, donnèrent la vie sauve aux prisonniers.

Après le souper, les Anglais conduisirent à la place du Château un dragon volant qui lançait des artifices et des fusées, au son du hautbois et des cornemuses.

Le vendredi 29, une compagnie de Turcs, commandée par André David, l'un des pairs, se montra dans les rues de La Rochelle, marchant avec le hautbois et les cornemuses. David représentait le grand Bacha ayant un turban de satin incarnadin, une casaque aussi de satin bordée de clinquant d'or et précédé de deux pages, et suivi de deux pages ayant des pantoufles de velours vert. Après leur promenade ils se retirèrent dans un fort dressé sur la petite rive et dans leurs galères. Ils furent attaqués par terre et par mer, ce qui formait un fort beau spectacle. Un navire renversa par la trop grande charge de curieux qu'il portait, sans, ajoute le chroniqueur, par la grâce de Dieu, qu'il y eût aucune personne de tuée, ni même de blessée, pendant ces deux journées.

LA ROCHELLE

CITÉ DE REFUGE ET VILLE DE SURETÉ (1)

La Rochelle est au premier rang parmi les villes de France qui ont accepté la Réforme religieuse ; cependant aucun monument ne rappelle l'origine du protestantisme (2) dans ses murs.

Un petit nombre de faits épars dans de volumineux ouvrages, un vieux manuscrit, voilà tout ce qui en reste.

Mais de pareils souvenirs nous sont trop précieux pour que nous n'ayons pas essayé de les recueillir, sans nous demander si ce qui faisait l'intérêt de notre étude n'en constituait pas aussi la difficulté.

Dans son expression la plus large, la Réforme a

---

1. M. Eugène Yung, docteur ès lettres, fondateur de la *Revue bleue*, chevalier de la Légion d'honneur, a bien voulu revoir ce chapitre.

2. Le nom de *Protestant* ne fut généralement donné en France aux disciples de la Réforme qu'à la fin du xvııe siècle. Leurs adversaires les nommèrent, dans les commencements, *luthériens, calvinistes*, puis *huguenots, parpaillots, religionnaires* ou *ceux de la Religion*, ceux de la R. P. R. Ils s'appelaient eux-mêmes les *évangéliques*, les *fidèles*, les *réformés*. Leurs actes officiels du xvıe siècle emploient uniquement les désignations d'*Eglise chrétienne, Eglise de Dieu, Eglise réformée par la grâce de Dieu, Eglise du Seigneur*.

été « l'affranchissement de la pensée humaine » (1).

On a pu l'attaquer ; mais on ne saurait méconnaître l'empreinte profonde qu'elle a laissée sur le caractère de ses premiers adhérents.

Si c'est à leurs convictions religieuses que nos pères ont dû leurs hautes qualités, il est utile de connaître comment ils acquirent ces convictions.

Sans entrer dans l'examen des circonstances qui favorisèrent l'introduction du protestantisme à La Rochelle, il est certain pourtant qu'il trouva un puissant auxiliaire dans l'esprit de liberté qui régnait dans la ville.

On sait qu'alors notre cité était justement orgueilleuse des antiques privilèges de sa commune. Il est donc permis de supposer que ces fiers bourgeois firent dans les discussions des intérêts de la ville l'apprentissage de l'esprit d'examen et de libre recherche de la vérité.

Nous n'avons pas à réfuter ceux qui attribuèrent le succès du protestantisme à de mesquines considérations politiques et qui veulent à toute force trouver une petite cause à la plus grande révolution religieuse de l'Europe depuis l'établissement du christianisme.

L'esquisse que nous voudrions tracer se partage assez naturellement en deux périodes :

1° L'origine et les premières manifestations du

---

1. Guizot.—Herminjard : correspondance des réformateurs dans les pays de langue française (à partir de 1512).

protestantisme au milieu des persécutions (1512-1559);

2° Les progrès, les destinées diverses de la Réformation à La Rochelle et son établissement définitif consacré par la puissance royale depuis 1559 jusqu'à 1573, époque à laquelle l'histoire particulière du protestantisme rochelais se mêle à l'histoire générale de France.

Jacques Le Fèvre d'Etaples (*Faber Stapulensis,*) (1455-1537), savant presque universel et un des plus habiles commentateurs de la Bible, dont il donna le premier une traduction française un peu fidèle, publia dès 1512 ses *Commentaires sur les épîtres de Saint Paul, Le nouveau testament* en 1523-1524, *La Bible complète* en 1530-1541. Cette version fut améliorée par Olivetan, Calvin, Martin, Ostervald et refaite par Segond.

I
1517-1559

Dès 1517, la parole puissante de Luther avait trouvé de l'écho sur plusieurs points de la France, notamment à Meaux, à Sens et à Lyon. La Réformation pénétra à cette époque à La Rochelle et, malgré la rigueur des persécutions, quelques habitants de cette ville commencèrent à avoir connaissance des doctrines du Réformateur et à les professer secrètement.

Ce fait est confirmé par l'histoire de Marie Belan-

Aile principale de l'Hôtel de Ville
construite sous Henri IV et terminée en 1606,
avec pavillon restauré par M. Lisch
avec le concours de M. Massiou.

delle ou Becaudelle, désignée aussi sous le nom de Gaborite qui fut la première martyre dans nos contrées. Simple servante, elle fut instruite à La Rochelle par son maître dans les principes de l'Eglise réformée, et profita rapidement des leçons qu'elle avait reçues. Lorsqu'elle quitta son service pour retourner aux Essards (Poitou), son lieu de naissance (1534), elle résolut de faire partager aux siens ses nouvelles convictions. Un cordelier prêchait alors dans le village, mais « *non pas selon la parolle de Dieu* ». Marie lui fit en particulier quelques observations, fondées sur des textes explicites de la Sainte Ecriture (1).

Blessé de se voir repris par une femme, le religieux usa de dissimulation ; puis il la poussa à répéter les mêmes propos devant de nombreux témoins « ce qu'elle ne refusa de faire ; mesme elle lui mit au devant le jugement du Seigneur, s'il perséveroit à faire outrage à l'Evangile du Fils de Dieu». (*Hist. des Martyrs*, III, p. 114). Aussitôt Marie fut arrêtée et condamnée par les juges de Fontenay-le-Comte à être brûlée vive. L'arrêt fut confirmé par le Parlement de Paris, et Marie souffrit le martyre avec un grand courage. A partir de cette époque, la Réforme eut des adhérents dans le Poitou.

---

1. Ph. Vincent. Th. de Bèze (*Hist. eccl.*). — A. Barbot, 1376. — Crespin, III, 114. Th. de Bèze, I, 14. — A. d'Aubigné (*Hist. univ.*, 1173). — Arcère, Massiou, L. Delayant, P. S. Callot, Jourdan, Benjamin Fillon, A. Lièvre, Haag frères, de Félice, L. Delmas, Crottet, E. Doumergue. N. Weiss, J. W. Thompson.

Sur ces entrefaites, l'arrivée à La Rochelle d'un missionnaire protestant favorisa le mouvement des esprits.

S'il faut en croire Florimond de Rœmond, Calvin, se trouvant alors à Poitiers, réunit un petit troupeau, et exhorta les membres de l'assemblée à se faire les propagateurs de la Réforme en France. Trois d'entre eux répondirent à cet appel : Jean Vernou, Albert Babinot, lecteur des *Institutes* à la Ministrerie et le procureur Philippe Véron. Ils prirent tous trois des surnoms pour déjouer les poursuites de leurs adversaires. Philippe Véron fut appelé *le Ramasseur* « comme celuy qui vouloit entreprendre de ramasser les brebis égarées du Seigneur ». (Fl. de R. VII, 892-893). Il fut convenu que le premier agirait à Poitiers et dans les lieux circonvoisins ; que le second se rendrait à Toulouse et que le dernier parcourrait la Saintonge, l'Aunis et l'Angoumois. Quelques fonds réunis à cet effet par le petit troupeau, leur permirent de commencer de suite leur pieuse entreprise. (A. Crottet, p. 11). — « *Le Ramasseur* employa plus de vingt ans à ce mestier, allant, trottant et furetant partout, portant des nouvelles de la vérité... Il avait faict son emplaitte auprès de Calvin, duquel il portoit quelques escrits, en faisant monstre par grand'merveille... *Le Ramasseur* battit aux champs, et ne laissa coin du Poitou, Xaintonge et Angoulmois, où il n'allât sondé le gué pour voir s'il pourroit faire prise. » (Florimond de Rœmond, VII, 892-893). Puis il retourna à Genève en 1536, rendre compte à Calvin du succès de son œuvre.

Le Réformateur lui recommanda de s'adresser principalement aux élèves des Universités, qui, une fois convertis, étaient de précieux auxiliaires pour la propagation de la parole de Dieu. De retour dans son champ d'activité, Véron vit avec joie les doctrines réformées gagner tous les jours des partisans secrets dans les villes et les bourgs de l'Aunis et des provinces voisines. Babinot vint joindre ses efforts à ceux du pieux missionnaire.

Philippe Véron termina en Auvergne une carrière semée de périls, et mourut après avoir exercé pendant vingt ans son ministère, Jean Vernou périt martyr à Chambéry dans le courant de l'année 1555.

On ignore quelle fut la fin de Babinot. Il écrivit le poème de la *Christiade* (1559-1560).

« Lors estoient en La Rochelle, écrit Mervault dans son *Catalogue des maires*, page 56, deux bons Docteurs ; gens de bien et craignant Dieu, bons prescheurs évangéliques, et en toute vérité, enseignans la voye de salut, lesquels voyans le peuple Rochelois ainsi troublé, les vindrent consoler en cette manière : O nos amis, ne sçavez-vous pas que le cœur du Roy est en la main de Dieu et s'inclinera là où il luy plaira ? Ne vous désolez point tant, mais regardez en vos consciences les péchez qu'avez commis envers Dieu, et de celuy demandez miséricorde. Amendez vostre vie et faites pénitence de vos péchez, un chacun se retire de la voye mauvaise et se retire à son Seigneur, et il luy fera miséricorde, car il est abondant à pardonner. Donc, faites paix avec nostre Dieu et facilement il convertira le cœur du Prince, à nous donner la sienne. Et lesdits Rochelais ainsi admonestéz prindrent courage, crièrent mercy à Dieu, firent jeusnes, aumosnes, oraisons et processions publiques, afin de prier Dieu d'avoir pitié d'eux, leur faire miséricorde, de laquelle conversion sentirent l'aide de Dieu leur venir, selon leur foy, comme vous verrez cy-après. »

L'influence de la Réforme à La Rochelle nous est alors manifestée par les arrêts de la Cour ecclésiastique chargée de réprimer ce qu'elle appelait l'*hérésie*.

Le magister et principal régent des écoles de la ville, Jean Vazin, penche vers le protestantisme et enseigne à ses élèves les principes du pur Evangile (1546). L'année suivante, il est excommunié.

Un fait grave ne tarde pas à éclater. Depuis trois ou quatre années, des religieuses du couvent de Sainte-Claire, appelées *sœars noires* « rompaient leur foi » et brisaient le joug qui n'était plus sacré pour elles, pour s'engager dans les liens du mariage ou rejoindre leurs familles. Le 3 août 1546, le prêtre Vizaimé, procureur fiscal de Charles de Bourbon, évêque de Saintes, se présente au monastère et demande des explications. L'abbesse et les religieuses présentes lui répondent fièrement qu'elles ne sont soumises qu'au Pape et au prêtre des Cordeliers.

Effrayé de ces progrès, le clergé redouble de précautions pour les arrêter (1547).

Le grand-vicaire donne au principal du collège, le 30 mars 1547, la liste des livres pour l'enseignement. On y remarque l'a b c suivi de prières latines, notamment, de l'*Ave Maria* avec *ora pro nobis peccatoribus*, les heures, les vêpres, etc... et une expresse recommandation de faire dire les oraisons de Notre-Dame et les actions de grâces en latin, avant et après le repas.

Bientôt le protestantisme gagne les membres du clergé eux-mêmes. Un moine Augustin, Goymoult « est accusé d'*hérésie* » et enfermé dans les prisons épiscopales de La Rochelle, mais il parvient à s'échapper le 15 juillet.

Le 19 mars 1548, le prieur du couvent de Saint-Augustin de Saint-Yon, à La Rochelle, nommé Troublier, est accusé de prêcher à Saint-Martin de Ré « quelques propositions hérétiques, faulses et erronées ».

Le 8 août, la sénéchaussée saisit quelques protestants et les force de faire amende honorable « nu-pieds, en chemise, un cierge au poing devant le grand portail de l'église Notre-Dame de Cougnes » (Reg. du Gouv.).

Le prêtre Soulier nous apprend que « d'autres furent bannis et fustigés jusqu'à grande effusion de sang, avec défense d'user à l'avenir d'aucunes paroles hérétiques, à peine d'être brûlés tout vifs. Il avoit aussi été ordonné de venir dénoncer et déclarer les lieux où on savoit qu'il y avoit des hérétiques, et qui sentoient mal de la foi catholique, à peine d'être déclarés fauteurs et recéleurs d'hérétiques et comme tels être punis, selon la rigueur de l'édit de Chateaubriand ».

Vaines précautions ! la Réforme se propageait toujours et gagnait la classe lettrée.

« Aucuns (quelques) libraires de cette ville mestoyent et exposoyent en vente plusieurs livres réprouvez et inhibez par le Roi notre Sire, contenuz au catalogue des livres réprouvez, comme les *Collocques d'Erasme*... et les régens et maistres d'escolles de ceste ville les lisoyent publiquement en leur escolle. »

Une liste de 1548, d'un inquisiteur de la foy, nous apprend quels étaient ces livres pernicieux. A côté des réformateurs Wicleff, Jean Huss, Jérôme de Prague, Luther, Zwingle et Calvin, du célèbre parallèle du Christ et de son Vicaire, on est surpris de voir à l'index, les commandements de Dieu, la vie de Jésus, les psaumes de David en français et toutes les Bibles qui portent dans l'Epître aux Romains : *Fides justificat, non opera*. Le 12 juillet 1550, la Cour ecclésiastique interdit absolument la lecture de ces ouvrages. Les protestants de La Rochelle prirent le parti de faire tenir secrètement chez eux des écoles, où des maîtres de la religion instruiraient leurs enfants, selon l'Evangile.

Nouveau sujet d'indignation pour la Cour ecclésiastique. On lui signale (juillet 1550) que Pierre de la Garde, Helyes Nicolas, François Seneschal et deux pédagogues gascons « se mesloyent de tenir escolles secrettes et instruisoient leurs disciples en une doctrine séparée et non accoustumée, mesmement quant à l'instruction des bonnes mœurs et *formes de prières et oraisons non observant l'ancienne forme* ».

Ainsi, dès ses premiers commencements, la Réforme se signale à La Rochelle par des établissements d'écoles ; après son triomphe, elle devait, comme nous le verrons bientôt, marquer encore son influence par le développement des études. Il n'est donc pas étonnant que les Universités aient partout fourni de nombreux disciples au mouvement religieux du xvie siècle. Ce n'est pas la moindre gloire de la Réformation d'avoir du premier coup donné l'essor aux lettres modernes.

Cependant les persécutions contre les protestants rochelais redoublaient de violence. Un nouveau tribunal, le siège présidial venait d'être créé, le 10 mai 1552. Il signala son établissement en sévissant contre ce qu'on appelait l'*hérésie*. On arrêta trois des plus zélés propagateurs des doctrines de la Réforme. C'étaient Mathias Courault et Gaston des Champs, Pierre Constantin dit Castin et Lucas Manjeau. On ne possède malheureusement aucun renseignement sur ces premiers confesseurs du protestantisme. Leur interrogatoire même est perdu. Seul, l'acte de leur condamnation nous reste. Outre la vieille accusation de perturbation du repos public, intentée aux réformateurs de toutes les époques, on leur reprochait la discussion publique de l'autorité de l'Eglise — c'était alors la grande question débattue entre les partisans du catholicisme et ceux du libre examen — puis quelques doctrines contre les honneurs rendus à la Sainte Vierge et aux saints, contre la confession auriculaire, etc.

Les juges voulurent faire une exécution éclatante. Henri II avait donné assez de preuves de rigueur envers les protestants ; en frappant de grands coups on espérait intimider les adhérents secrets de la Réformation.

Après un simulacre d'amende honorable faite en grande pompe devant le portail de l'église Notre-Dame de Cougnes, on procéda au supplice. Courault eut la langue coupée, comme blasphémateur, puis il fut brûlé vif, Constantin fut étranglé et brûlé, Manjeau fut battu de verges jusqu'au sang, condamné à 200 livres d'amende et banni à perpétuité.

Quoique le présidial eût puni de la sorte les controverses publiques, les *dogmatisations*, les lectures de l'Evangile faites par Courault, les protestants comptèrent bientôt de nouveaux prosélytes.

Ce ne fut pas une médiocre victoire pour les Réformés que de voir embrasser leur foi par celui-là même qui avait signé la condamnation des martyrs. Philippe Vincent, d'après des lettres authentiques, cite en effet parmi les nouveaux convertis : Claude d'Angliers, seigneur de La Saulsaye, écuyer, conseiller du roi et lieutenant-général de la justice à La Rochelle, qui allait recevoir la chevalerie des mains d'Antoine de Bourbon. Arcère l'appelle « homme d'un mérite distingué » et il eut mainte occasion de se montrer « personnage de grand cœur et de grand sens (Amos Barbot) » apte pour manier et remuer de grandes affaires, magistrat sévère, grand ami de l'ordre public et du maintien des lois, serviteur fidèle de la royauté.

L'exemple de d'Angliers paraît avoir entraîné d'autres juges.

« Il est croyable que les raisons qu'ils avaient entendu déduire (aux martyrs) et la constance surtout de celui que la crainte des supplices ni la frayeur épouvantable des flammes ne put démouvoir de sa fermeté les toucha vivement et fit en leur esprit une impression forte dont l'effet parut en son temps ». (Ph. Vincent.)

Il y avait donc déjà un noyau de protestants à La Rochelle, il ne suffisait plus que de l'arrivée d'un pasteur pour diriger le mouvement religieux. En 1557, dit Théodore de Bèze, « Dieu envoya de plus d'autre côté surcroît de bons ouvriers ».

Sous la mairie de Michel Guy, Charles de Clermont dit Lafontaine, passe à La Rochelle. Ce pieux ministre met à profit son séjour dans notre ville pour faire quelques prédications particulières, puis ayant jeté la semence des doctrines réformées, il poursuit sa route et va les porter à Saintes.

Mais la même année, un autre ministre lui succède, Pierre Richier de l'Isle.

Pasteur à Genève, Richier, quoique âgé de cinquante ans, en était parti avec son collègue Guillaume Chartier et quelques protestants zélés, pour porter la religion réformée dans le Nouveau-Monde. Il avait répondu avec empressement à l'appel de Nicolas Durant, dit Villegagnon, qui venait de fonder une colonie dans une île du Rio-Janeiro, au Brésil. L'expédition avait été faite sous les auspices de Coligny ; elle avait pour but la propagation de l'Evangile. (*T. de Bèze. La Popelinière. De Thou. Ch. W. Baird. Les Réfugiés huguenots en Amérique*, traduction A.-E. Meyer et de Richemond.)

Le 7 mars 1556, les missionnaires protestants établirent le culte au sein de la colonie. Mais bientôt Villegagnon changea de conduite à leur égard, déclara ne plus adhérer à ce qu'il appelait *la secte calvinienne* et interdit les prédications. Chartier fut renvoyé en France. Richier essaya de tenir secrètement des assemblées religieuses. Il dut s'embarquer à son tour et partir avec plusieurs fidèles sur un navire en mauvais état, muni seulement du quart des vivres nécessaires au voyage. Peu de jours après, le bâtiment faisant eau de toutes parts, il fallut mettre la chaloupe à la mer avec cinq des passagers, qui retournèrent à l'île Coligny (Villegagnon appelait ainsi la colonie) et y trouvèrent le martyre. Après de longues souffrances, Richier arriva au port du Blavet dans le plus grand dénuement. Là, une lettre de Villegagnon le dénonçait, lui et ses compagnons, comme hérétiques. Heureusement les magistrats du Blavet étaient protestants, et, grâce à leurs secours, Richier, dont les épreuves n'avaient point abattu la foi, parvint à La Rochelle.

A son arrivée, il s'occupa d'organiser le petit troupeau, et, en établissant un consistoire et une discipline, il mérita le nom de *Père de l'Eglise de La Rochelle* « et fut ce premier commencement tellement favorisé de Dieu, qu'en peu de temps une bonne partie de la ville se rangea à l'Eglise du Seigneur... se préparant dès lors le Seigneur cette place, pour lui faire soutenir quelque jour les plus durs efforts de ses adversaires. »

Fait remarquable, l'établissement régulier du culte réformé dans notre ville se trouve précisément coïncider avec l'époque où tous les souverains de l'Europe s'étaient coalisés pour étouffer la liberté religieuse. L'année 1558 voit régner à la fois Henri II en France, Philippe II en Espagne, Marie en Angleterre, Ferdinand dans l'Empire et Paul IV sur le trône pontifical. (Sismondi, Michelet.)

Persécutée ainsi dans tous les grands Etats, la Réformation avait du moins trouvé un accueil favorable dans le royaume de Navarre. Antoine de Bourbon et sa femme Jeanne avaient été préparés aux doctrines Réformées par le ministre Pierre David, prêtre converti. Déjà Marguerite, reine de Navarre, sœur du roi François Ier, passant à la Rochelle avec le roi Henri d'Albret son mari, y avait fait faire plusieurs discours par un homme de leur suite « par lesquels il insinuoit au peuple qu'il devoit lire l'Ecriture Sainte et ne se pas rapporter aveuglément de toutes choses à ses conducteurs ». Antoine de Bourbon ne séjourna que quinze jours environ à La Rochelle et il continua la profession extérieure du catholicisme. Mais, malgré ces apparences, le roi et la reine de Navarre étaient bien disposés envers les protestants. Avec leur autorisation, Pierre David et un autre pasteur, Le Bois Normand, firent des prédications publiques.

Amos Barbot nous apprend en effet « que le ministre David prescha publiquement l'Evangile selon la pureté de la Religion réformée, par diverses fois, dedans la grande nef du Temple de Saint-Barthelémy : qui fut la première fois que le flambeau de l'Evangile fut allumé publiquement en cette ville. Aux prédications duquel David assistèrent plusieurs habitants de cette dite ville de tous sexes et conditions, lesquels déposans toutes craintes et appréhensions commencèrent à manifester et donner témoignage qu'ils ne désiroient plus retenir en injustice la vérité dont ils avoient connoissance. »

Le journal de Michel Pacqueteau nous atteste aussi le succès des prédications publiques de David. Il a même conservé des prières de ce pasteur avant et après le sermon. Parmi les prosélytes que firent ces premiers prêches, on cite la demoiselle du Fâ, dame de La Laigne qui se rendit à Paris et y « souffrit toutes sortes de rigueurs dans les prisons ». Son seul crime était de s'être jointe aux protestants réunis au Pré aux Clercs pour chanter « les louanges de

Dieu à la prospérité même et bénédiction du Roy et de ses desseins ». (A. Barbot.)

Le séjour du roi de Navarre à La Rochelle fut aussi signalé par la représentation d'une allégorie religieuse, d'une espèce de *moralité* qui produisit une vive impression sur les spectateurs (1).

Sous les auspices d'Antoine et de Jeanne d'Albret, des comédiens jouèrent la pièce suivante : Une femme désolée et mourante demandait à grands cris des consolations et des remèdes. Le curé le plus voisin emploie en vain son ministère ; c'est en vain que les divers ecclésiastiques lui succèdent suivant la hiérarchie ; c'est en vain qu'après le clergé séculier viennent les moines des différents ordres. Reliques, indulgences, habit miraculeux de saint François, tout est inutile. La malade est sur le point de succomber, lorsqu'on lui conseille d'avoir recours à un inconnu qui possède de merveilleux secrets. Mais l'étranger vit dans la retraite et craint jusqu'à la lumière du jour. On cherche partout ce libérateur ; il se montre enfin, simple et modeste, vêtu comme les autres hommes. Il parle bas au chevet de la moribonde, fait renaître la confiance sur ses traits, lui remet un petit volume plein d'excellentes recettes et sort précipitamment. On emporte la malade. Après un court intermède, elle reparaît guérie et joyeuse. Elle marche d'un pas leste et vante l'effi-

---

1. Michel Pacqueteau cité par Ph. Vincent, reproduit par Arcère, Dupont, Massiou, Jourdan, Delayant, etc.

cacité du remède apporté par l'opérateur inconnu. Seulement, tout en conseillant aux spectateurs d'user avec confiance du livre aux sûres recettes, elle ajoute *qu'il est chaud au toucher et qu'il sent le fagot.* En outre, elle déclare qu'elle ne saurait pas plus révéler son propre nom que celui du volume.

L'énigme fut aisément devinée. On reconnut, dans la malade, la religion ; dans le médecin, un des prétendus hérétiques réduits à se cacher, et le *Nouveau Testament français* dans le volume sentant le fagot. Aussi l'indignation du clergé catholique força-t-elle les comédiens à déloger au plus vite, et on leur eût fait un mauvais parti, sans l'intervention du roi de Navarre. Cependant un grand nombre de personnes voulurent connaître le volume salutaire et adhérèrent aux doctrines de la Réformation.

Le pasteur Philippe Vincent ajoute que « la religion est trop grave pour estre jouée » et il désapprouve cette tentative. Il n'essaie pas de la justifier par l'exemple des Sorbonnistes, qui, vingt ans auparavant, avaient traduit sur la scène la reine Marguerite, sœur de François Ier, la transformant en furie d'enfer pour se venger du succès du *miroir de l'âme pécheresse.* (Ce livre forme la première partie d'un volume de poésies de cette princesse, qui a pour titre : *Marguerite de la Marguerite des Princesses, très illustre Reyne de Navarre*, à Lyon, chez de Tournes, 1547, réimprimé de nos jours par les soins de M. Abel Lefranc.)

Enfin il conclut que Dieu put permettre « que le

théâtre parlât puisque les chaires demeuroient muettes et que ceux dont la profession estoit d'estre des docteurs de fables, le fussent en quelque façon de sa vérité, puisque ceux qui par le deu de leurs charges devoient prêcher cette vérité, enseignoient des fables et repaissoient le pauvre peuple chrétien de contes et de légendes ».

Il faut ici remarquer qu'il y a une différence essentielle, fondamentale, entre la représentation des *Mystères* (1), dans lesquels les scènes les plus

---

1. Les annalistes ont gardé le souvenir d'une passion jouée à La Rochelle en 1491, aux frais des échevins et qui coûta quatre mille livres et attira vingt mille spectateurs étrangers.

M. J. Demogeot dans sa belle *Histoire de la littérature française* remarque d'après O. Leroy, *Etude sur les Mystères* (1), que le poète de la Passion s'il a entrevu la grande beauté poétique qu'a si bien développé le génie de Milton, le contraste de la sainte lumière des cieux avec les ténèbres visibles de l'enfer, est loin de mériter les mêmes éloges dans l'exécution de son sujet, sa pensée et son style fléchissent sous une matière aussi sublime, aussi exigeante ; la destinée du genre humain tout entier qui s'agite. Il décrit la gracieuse idylle de Joachim, le père de Marie, qui visite ses bergeries et rend grâce à Dieu de leur prospérité. Il nous montre l'honnête populaire, les bonnes gens qui, malgré la dureté des temps, se confient à Dieu, souffrent le mal et ne font que le bien, le vieux Zébédée qui transmet ses bonnes traditions à ses fils, pendant qu'ils raccommodent leurs filets, le brave Simon qui personnifie cette classe de bourgeois et manants honnêtes et inoffensifs qui font de nécessité vertu et, contraint d'être charitable, l'est pourtant d'assez bon cœur et porte la croix du Christ. A côté des bons pauvres qui se résignent à leur misère, se placent les truands et les voleurs représentés par Barabas et le mauvais larron.

1. M. J.-M. Richard a publié le *Mystère de la Passion* d'après le manuscrit 697 de la bibliothèque d'Arras, 1893, p. 8.

saintes de la religion étaient traduites sur le théâtre, et les satires protestantes, violentes quelquefois, mais qui, du moins, ne faisaient des ruines que pour dégager davantage le rocher inébranlable sur lequel se dresse la croix du Sauveur. Il y a la même différence qu'entre les prédicateurs de la ligue et un Marnix de Sainte-Aldegonde ou un Agrippa d'Aubigné.

L'Eglise s'accroissait tous les jours. Le Consistoire, qui avait été fondé le 17 novembre 1558, et était composé d'un pasteur, de quatre anciens, de deux diacres, d'un scribe et d'un trésorier, devint bientôt insuffisant.

Dès le 24 décembre, il s'adjoignit quatre nouveaux membres. La charge des anciens était de « choisir le lieu des assemblées, qu'ils changeoient à chaque fois de peur d'être découverts, et en faire avertir les particuliers, recueillir les aumônes et les distribuer aux nécessiteux, travailler aux réconciliations et apaiser les débats qui pouvoient naître entre les membres de l'Eglise, faire des remontrances et censures à ceux qui tomboient en faute et se rendoient dignes de repréhension ». Lorsque la discipline des Eglises Réformées fut établie, elle se trouvait appliquée déjà à La Rochelle.

Les bûchers étaient toujours allumés. Les Réformés avaient donc besoin de prudence dans leurs réunions religieuses. Aussi se tenaient-elles la nuit dans des maisons à plusieurs issues soigneusement gardées. Souvent même les assemblées avaient lieu dans des caves voûtées et l'on en montre encore, principalement du côté du port, qui servirent à cet usage. Nul étranger n'était admis sans un examen préalable. Les femmes dont les maris étaient restés catholiques étaient exclues des réunions. Devant des soupçons interrogateurs, leur silence n'eut pas moins été suspect que leurs révélations. Enfin les registres du Consistoire ne contenaient qu'en chiffres les noms des anciens et ne mentionnent ni le lieu de l'assemblée ni le nom du pasteur qui la présidait.

L'Eglise Réformée de La Rochelle perdit à cette époque un de ses membres les plus zélés. Pierre Arondeau, né dans l'Angoumois, était venu s'établir à La Rochelle, où il exerçait l'humble profession de colporteur d'objets de mercerie. Fréquentant assidûment les assemblées secrètes des protestants il devint suspect. Aller au *prêche* c'était, dans les idées du temps, être ennemi de la *messe*. Dénoncé comme hérétique au lieutenant criminel, Arondeau fut arrêté et jeté en prison. Les juges lui offrirent sa grâce, s'il consentait à se rétracter. Comme Luther, il répondit qu'il était prêt à le faire, si on lui montrait son erreur par des déclarations de la Sainte Ecriture. Il fut condamné. Sur les prières de ses amis, il fit appel ; mais malgré ce pourvoi, il fut transféré à Paris dans les prisons de la Conciergerie. Le 15 novembre 1559, le courageux confesseur fut brûlé vif sur la place de la Grève, sur laquelle le conseiller au Parlement Anne du Bourg allait périr en répétant le cri des premiers martyrs : « je suis chrétien ! » (1).

Le registre officiel des baptêmes commence en 1559.

La persécution continuant, les Rochelais pensèrent à faire connaître publiquement leurs principes dans une confession de foi, persuadés que le roi ne permettait la persécution que « manque de sçavoir au vrai quelle était leur doctrine ». Ils déclarèrent qu'ils étaient prêts à signer de leur sang cette profession « tirée de la parole de Dieu » et à mourir tous ensemble plutôt que « *d'estre tirés en cause séparément et estre fait mourir un à un sous des imputations fausses et calomnieuses* ».

Ayant mûri ce projet, ils envoyèrent au Roi de Navarre les ministres de La Rochelle, de Saint-Jean-d'Angély, de Saintes et de Marennes, pour le lui communiquer. Mais Antoine ne goûta pas ce plan et il invita les Rochelais à « se tenir cois, et laisser passer cet orage en toute patience, attendant que Dieu y pourveust ».

L'occasion se présenta bientôt. Sans se laisser intimider par les rigueurs sans cesse renaissantes, le premier Synode national des Eglises Réformées de France se réunit à Paris le 26 mai 1559. Les ministres de Saint-Jean-d'Angély et de Marennes furent chargés d'y manifester le désir des Rochelais.

Les faits de cette assemblée se rattachent à l'histoire générale du protestantisme.

---

1. Philippe Vincent, A. Crottet.

Disons pourtant que c'est à ce Synode que l'on doit la réunion de toutes les Eglises Réformées de France en un seul faisceau et leur constitution régulière fondée sur la confusion de foi et la discipline. C'est alors que l'on déploya ce drapeau consacré par le sang des martyrs et autour duquel se rangèrent tous les protestants français, jusque-là confondus par la commune haine de leurs adversaires, tantôt avec les anabaptistes, tantôt avec les révolutionnaires de toute sorte.

Aux attaques du catholicisme, le Symbole de 1559 opposait ses articles dogmatiques fondés sur l'Ecriture, fidèle résumé des croyances de l'époque ; aux soupçons de la royauté, il répondait en proclamant la soumission aux lois et l'obéissance à l'autorité civile.

On a répété à satiété que le protestantisme n'était qu'une négation, les Réformés répondaient par une affirmation chrétienne. Si la forme du protestantisme est le libre examen, il ne faut pas oublier que c'est l'Evangile qui en est la base et le fondement.

Les huguenots ont toujours cherché à être librement, mais réellement chrétiens.

Ce point établi, la cause de la Réformation est gagnée. « Ce n'est pas une chose de petite importance, avait dit Anne du Bourg, que de condamner ceux qui invoquent au milieu des flammes le nom de Jésus-Christ (1). »

---

1. Samuel Vincent, A. Crottet.

II

1559-1573

Pro Christo et Rege (Sceau de l'assemblée de La Rochelle). — Malgré les persécutions et les lettres expresses du roi à tous les Parlements, la petite communauté protestante de La Rochelle continuait ses progrès. Les premiers magistrats eux-mêmes se tournaient vers la Réforme. Mais le culte se célébrait encore en secret et les actes du Consistoire étaient signés en chiffres.

Après la mort de Henri II (10 juillet 1559), le jeune François II fut entraîné par les Guises dans les mêmes rigueurs contre ceux de la Religion. Pendant qu'ailleurs échouait la tentative d'Amboise (1560) les protestants de La Rochelle furent affermis et consolés par le retour des pasteurs du Synode.

C'étaient les ministres Bruslé et de La Vallée (Folion) qui apportèrent ce Symbole et la discipline ecclésiastique.

Le maire Jean Salbert était bien disposé envers les religionnaires, et les membres du corps de ville donnaient leurs propres maisons pour les assemblées religieuses, tandis que les conversions se multipliaient chez les personnes notables. Les lettres de 1561 du nouveau roi Charles IX, en suspendant les poursuites contre les Réformés, favorisèrent ce mouvement. Le chancelier Michel de l'Hospital, l'apôtre de la tolérance, exerçait sa bienfaisante influence.

Les actes du Consistoire sont tenus avec plus de liberté, Faget et Richier exerçaient toujours le ministère évangélique ; les anciens étaient au nombre de 27, parmi lesquels il faut citer Abel Guiton, parent de ces Guiton qui devaient donner à La Rochelle le maire de 1628 (Callot, p. 81), Jean Guy, dont le père allait occuper la mairie pendant trois années et Jean Pineau, d'une « des plus anciennes et mieux renommées familles de cette ville » qui fut maire, l'année suivante.

Les pasteurs La Vallée et Brulé, venus à La Rochelle sur la fin de 1559, ne craignirent plus de se montrer en public, et « redoublant leurs prédications de la parole de Dieu et de l'Evangile suivant sa pureté, que l'on voyoit affirmer en eux pour leur bonne vie et sainte conservation, attiraient à leur profession de foy et croyance bon nombre des habitans et des familles entières de ladite ville, voire des principaux en crédit et authorité » (1).

Parmi les prosélytes, on remarquait le chevalier Guy Chabot, seigneur de Jarnac, gouverneur et lieutenant du roi aux armées, gouverneur et sénéchal à la justice du gouvernement de La Rochelle. On peut citer aussi le lieutenant-général Jean Pierre. C'est alors que l'exercice public de la Religion

---

1. Amos Barbot, II, 81.

Réformée toléré momentanément par Antoine de Bourbon, fut établi régulièrement.

L'Eglise de La Rochelle envoya sa cotisation au colloque de Poissy ; elle se rattachait ainsi aux autres Eglises de France.

Les assemblées religieuses se tinrent d'abord dans la vaste salle de Saint-Michel (sur l'emplacement même du temple actuel), puis le dimanche suivant (3 mai 1561) dans cette salle et dans le local appelé Gargoulleau, du nom de son propriétaire (hôtel de France actuel).

Les salles particulières se trouvant insuffisantes pour les réunions devenues plus nombreuses, le Consistoire réuni le 11 octobre, obtint du maire Salbert l'autorisation de faire le prêche le lendemain, à midi dans l'église catholique de Saint-Sauveur. L'empressement des fidèles fut si grand qu'une femme faillit être étouffée.

C'était un noble spectacle que de voir le même temple servir alternativement de lieu de prières aux catholiques et aux protestants, aux deux branches séparées de la famille chrétienne.

« Toute sorte d'exercices de la Religion Réformée se faisoient et la messe se disoit sous même couvert et endroits par temps et heures séparés. » (A. Barbot II, 81). Les guerres civiles n'avaient pas encore élevé une sanglante barrière entre les *Parpaillots* et les *Papistes* et la population de La Rochelle offrait un bel exemple de tolérance et de fraternité évangéliques. Bientôt l'église de Saint-Barthélemy elle-même servit régulièrement aux assemblées religieuses des deux cultes. De notre ville, ce bon exemple s'étendit à toute la Saintonge « avec une grande paix et sans qu'ils se mesdisent ni mes fissent les uns des autres ». (T. de Bèze, Ph. Vincent.)

Le 25 octobre 1561, le Consistoire pria les prêtres de Saint-Sauveur de commencer leur messe un peu avant le jour pour la commodité de leurs prêches, ce qui fut accordé, et en revanche les protestants payèrent les chandelles et luminaires qui durent servir aux offices catholiques.

Par l'effet même des principes mis en présence, devant les progrès de la Réforme, les couvents se dépeuplaient. De leur propre mouvement « les religieux et moines de l'ordre des Quatre-Mandians qui étaient dans ladite ville et religieuses des Sœurs blanches (de l'ordre de Prémontré) et Sœurs noires (de Sainte Claire) délaissèrent et abandonnèrent leur couvent et monastère ». Toutefois ces défections dans l'Eglise du passé n'empêchaient pas la bonne harmonie entre le clergé séculier et les ministres de la Réforme, et l'Edit même du 20 novembre, en enlevant aux protestants les églises soumises au *Simultaneum*, ne rompit pas la concorde.

Les Réformés cédèrent sans murmure. « On y obéit à l'instant, dit Ph. Vincent, et fut donné ordre pour prendre acte des ecclésiastiques romains, devant le lieutenant général, qu'il ne leur avoit esté fait aucun excès durant tout le temps qu'on y avoit fait les presches. De plus, on députa les sieurs de Saint-Sauveur et de Launay vers M. de Burie, lieutenant du Roy en la province, pour lui rendre compte de l'obéissance prompte et entière qu'on avoit rendu à la volonté du Roy. »

C'est avec regret que nous quittons l'histoire de cette courte mais intéressante période, où catholiques et protestants étaient arrivés à une tolérance mutuelle. Que de sanglantes leçons ne fallut-il pas pour les y ramener! (Voir le *Credo des chrétiens* par E. Naville.)

Ce fut alors que, pour la première fois, les ministres de l'Eglise Réformée furent appelés à porter les secours de la religion aux condamnés à mort. Bruslé et de la Vallée firent chanter publiquement à cette occasion le psaume de David LI. L'un des patients demanda même un second chant, ce qui lui fut accordé. (A. Barbot.)

Cependant les pasteurs ne tardèrent pas à se trouver insuffisants en face des nombreux prosélytes qui réclamaient leurs instructions. Un des anciens, Pierre Guillemet, sieur de Chaulnes, fut envoyé à Genève pour demander de l'aide. Mais, accablé de requêtes semblables venues de toutes parts, Calvin ne put que répondre : « Envoyez-nous du bois, nous vous enverrons des flèches. » Paroles expressives, par lesquelles le Réformateur indiquait que les églises qui demandaient des pasteurs à Genève devaient au moins lui envoyer des lévites, qu'on appelait des *proposants*.

L'Eglise de La Rochelle demanda alors le pasteur d'Espina (de l'Espine) qui était à Fontenay-le-

Comte et que ses éminents services recommandaient hautement.

La conversion au protestantisme du nouveau ministre s'était accomplie dans des circonstances remarquables. D'abord religieux de l'ordre des Carmes, de l'Espine rencontra plusieurs fois, dans une maison de Château-Gontier, Jean Rabec et prit plaisir à sa conversation. Lorsque celui-ci fut arrêté comme protestant (1er août 1555) et conduit à Angers, le moine le suivit, le visita dans sa prison et, pour l'enlever à ses juges, essaya de le ramener à la foi catholique. Alors Rabec exposa avec calme ses convictions religieuses, et de l'Espine sentit sa propre orthodoxie s'ébranler. Sa foi fut soumise à une plus rude épreuve. Le protestant fut condamné au supplice du feu, le 24 avril 1556 ; il fut brûlé le même jour « chantant le psaume LXXIX, commençant : *Les gens entrés dans ton héritage, ô Dieu*, qu'il continua, quoiqu'il fût haussé et baissé devant le feu et que les entrailles lui sortissent du ventre » (de Bèze, Th. Vincent). Le courage du martyr décida la conversion de l'Espine. Toutefois, il crut pouvoir prêcher suivant sa conscience, sans quitter l'Eglise dont il était l'ornement, ni dépouiller l'habit monastique (comme Savonarole).

Sa chaire fut, comme jadis, entourée d'un concours empressé de fidèles, avides de recueillir sa parole éloquente. Sans doute, quelques attaques contre les indulgences, les pèlerinages, les prières pour les morts, excitaient bien l'étonnement ; mais on pardonnait beaucoup à celui que l'on aimait beaucoup. D'ailleurs, quand il les exhortait à se repentir de leurs péchés et à embrasser la grâce de Dieu par Jésus-Christ, il entraînait ses auditeurs. A la fin pourtant, il devint suspect. Alors, il chercha un asile auprès de Madame Renée de France, qui était protestante, et se déclara ouvertement de la religion de sa protectrice. Il assista comme pasteur au colloque de Poissy.

Son ministère à La Rochelle porta les meilleurs fruits.

Sur ces entrefaites, arriva l'Edit du 17 janvier 1562, qui, favorable aux protestants en France, fut désavantageux à ceux de La Rochelle. Il accordait en effet l'exercice public du culte réformé, mais seulement hors des murs des villes et dans les faubourgs. Or les Rochelais tenaient leurs prêches dans la cité même. Cependant ils se conformèrent aux nouveaux arrêtés et transportèrent leurs exercices à la prée Maubec.

Mais le maire élu, Jean Pineau, sieur des Sibilles, son frère Guillaume, le baron de Jarnac et un grand nombre des membres du corps de ville étaient de la Religion. Aussi, quand les Réformés demandèrent au roi la permission de célébrer de nouveau leur culte à Saint-Michel et à Gargoulleau, le corps de ville et le présidial appuyèrent la requête du Consistoire. On fit valoir que la ville resterait sans défenseurs, tandis que les Religionnaires vaqueraient à leurs devoirs de piété en dehors des murs. Preuve évidente du grand nombre de protestants que contenait La Rochelle (1). Les exercices eurent de nouveau lieu dans l'intérieur de la cité.

Charles Léopard, Ambroise Faget, Richier de l'Isle, André de Mazières transmettaient aux fidèles les leçons mêmes de Calvin, avec une éloquence entraînante.

Le 4 février 1562, un synode provincial se tint à La Rochelle.

Une funeste nouvelle ne tarda pas à se répandre. Le duc de Guise, en massacrant une assemblée de protestants réunis à Vassy, 1er mars 1562, venait d'ouvrir l'ère sanglante des guerres civiles.

Condé et Coligny s'étaient unis pour délivrer le roi et la reine des mains des Guises. Le gentilhomme des Ors fut envoyé à La Rochelle pour faire part de ce dessein au Consistoire. Ce corps députa Thibaut-Guillon à la Cour, pour connaître exactement les faits. Sur les rapports de l'envoyé et d'après une lettre de Condé, on se décida à donner un subside de 800 livres par mois aux chefs de l'entreprise. Lorsque les habitants prirent les armes, les Rochelais doublèrent ce secours pécuniaire, mais ils ne s'associèrent pas directement à la première guerre. Il paraît que cette réserve leur avait été inspirée par le baron de Jarnac, gouverneur de la ville.

Le 30 mai 1562, les protestants, n'ayant pas de lieu de culte assez vaste, se réunirent sur la place au Foin

---

1. T. de Bèze, d'Aubigné, Ph. Vincent, etc.

ou de la Bourserie, préparée pour la circonstance. Tandis que les avenues étaient soigneusement gardées pour prévenir toute surprise, le service religieux fut célébré avec une grande ferveur, et, après la prédication, les pasteurs Richier, La Vallée et Ambroise Faget donnèrent la communion à sept ou huit mille personnes. Le baron de Jarnac, gouverneur de la ville, participa à la Sainte Cène avec cinq cents hommes qu'il commandait.

Edifiés par cette touchante cérémonie, les Réformés pieux et éclairés ne s'attendaient pas à voir la fin d'une aussi belle journée troublée par une sédition.

La populace commença à fermenter « en haine des massacres et mauvais traitements qu'on faisoit ailleurs à ceux de la Religion Réformée ». Vers 4 heures du soir « deux à trois cents artisans et communs du peuple, furent saisis » comme par contagion « de la maladie d'abattre les images, alors quasi universelle », et brisèrent celles des églises Saint-Barthélemy et Saint-Sauveur. (A. Barbot, II. 87, Ph. Vincent.)

Cependant « ce fut une folie conduite avec quelque sagesse, vu que cette action se passa *sans que personne fut blessé ni endommagé.* »

Tout s'accomplit si rapidement qu'on ne put tenter d'arrêter les iconoclastes.

Mais dès le lendemain, à l'instigation de tous les protestants sérieux, le Consistoire alla trouver le baron de Jarnac et protesta, par la bouche du pasteur La Vallée, qu'il était innocent de ces coupables excès. On sait que Théodore de Bèze et tous les docteurs de la Réforme n'ont qu'une voix pour désavouer de semblables violences. (Lettre citée par Arcère.)

Qu'on se rappelle d'ailleurs les paroles d'Agrippa d'Aubigné.

« Toujours y a-t-il une notable différence entre *abbattre des images mortes par zelle de l'honneur de Dieu et destruire cruellement les images de Dieu vivantes pour la haine et l'envie qu'on leur porte.* »

Sur la demande du Consistoire, le 17 juillet suivant, Jarnac accorde aux Réformés les temples de Saint-Barthélemy et de Saint-Sauveur. — Nous devons citer ici quelques faits de discipline intérieure qui se passèrent en cette année 1562.

Le 14 février, un des anciens fut censuré et contraint de faire un acte de pénitence publique pour avoir acheté, dans une vente à la criée, des toiles et épaves provenant d'un navire naufragé. Fait digne d'attention ; car, à cette époque, la législation générale était sur ce point fort imparfaite. Ainsi la discipline protestante se signalait dès le principe par la défense des droits de l'humanité.

Le 25 juin 1562, le prieur de l'Eglise catholique de Lagord se déclara publiquement converti au protestantisme et il se mit à célébrer le service religieux et distribuer la Sainte Cène à ses paroissiens, suivant le rite de l'Eglise Réformée. Le Consistoire de La Rochelle crut prudent de suspendre cet exercice du culte jusqu'à ce que le prieur eût été régulièrement reçu au ministère évangélique, s'il en était jugé digne.

Mais, à la mort d'Antoine de Bourbon, Catherine de Médicis avait renouvelé les rigueurs générales contre les protestants.

Le génie inoffensif et modeste n'était même pas respecté.

Bernard Palissy, connu par la fermeté de ses convictions protestantes, dut quitter Saintes et chercher un asile à La Rochelle. Il prenait simplement le titre *d'ouvrier en terre et inventeur de rustiques figulines*, tandis que, savant distingué, il avait reconnu le premier dans les coquilles fossiles les restes d'êtres organisés déposés par la mer sur des terrains qui en sont maintenant fort éloignés. Mais il trouva à La Rochelle des personnes dignes de l'apprécier dans les médecins Coythar, de Thairé et de Launay, le botaniste Mathurin Motaye, l'helléniste Sponde et le poète Boucher. C'est dans cette ville qu'il publia ses nombreux traités. M. E. Dupuy a consacré à Palissy un livre digne à la fois de l'écrivain, du savant et de l'artiste.

Les Rochelais qui avaient gardé la neutralité reçurent la visite du duc de Montpensier « qui les traita selon les ordonnances du Roi et sa douceur, les remplissant de garnison et d'insolences, et leur ostant la Religion, la liberté et le bien » (D'Aubigné. *Hist. univ.*, III, 144). Les assemblées religieuses des protestants furent de nouveau réduites à se tenir la nuit et secrètement (13 novembre 1562-30 avril 1563).

Les Rochelais regrettèrent alors de ne s'être pas déclarés pour le prince de Condé (1).

Un de ses partisans, le capitaine Chesnet, crut le moment favorable pour tenter un coup de main. Il réunit quelques mécontents, se jette dans une barque et s'introduit secrètement à La Rochelle. Les conjurés parcourent les rues aux cris de *Vive l'Evangile !* Se trouvant bientôt assez nombreux ils s'emparent des portes de la ville et enferment Claude d'Angliers dans la Tour de la Chaîne. Protestant convaincu, il était connu par son amour de l'ordre et sa fidélité au roi. Guillaume Pineau, alors maire, se cacha, et Chesnet demeura maître de la cité. Mais soudain tout change de face, d'Angliers parvient à sortir de prison, réunit quelques amis dévoués, redonne du courage au maire et fait crier aussi à sa troupe : *Vive l'Evangile !* Il profite de l'indécision qui divise alors la population, fait arrêter le chef des rebelles et demeure maître de la place.

Le prêche fut rétabli et se fit publiquement au canton de la Caille, par le pasteur de La Vallée. Mais l'arrivée du lieutenant du roi en Guyenne, M. de Burie, suspendit momentanément l'exercice. Injustement confondu avec les rebelles, le pasteur La Vallée fut même exilé.

Heureusement on ne tarda pas à recevoir la nou-

---

1. A. Barbot, d'Aubigné, Bruneau, Ph. Vincent.

velle d'un édit de tolérance, celui d'Amboise, qui garantissait la liberté de conscience aux protestants, mais ne leur accordait qu'une ville par bailliage pour l'exercice du culte et les contraignait même à ne se réunir que dans les faubourgs (Sismondi, Michelet, Guizot). Cet édit ne satisfit qu'à demi les protestants de France, forcés souvent de faire 15 ou 20 lieues pour se rendre au prêche. Mais, à La Rochelle, on s'empressa de profiter du rétablissement du culte : les assemblées hors ville se tinrent à la Prée de Maubec.

Pendant deux mois, l'exercice fut ainsi célébré. Puis, par les mêmes motifs de sûreté publique qu'ils avaient invoqués l'année précédente, les Rochelais demandèrent au roi l'autorisation de célébrer de nouveau le culte dans l'intérieur de la ville « à laquelle inclinant, il leur octroïa lettres, en vertu desquelles on rentra en ville le 8 juin et fut prêché comme devant aux salles de Saint-Michel et Gargoulleau. Cet établissement de l'authorité du Roy est d'autant plus à observer que l'estat de l'Eglise ayant esté jusque-là vacillant et exposé à diverses interruptions, du depuis il se vit affermi ». (Ph. Vincent.)

Ce fut à cette époque que, en vue de fixer d'une manière précise l'heure des assemblées, on décida qu'une cloche appellerait les fidèles au prêche (9 juin 1563).

L'Eglise songea dès lors à se pourvoir de nouveaux pasteurs. La Vallée fut rappelé. On lui adjoignit Noël Maignault (Magnen), « homme de sens et d'expérience » (de Bèze, V), et François Odet de Nord, le plus fameux des ministres de La Rochelle à cette époque.

Le père du jeune François était catholique ardent. Il fut scandalisé en voyant son fils embrasser *l'hérésie*. Mais de Nord, affermi dans ses nouvelles croyances, se consacra au pastorat. Reçu ministre, il fut envoyé à Toulouse par le Synode de Sainte-Foy (1561). Engagé dans la défaite du marquis de Duras, blessé à la tête et dépouillé, il fut amené captif à La Rochelle, lors de l'arrivée du duc de Montpensier. Grâce à Dieu, le pauvre pasteur fut logé chez un médecin nommé de Launay, dont la femme était de la religion. Il s'en aperçut et se confia à elle. Cette femme usa d'un subterfuge pour le sauver. A force de se plaindre à son mari de l'embarras que causait le pansement du blessé, elle obtint sa liberté moyennant une faible rançon. Les protestants firent passer alors le ministre à Nieul, bourg voisin de La Rochelle. Là, il fit quelque temps des prédications en particulier, puis il parut en public. De Nieul, il fut appelé à La Rochelle (Ph. Vincent) (1).

---

1. *Noms des Gentilshommes de la Religion, du gouvernement de La Rochelle, issus de la maison de ville*

MM. de Cheusse Henry, de Mirande, 4 frères ; Sarrault, Guibert 3 frères ; d'Aytré Guillemin ; de Villedoux, Guillaudeau ; des Grollières, Bernon ; Huet, oncle et neveu ; Mignonneau, Pineau, Berandy, Monjon, Scacher (de la maison de ville de Niort) ; de Mozé Gilliers (de la maison de ville de Poitiers, dès la naissance des privilèges) ; de Cra-

Les témoignages les plus honorables abondent sur son ministère. Jean Vincent, père de l'auteur des *Recherches*, écrivait à un ami : « Je l'estime le premier ecclésiastique du monde ; son zèle, son sçavoir, son éloquence m'ont ravi en admiration et ont allumé en mon cœur l'amour, le respect dus à ses vertus.

---

mahé Chastaigniers, 4 frères, de la Bouchardière, Baudoin ; de la Cave, Voutron et du Passage, Nicolas, 2 frères ; du Jau ; de Lossandière, Dumontis (de la maison de ville de de Xaintes) ; de Périgné, Le Goux, 2 frères ; de Beauséjour ; Le Goux ; de la Noüe, Baudoin ; de La Font ; (Genty) Chollet, Journault.

Une note de la main d'Arcère ajoute à cette liste des familles rochelaises qui existaient à La Rochelle avant la réduction de la ville, Viette, dont l'un des aïeux était échevin lors du siège, Pineau, ancien maire de La Rochelle au XVIe siècle ; Nicolas, maire vers le milieu du XVIe siècle ; Bernon, il y a eu un maire de ce nom, les Bernon sont très anciens, je les trouve au siège de la ville par le duc d'Anjou ; Huet, commentateur de notre coutume, anoblis en 1658 ; Guiton n'a pu descendre du maire, mais d'un de ses frères nommé Jacques ; Bonaud de Groleau, emploi à l'hôtel des Monnaies depuis deux cents ans ; Bouguereau essayeur à la Monnaie. Je trouve le nom avant le siège de 1628. L'émigration qui se fit après la révocation de l'édit de Nantes occasionna la retraite des plus anciennes et des meilleures familles de cette ville (346-3483). Cette note est fort incomplète. Voir la France protestante et les anciens registres des notaires et de l'Eglise réformée, ainsi que les familles de Jourdan et l'armorial d'Arcère. Les 31 écussons de membres du corps de ville, dans la salle des échevins, se rapportent à Girard, Mérichon, Furgon, Sarragan, Sauvignon, Thévenin, Blandin, Vacher, Berendy, Pineau, Rochelle, Guillemin, Loupsault, Poussart, Millaus, Doriole, Bureau, Langlois, Guy, Seguin Gentilz, Mercier, Salbert, Guiton, Mignonneau, Gendrault, Perlé, Haraneder, Berne, Barbot, Yvon de Laleu, Malartic, Huet, de Pont des Granges, Foulques Roulin, Bernon.

Vous ajouterai-je qu'ils ont excité aussi en moi un peu d'ambition, qui m'a poussé, contre mon naturel, à rechercher les moyens d'approcher de cette belle lumière et toucher au moins le bord de la robe de ce grand homme. »

Pendant que l'Eglise était ainsi munie d'excellents ministres, la discipline fut rigoureusement maintenue.

La censure du Consistoire réprimait les délits que la loi civile ne pouvait atteindre.

C'est ainsi qu'un des notables marchands, ayant spéculé sur les blés pendant une année de cherté, fut condamné à faire reconnaissance publique et obligé de donner aux pauvres le gain qu'il pouvait avoir fait.

Il est d'ailleurs à remarquer qu'inflexible pour tous, la discipline était appliquée aussi bien aux princes qu'aux plus humbles membres du troupeau.

La peste fit en 1564 de terribles ravages en cette ville. Hugues Pontard, procureur du Roi, en mourut. Son corps fut porté par les diacres. Ce fut la première fois que l'on fit en public les funérailles des protestants.

Il convient de rapporter à la même époque diverses inscriptions, recueillies à La Rochelle et dans les environs. Le plafond du porche d'une maison de la Renaissance, sise rue du Minage, n° 6 (aujourd'hui au Musée), est décoré des devises morales suivantes :

> A l'indigent soit ta maison
> Un refuge en toute saison.

De Dieu révère la loi.

Ostez la mangeaille
A qui ne travaille.

Endurer et ne s'ozer plaindre
Est servitude bien à craindre.

Le sage est contraint d'endurer
La chose qu'il ne peult changer.

Vaincre le mal en bien faisant
Est à notre Dieu fort plaisant.

A parler tardif
A ouir hâtif.

Tempérance en jeunesse
Donne joye en vieillesse.

[Professe] la vérité
[Sans craindre] l'adversité.

Mieux vault avoir sagesse
Que posséder richesse.

Vérité de toi ysse
Faisant à tous justice.

Mieux vault estre
Que paroistre.

Souvent ces inscriptions font allusion à la vie future.

Une porte d'une architecture élégante construite à Marsilly, en 1566, (1), est dédiée « SOLI DEO ».

---

1. Réédifiée à Lafond, maison de M. Roland, ainsi que la

Au-dessous se lit le quatrain suivant :

> Ici bas n'avons un
> Manoir éternel ;
> Mais en cherchons
> Un toutperpétuel.

---

cheminée de la Renaissance figurant le Christ et la Samaritaine.

Prouerbes XVI chapitre. verset I et II

LES. PRÉPARATIONS. DV. CŒVR. SONT. A. L'HOME.
MAIS. LE. PROPOS. DE. L'HOMME. EST. DE. PAR. L'ETERNEL.
CHASCVNE. VOYE. DE. L'HOMME. LVY. SEMBLE. NETTE.
MAIS. L'ETERNEL. PESE. LES. ESPRITS.
REMETZ. TES. AFFAIRES. A. L'ETERNEL. ET. TES.
PENSÉES. SERONT. AGENCÉES. COMME. IL. FAUT.

(Au centre de deux branches de chêne entrelacées)

Le texte est gravé en lettres d'or sur une plaque ovale de marbre noir. La version de Genève, Samuel et Henry des Marets, Elzevier 1669 remplace à la 3e ligne *l'homme* par *la langue* et à la 4e *chascune voye* par *chascune des voyes*. Moïse Beraud, fils de François et de Aimée de la Saussaie, né à Montbéliard ou Lausanne vers 1555, épousa à La Rochelle vers 1587 Anne Viole, l'un des régents du collège de La Rochelle, décédé à La Rochelle en 1596 (diaire du pasteur Jacques Merlin, arch. hist. de Saint. et d'Aunis, t. V, p. 369) appartient à la famille de M. A. Beraud, conservateur des hypothèques à La Rochelle. A. Nieul sur mer : QVICONQVE ESPÈRE AV DIEV VIVANT JAMAIS NE PÉRIRA. 1636-M. B.

Dans la salle au premier de la maison, 6, rue du Minage, reproduite dans une eau-forte de O. de Rochebrune, on lisait sur la maîtresse poutre :

CVPIDITÉ. EST. RACINE. DE. TOVS. MAVLX. LAQVELLE. CEVLX. QVI. L'ONT. APETÉE. ONT. ERRÉ. EN. LA. FOY. ET. SE. SONT. IMPVGNEZ. A. BEAVCOVP. DE. DOVLEVRS. PAR. QVOY. TOY. HOMME. FVY. LA. ET. ENSVY. PLVS. TOST. IVSTICE. PIETE. FOY. CHARITÉ. PACIENCE. ET. MENSVETVDE. PAVL. A. THIMOTÉE. VI. v. 10. 11.

Un dernier cartouche contient un dizain (Héb. XIII, 14) :

> Bien assis suis et en beau lieu,
> Mais quoy, passans, ne suis-je lieu
> Passant, subjet à feu, vent et tonnerre,
>
> Tombant enfin en ruine et par terre,
> Par quoi donc se fault bien donner garde
> De mettre tant son cœur et affection
> Es logis qui ne sont de grand'garde
>
> Laissant arrière la céleste maison.
> Qui lassus est, au haut ciel éternelle
> Toujours durant, aussi perpétuelle.

Quelques textes bibliques sont en latin, dans la maison de M. Cherbonneau, à Marsilly.

On trouve les versets :

Apocalypse, II, 10. — Ephésiens, II, 8 et 9. Ephésiens, IV, 25. — Psaume XXVII, 14.

C'est en 1566 qu'eût lieu le voyage de Charles IX à La Rochelle. Pour prix du dévouement et des présents des Rochelais, il trouva le secret de les froisser à la fois dans leurs libertés communales et leurs convictions religieuses.

Cependant l'Evangile était toujours prêché librement dans les salles ordinaires des assemblées religieuses.

La seconde guerre civile éclata en 1567.

Le bruit courait que le roi d'Espagne, le duc d'Albe, la Reine mère et les Guise voulaient exterminer tous ceux de la Religion.

Les Rochelais n'hésitèrent plus à abandonner leur neutralité pour embrasser le parti du prince de Condé.

D'après le journal de Pacqueteau, cité par Vincent, le 9 janvier 1568, pendant les troubles et guerres civiles, le maire François Pontard (1), sieur du Treuil Charais, ayant fait enlever et briser les images des églises, y établit le prêche. Peu après le sieur de Sainte-Hermine, gouverneur au nom du prince de Condé, fit abattre les maisons et les églises qui pouvaient gêner la défense de la place. « Tous grands et petits, hommes et femmes travaillaient aux fortifications. »

Le culte protestant fut de nouveau célébré dans les salles de Saint-Michel, de Gargoulleau et de plus au Collège (27 mars).

Le 8 avril 1568, la nouvelle de la paix de Longjumeau arrivait à La Rochelle ; mais cette paix devait être de courte durée. Les hostilités générales se rallumèrent.

C'est à partir de ce moment que La Rochelle devint le boulevard du protestantisme.

Coligny et La Rochefoucauld se présentèrent devant la ville (11 septembre) et conclurent au nom du Prince de Condé un traité avec les habitants, stipu-

---

1. Pontard fit construire l'hôtel de la Renaissance, rue des Augustins, vraisemblablement par les soins de Léonard de la Préau. Aujourd'hui cet hôtel, restauré sous la mairie d'Alcide d'Orbigny, est classé comme monument historique.

lant que la Religion protestante serait la seule que l'on professerait dans La Rochelle et que les privilèges de la commune seraient garantis. Condé arriva le 19 avec sa famille. Il cherchait un asile contre les persécutions de la Cour. Peu de jours après, Jeanne d'Albret, reine de Navarre, venait à son tour avec son fils Henri.

Cependant l'Edit de Saint-Germain en Laye (1570) suspendit les guerres civiles. La paix fut publiée en grande pompe dans notre ville, le 26 août. Le ministre de Nord rendit de solennelles actions de grâces à Dieu, et tout le peuple s'y joignit par le chant de psaumes.

Le 1er janvier 1571, les commissaires royaux de Cossé et Dupin arrivèrent à La Rochelle, et, en leur présence, les notables catholiques et protestants jurèrent au nom de leurs co-religionnaires de vivre dorénavant en bonne intelligence.

Sur ces entrefaites, le septième Synode national des Eglises Réformées de France se tint à la Rochelle, avec l'autorisation du roi et par l'influence des chefs du protestantisme réunis alors dans cette ville. Théodore de Bèze vint de Genève pour présider l'assemblée.

Après un examen attentif, la confession de foi de 1559 fut revue et confirmée ; c'est le célèbre symbole qui porte encore aujourd'hui le nom de *confession de La Rochelle*. Tous les seigneurs présents le signèrent solennellement. On vit les noms de Jeanne d'Albret, d'Henri de Navarre, de Condé, de Coligny, de Louis de Nassau, à côté de ceux des pasteurs et des anciens qui représentaient les diverses provinces.

Le Synode approuva également la discipline et décida que les ministres de Saules, de Chandieu, de Lestre, des Bordes, Holbrac, de L'Espine, Daneau, Daniel Toussaint, de Changy, de Villiers et Merlin seraient chargés de répondre aux attaques des théologiens catholiques.

« Il ne fut pas seulement traité de la doctrine et discipline de l'Eglise, mais la Reine de Navarre, les Princes et Seigneurs y assistant, il fut semblablement advisé aux moyens du rétablissement des Eglises pour destourner les persécutions auxquelles on les portait (1) contre la teneur du susdit Edit de paix. »

Coligny, Condé et Jeanne d'Albret se servirent aussi de leur influence pour favoriser le développement des lettres. La Reine de Navarre avait déjà fondé le collège d'Orthez ; elle appela Pierre Viret comme directeur des études.

De 1566 à 1571, sous la mairie d'Amateur Blandin, un collège fut bâti sur un emplacement que les Cordeliers avaient cédé, et les armes de ses fondateurs furent sculptées sur le fronton.

La Reine de Navarre fit ensuite « rechercher entre ceux de la religion les plus doctes du royaume pour les employer à l'instruction de la jeunesse ».

Pierre *Faber* (Lefebvre, Fabre ou Faur) eut la direction du collège. Né en Auvergne, et disciple du

---

1. A. Barbot.

savant Turnèbe, il est connu par son *Commentaire sur les Académiques de Cicéron*, imprimé à Paris en 1611 et réimprimé en 1725, dans l'excellente édition de Davis, à Cambridge, Colomiès nous apprend dans sa *Gallia Orientalis*, que *Faber* mourut vers 1625, âgé de quatre-vingts ans.

Nicolas de Grouchy (*Gringius*) « d'une érudition étendue et variée », dit Arcère, « grand orateur et grand philosophe », fut chargé de l'enseignement du grec. Enfin François Bérault occupa la chaire d'hébreu, il avait déjà donné, comme principal à Montargis, des preuves de savoir dans cette étude éminemment protestante.

De Grouchy mourut peu de jours après son arrivée. Il fut dignement remplacé par un disciple de Ramus, Pierre Martinez de Morantin (*Martinius*), auquel on doit une grammaire hébraïque et une grammaire chaldaïque, qui se « fait distinguer encore, selon l'oratorien déjà cité, par la beauté des caractères » et qui sortit des presses de Jérôme Haultin, « émule des Etienne et des Morel ».

Ces divers faits sont un « témoignage très évident de la piété et de la vertu de la princesse Jeanne d'Albret et encore de l'affection qu'elle portoit à cette ville, y arrestant à ses gages et entretien de si grands hommes pour y former une pépinière à la gloire de Dieu et au maintien et salut de son Eglise et de laditte ville (1) ».

---

1. A. Barbot.

Le libre développement de la Réforme dura peu. Tenus en défiance par les préparatifs qui se faisaient à leurs portes, sous prétexte d'une expédition à la Floride, les Rochelais écrivirent à Coligny « de se garantir et prendre garde à lui et au général des Eglises sans se laisser par trop persuader aux piperies et légères promesses de la cour ».

Les massacreurs de la Saint-Barthélemy (24 août 1572) les trouvèrent donc sur leurs gardes, et aux premières nouvelles, ils se préparèrent à défendre courageusement leur vie et leur religion.

Nous ne rappellerons pas les détails si connus du siège de 1573, le courage des *enfants perdus*, le rôle loyal de La Noue, la fermeté des maires Jacques Henri et Morisson ; enfin la valeur des Rochelaises, qui, du haut des remparts, versaient des chaudrons de poix bouillante sur les assaillants. Le duc d'Anjou fut heureux de trouver dans son avènement au trône de Pologne un prétexte pour lever le siège.

Charles IX signa l'édit de pacification. Les Rochelais venaient de conquérir, à force d'héroïsme, la liberté de conscience pour tous leurs coreligionnaires de France. C'était un des édits les plus favorables qu'eussent encore obtenu les Réformés ; un an à peine après la Saint-Barthélemy, les braves bourgeois de La Rochelle rétablissaient leur religion qu'on avait cru étouffer dans le sang.

Les bénéfices des anciens édits furent confirmés et étendus, lorsque Henri IV accorda à ses anciens coreligionnaires le fameux Edit de Nantes (1598).

Sous le règne de ce prince, La Rochelle compta six pasteurs ; toutes les paroisses de l'Aunis avaient leur temple et leur ministre.

Après les agitations des guerres civiles, commence pour La Rochelle une ère de prospérité. Les études y sont florissantes, l'activité intellectuelle qui y règne, jointe aux développements imprimés au commerce et à l'industrie, lui mérite le nom d'*Amsterdam française*.

Mais l'âge de la tolérance religieuse n'était pas venu, et de terribles revers allaient succéder à la tranquillité de quelques années.

Les horreurs du siège de 1628, les persécutions qui commencèrent dès qu'on ne craignit plus les protestants, la Révocation de l'Edit de Nantes et les émigrations en masse qui la suivirent, vinrent frapper l'Eglise Réformée, et du même coup la richesse et le commerce de La Rochelle.

« Les conséquences de la révocation de l'édit d'Henri IV n'ont pas été autant déplorables pour les proscrits que pour les proscripteurs. Ce sera l'honneur du protestantisme français que d'avoir résisté sans fléchir pendant plus d'un siècle, non seulement au sabre des dragons et aux supplices infamans, mais encore à une législation qui le mettait hors la loi en lui fermant aussi bien le foyer de la famille que le foyer religieux. L'exil avait enlevé de France la majeure partie des populations réformées, qui avaient porté en Allemagne, en Angleterre et jusqu'en Amérique leurs laborieuses habitudes. La

France ne fut pas seulement privée d'industries lucratives, sa classe moyenne perdit à cette proscription l'un de ses éléments les plus précieux et les plus libéraux, et l'on s'en aperçut lors de la grande révolution. Celle-ci eut beau rendre tous les droits aux protestants, ils n'étaient plus qu'une infime minorité. La réforme française n'en avait pas moins conservé à travers tous ces orages ses institutions primitives, qui ravies par Napoléon Ier, viennent de lui être rendues par le Président de la République et se résument dans le système synodal, une des créations les plus admirables de l'esprit de gouvernement uni à l'esprit de liberté (1) (1872).

---

1. E. de Pressensé, membre de l'Assemblée nationale, sénateur, membre de l'Institut, ✱.

D'après le *Dictionnaire historique et critique* de Jaques Georges de Chaufepié, t. III, p. 9, note, le professeur d'Heidelberg, Jean-Louis Fabricius dans sa διαλεξις, reproduite par Le Clerc (Bibl. choisie, II, p. 236-237), analyse une *comédie muette* représentée en présence de Charles-Quint, à Augsbourg. Un homme en habit de docteur jeta au milieu d'un foyer une grande quantité de petit bois, droit et courbe, et comme il se retirait, on lut sur son dos le nom de *Reuchlin*. Un second docteur entra et essaya vainement d'égaliser le bois tortu et le droit, pour en faire des fagots, et laissa lire, en s'en allant, le nom d'*Érasme*. Un moine augustin lui succéda qui avec un réchaud alluma tout le bois, et en partant fit voir le nom de *Luther*. L'empereur lui succéda et en voyant le bois tordu enflammé, essaya de l'éteindre avec son épée et ne fit qu'augmenter la flamme. Son nom était *Charles-Quint*. Survint un cinquième personnage portant une triple couronne qui parut surpris de voir brûler ce bois tordu, et en cherchant de l'eau pour éteindre le feu, il prit une bouteille d'huile et activa la flamme au lieu de l'éteindre. Il fut contraint de se retirer et on lut alors sur son dos le nom de *Léon X*.

M. C. de Villiers a bien voulu nous adresser la liste des Français réfugiés après la Révocation de l'Édit de Nantes au Cap de Bonne-Espérance.

FRANSCHE VLUCHTELINGEN (Réfugiés Français)

89 Pierre Simond, predikant (Pasteur) (1690).
90 Guillaume du Toit (1687).
91 Dominique de Chavonnes (1688).
92 Jacques de Savoye (1689).
93 Pierre de Villiers (1690).
94 Elizabeth Taillefer (1720).
95 Jacob de Villiers (1715).
96 Abraham de Villiers (1702).
97 Durand Sollier (1715).
98 François du Toit (1691).

Sur le monument qui va être érigé à Genève et dont la première pierre a été posée le 10 juillet 1909, à droite et à gauche des statues des Réformateurs : Calvin, de Bèze, Knox et Farel, figureront l'amiral de Coligny, Guillaume le Taciturne, Frédéric-Guillaume de Brandebourg le grand électeur, Roger Williams, Américain, Olivier Cromwell et Etienne Bosckay, prince de Transylvanie, soit trois Français sur dix, et l'œuvre du Français Calvin s'est étendue sur la France, la Hollande, l'Ecosse, la Hongrie, les Etats-Unis, l'Angleterre. Trois millions de Hongrois avaient envoyé cent délégués à Genève. Architectes : MM. Monod, Laverrière, Tailleur et Dubois, de Lausanne. Sculpteurs : MM. Landowski et Bouchard, de Paris.

M. Gabriel Monod a écrit dans la *Revue historique* un éloquent parallèle entre Luther, Calvin et Ignace de Loyola et leurs institutions académiques à travers le monde et les siècles.

Dans ses chants et chansons populaires de l'Ouest (Clouzot, 1866), Jérôme Bujeaud a publié avec la musique deux chants historiques *La Fille de la Religion*, *L'Huguenote de Jean Chauvineau* et la *Réponse de Jean Chauvineau*.

M. Henri-Léonard Bordier a publié en 1869 son *Chansonnier huguenot du XVIe siècle* (1871, 1 vol. in-16, Tross.)

99 Hercule Desprez (1691).
100 Pierre Rousseau (1694).
101 Pierre Meyer (1694).
102 Willem Niel (1694).
103 André Gauch (1694).
104 David Senecal (1695).
105 Salomon de Gournay (1695).
106 Gabriel Le Roux (1695).
107 Jacques Thérond (1699).
108 Pierre Barillé (1699).
109 Pierre Benezet (1700).
110 Pierre Joubert (1700).
111 Jean Durand (1701).
112 Estienne Niel (1702).
113 Paul Couvret (1708).
114 Estienne Cronie (Cronje) (1702).
115 Esaie Costeux (1702).
116 Paul Lefebure (1702).
117 Jean Gardé (1702).
118 Gilles Sollier (1702).
119 Susanne Briet (V. Isaac Taillefer) (1705).
120 Abraham Vivier (1705).
121 Jean Mortier (1705).
122 Jacques Malan (1726).
123 Pierre Cronie (Cronje) (1707).
124 François Retif (1706).
125 Daniel Hugot (1708).
126 Pierre Jourdan (1708).
127 Estienne Viret (1708).
128 Claude Marais (1708).
129 Estienne Bruere (1708.)
130 Paul Roux (1711).
131 Pierre Vivier (1712).
132 Jaque Pinard (1713).
133 Anne de Ruelle (V Charles Marais (1713).
134 Jean de Bus (Büys) (1718).
135 Anthony Faure (1716).
136 Cecilia Datys V^{re} Hercules Desprez (1696).
137 Jean le Roux (de Normandie) (1704).
138 Jacob Bisseux (1700).
139 Jacob Naudé (1720).
140 Pierre Taillefer (1720).
(*Signé* : Van de Sandt de Villiers et C° Steendrukkers, Kaapstad.)

Le 5 janvier, 1909, M. le professeur Ch. Lasne, Paarl, colonie du Cap de Bonne-Espérance, a bien voulu nous adresser, avec d'intéressantes photographies prises par lui-même dans les mines d'or du Rand (Johannesburg), la notice suivante du récit du départ des trois frères de Villiers, de La Rochelle, en 1685, tel qu'il lui a été raconté par un des descendants de ces frères, Sir Henry de Villiers, Premier Président de la Cour Suprême du Cap de Bonne-Espérance, Président du Conseil Législatif et Président de l'Assemblée fédérative pour l'Unité des Etats du Sud de l'Afrique « très haut personnage, très simple et très bon, ayant bien l'allure et la physionomie d'un magistrat français » :

« Lorsque après la Révocation de l'Edit de Nantes, les protestants, n'ayant pas voulu abjurer leur foi, apprirent que les troupes royales marchaient sur La Rochelle, le père et la mère des frères de Villiers, trop vieux pour partir, réunirent leurs enfants, et dans une scène qui rappelle la *Judith Renaudin* de Pierre Loti, ils se dirent adieu et Abraham, Pierre et Jacob, ainsi que le quatrième frère le plus jeune, *boiteux*, se déguisèrent en paysans et gagnèrent la Hollande, d'où ils prirent passage sur un bateau en partance pour le Cap, à l'exception du quatrième, qui revint à La Rochelle ne pouvant marcher. Les trois autres emportèrent de Hollande, du blé, des plants de vignes et vinrent se fixer à Fransche Hoek (*le coin français*) et se marièrent. Aujourd'hui, c'est par milliers que les de Villiers sont répandus dans toute l'Afrique Australe. »

On trouve dans la matricule des maires de La Rochelle Fremin de Villiers, maire en 1335, en 1339, en 1348, en 1354 portant *d'azur à l'agneau pascal d'or sur un tertre de sinople avec une bande d'argent en chef* (1).

---

1. Jehan Mérichon. *La Paterne* (1199-1468), inédit.
Amos Barbot. *Histoire de la Rochelle* (1199-1574), publiée par Denys d'Aussy dans les Archives historiques de la Saintonge et de l'Aunis (1886-1890).

Baudoin (1199-1589), copie Jaillot, inédit.

Jacques Merlin, pasteur (15 février 1566, — 27 juillet 1620), *diaire* autobiographique, publié par le pasteur Crottet, d'après l'autographe, en 1855. — *Grand diaire* (1589 à 1597, 1607 à 1620), publié dans les archives historiques de la Saintonge et de l'Aunis, tome V, par MM. de Richemond et Ch. Dangibeaud.

Michel Pacqueteau, continué par son fils et utilisé par Philippe Vincent (inédit) et par de Richemond (1859, 1872, 1910.)

Jean Bergier, *diaire* (1592-1596), inédit.

Pierre Sanceau, *papier mémorial* (1592-1599), inédit.

Raphaël Colin (1560-1643), copie Jaillot, inédit, « le plus passionné et le plus partial de nos chroniqueurs », a pu dire L. Delayant.

Pierre Guillaudeau, *livre de raison* (1598-1637 et (1606-1632), inédit, utilisé par P. S. Callot, Jourdan, etc.

Pierre Mervault (1199 à 1626), inédit.

Joseph Guillaudeau, sieur de Beaupréau (1571-1645), avocat au Présidial, *diaire* publié par de Richemond, d'après le manuscrit de la bibliothèque Marsh, de Dublin, dans les Archives historiques de Saintonge et d'Aunis.

Un certain nombre de catalogues annotés des maires de La Rochelle et même de journaux des sièges que connaissait Mervault ne sont pas parvenus jusqu'à nous ou seront peut-être retrouvés, quelque jour.

NOTES ET PIÈCES JUSTIFICATIVES

I

Sentence prononcée par le Présidial contre trois propagateurs de la religion réformée. — 1552

« Entre le Procureur du Roy, demandeur en crime d'hérésie, erreurs et fausses doctrines et dogmatisations contre l'honneur de Dieu et de la Sainte-Vierge et Religion chrétienne et les coutumes de notre mère Sainte-Eglise, transgression des édits et ordonnances roiaux, crime de sédition et perturbation du repos public, contre Mathias Courault dit Gaston des Champs, Pierre Constantin dit Castin et Lucas Manjeau (1), prisonniers ès prisons de la Cour de céans.

« Veu les charges et informations faites contre les susdits, respectivement le procès criminel par nous fait à l'encontre d'eux, les conclusions du procureur du Roy, le tout considéré, le nom de Dieu premier appelé, et sur ce, l'avis du Conseil, et, après avoir fait venir lesdits prisonniers et iceux avoir amplement interrogé, et que ledit Courault a persisté et persévéré en la plus part des propositions hérétiques, schismatiques, erronnées, scandaleuses et pleines de blasphêmes, desquelles il est chargé par ledit procès et que lesdits Constantin et Monjault (alias Manceau) n'y ont voulu persévérer ; avons lesdits Courault et Constantin déclaré et déclarons atteints et convaincus des cas à eux mis sus, et d'estre séditieux schismatiques et perturbateurs de notre

---

1. Imprimé Monseau.

religion chrétienne et du repos public, aiant souvent dit et proféré propositions en public et icelles disputées contre le Saint-Sacrement de pénitence et confession et contre l'honneur de la sacrée Vierge Marie et des Saints et Saintes, contre l'authorité et dignité de notre Sainte Eglise et de ses ministres, et outre ledit Courault d'avoir dogmatisé et fait lecture envers les comunes (alias entre le comun populaire), et persévéré es dittes erreurs et le dit Lucas (Manjeau) d'avoir souventes fois en public parlé dédaigneusement et irréverament de la très sacrée Vierge Marie et des Saints et Saintes et contre les constitutions ecclésiastiques et solemnisation des festes, commandées par notre mère Sainte Eglise et contre le libéral arbitre et en ce faisant, d'avoir aussi troublé le repos et tranquillité des fidèles, avec lesquels ils conversoient, aux (alias pour) réparations desquels outrages résultans dudit procès criminel, procédans au jugement définitif en dernier ressort selon l'Edit donné à Châteaubrians le 27 juillet 1551, signé par le roy, du Tillet et publié en cour le tiers jour de septembre en suivant, avons les dits Mathias Courault, Pierre Constantin et Lucas Monsault, condamné et condamnons à faire amande honorable en chemise, teste et pieds nuds, la corde au col, tenants chacun d'eux un flambeau de cire ardent du poids d'une livre et le dit Monsault un fagot de bois sur le dos, le tout sur un échaffaut, les dits Courault et Constantin seront menés et trainés snr une clie depuis les prisons du Roy, en chemise, pieds et teste nue, la corde au col et le dit Monsault les suivant à pied, aussi en chemise, pieds et teste nue, la corde au col et un fagot sur le dos, sur lequel dit échaffaut, ils demeureront à genoux durant une grande messe, qui sera dite et célébrée en la ditte église ; laquelle ditte, ledit Courault et consorts requéreront à haute voix par leur bouche — pardon à Dieu et à la très sacrée Vierge Marie et aux Saints et Saintes — au Roy, et à la justice des propositions erronnées, hérétiques et schismatiques et des blasphêmes par eux dits et proférés respectivement contre l'honneur de Dieu, les saints sacrements, l'honneur de la ditte sacrée Vierge Marie et contre les constitutions de l'Eglise,— confessants par ce moien avoir troublé le repos public des fidèles, exhortant nostre révérend père en Dieu l'évêque de Sainctes d'assigner une procession générale des paroisses de cette ville pour assister à la ditte grande messe et à l'issue faire dire une prédication et sermon selon l'exigence du cas, et après laditte amende honorable, avons condamné le dit Courault à avoir la langue coupée en manière qu'il ne puisse plus parler; et ce fait, estre tous trois ramenés en l'estat et ordre susdit, sauf qu'ils n'auront plus les dits flambeaux ès prisons du château de cette ville, en laquelle avons condamné et condamnons le dit Courault à estre brûlé tout vif en un grand feu qui sera fait et dressé en la ditte place, et le dit Constantin à estre étranglé, et ce fait, brûlé en un autre feu en la ditte place et le dit Monsault assister aux deux exécutions toujours en chemise, pieds et teste nûe, la corde au col et le dit fagot sur le dos sur un autre échaffaut, qui pour cet effet, sera dressé en la ditte place, et la ditte exécution faitte estre fustigé de verges par l'exécuteur de la haute justice à l'entour des deux feux jusque à y rendre effusion de sang, et ce fait, l'avons banni et bannissons à perpétuité de cette ville et gouvernement d'icelle, lui avons fait et faisons inhibition et deffenses de ne plus user de propos scandaleux, erronés, hérétiques et schismatiques ; ains nous luy avons enjoint et enjoignons de vivre en se conformant en la vraie et comune doctrine de notre mère Sainte Eglise, sans ancunement y déroger à peine d'estre brûlé tout vif, les sus dits condamnés aux frais et mises selon la taxe, qui en sera faite par nous, lesquels seront les premiers paiés sur leurs biens et le reste des biens des dits criminels Courault et Constantin, si aucuns sont, déclarés acquis et confisqués au Roy; et en outre avons condamné le dit Monsault à deux cents livres d'amande envers le Roy et à entretenir prison jusque à plein paiement. Enjoignons et comandons de par le Roy à toute sorte de gens de quelque qualité et condition qu'ils soient de venir dénoncer et révéler tous ceux et celles qu'ils sçauroint estre mal sentans de notre sainte foy et font profession de doctrines scandaleuses hérétiques ou schismatiques, et ce, à peine d'estre déclarés leurs fauteurs et recéleurs et comme tels punis selon la rigueur des édits et ordonnances royaux. Fait et donné par nous *Claude d'Angliers*, écuier, conseiller du Roy et lieutenant général à La Rochelle, le mardi dixième jour de may, l'an mil cinq cent cinquante deux.

« Signé : D'Angliers, Amateur Blandin, Michel de Cherbaye, Vermaux, Achard, Perpault, Boucher, Chommer, Brichet et Gauvin. — Ainsi signé, Le Roux, commis du greffier, prononcé en la cour du gouvernement de la ville de La Rochelle en présence des avocats et procureurs du Roy les dits criminels envoiés quérir pour cet effet par nous le dit D'Angliers, le dit jour et an, et le même jour la présente signée, a esté exécutée. — Signé : Le Roux, commis greffier. »

Philippe Vincent ajoute à la suite de cet arrêt, les réflexions suivantes :

« Si leurs interrogatoires et les réponses qu'ils y firent et
« les autres pièces de leur procès fussent parvenues jusqu'à
« nous, nous y verrions plus particulièrement leur créance.
« Mais au fond la teneur de cette sentence la donne assés à
« connoistre. Ils avoient parlé contre les festes, la confession
« auriculaire, le franc arbitre, l'authorité que les ministres
« de l'Eglise romaine s'attribuent.

« Si l'on dit qu'ils avoient parlé irrévéramant de la Sainte
« Vierge, c'est à dire qu'ils avoient dit qu'il ne la faut pas
« invoquer, mais invoquer un seul Dieu ; de plus qu'on ne
« la doit pas tenir pour notre avocate, mais recourir à l'in-
« tercession de Jésus-Christ. Car c'est ce que l'Eglise ro-
« maine appelle d'ordinaire parler d'elle irrévéramant.

« C'est la doctrine pour laquelle ils souffrirent. »

II

Après 1685, la loi française ne connaît plus que des nouveaux convertis. Les familles saintongeaises, qui depuis 1570 ont cherché asile à La Rochelle, ont depuis 1685 été exclues successivement de toutes les charges militaires ou civiles, déchues de leurs grades dans l'armée ou la marine, de leurs fonctions municipales ou dans la robe, de leurs offices d'avocats, procureurs, médecins ou chirurgiens, il ne leur reste plus que le commerce et l'agriculture.

Après avoir obtenu par brevet royal du 3 juin 1752 l'autorisation de vendre, le 14 juin 1757, un de ses domaines et maison noble situés en Saintonge, tant à cause de leur éloignement de sa résidence actuelle et de l'impossibilité où il est par son grand âge de veiller lui-même à leur exploitation que pour employer le produit de cette vente à augmenter un domaine plus considérable qu'il possède près de La Rochelle, le chef de la famille, réfugié à La Rochelle, meurt en 1759. Le décès doit être constaté par un acte notarié, et les enfants ensevelissent, de nuit, les corps de leurs parents dans un jardin, heureux encore d'échapper à la claie sur laquelle on traîne jusqu'à la voirie, ceux qui sont dénoncés comme relaps. Le fils aîné a dû être conduit à l'église pour recevoir le baptême catholique, il a été secrètement élevé par ses parents dans leur religion, mais lorsque vient le moment du mariage, il va demander au curé d'Annezay, Anne Louis Montfort, à la vue du contrat passé par Guyon, notaire royal à Marennes, le 5 septembre 1738, la bénédiction nuptiale et le certificat constatant qu'ils ont fait leur devoir de catholicité, gardé et observé les cérémonies prescrites par l'Eglise, sans qu'il soit venu à sa connaissance aucun empêchement canonique, ni civil. Le curé (1) n'en est pas moins condamné aux galères le 19 novembre en 1716 pour avoir marié des religionnaires, sans avoir observé les formalités prescrites par les lois de l'Eglise et de l'Etat. Par la malveillance et l'intrigue d'un ecclésiastique appuyé par l'intendant, le père, vieillard, se voit enlever par lettre de cachet du 4 décembre 1733 une de ses filles très jeune, enfermée en 1733 aux nouvelles catholiques. Malgré une nouvelle lettre de cachet ordonnant sa mise en liberté, elle reste au couvent, prend le voile en 1735, fait l'émission de ses vœux le 30 décembre 1736 et meurt à vingt-quatre ans le 25 novembre 1740. Le père avait été obligé de doter sa fille et les religieuses se sont maintenues dans la jouissance de cette rente jusqu'à la Révolution et la rente fut ensuite servie à l'Etat jusqu'à plein amortissement en 1840. Le fils aîné est marié à l'église Saint-Barthélemy, le 8 janvier 1701, après les fiançailles et la publication d'un ban et le contrat reçu par Micheau, notaire. Les enfants n'en sont pas moins déclarés naturels, comme issus de parents mariés à la huguenotte. En 1763, après avoir reçu l'instruction religieuse par un pasteur dans une société particulière, le 22 décembre, un jeune négociant était marié avec sa cousine, issue de la famille d'un ancien maire de La Rochelle, en

---

1. Mêmes sentences contre Jean Gorrin qui avait béni onze mariages à La Rochelle le 3 juin 1710, Jean Michelain, curé de Migré, le 27 juin 1738 et plusieurs autres.

1622. Au bout de trois années de mariage, la jeune femme meurt des suites de couches, et le notaire qui avait reçu son testament dresse l'acte de décès. Le 8 avril 1767, le mari épouse en secondes noces, à Hambourg, une Française, fille de réfugiés, avec un brevet royal contresigné par le duc de Choiseul. Le contrat de mariage fut renouvelé en France par un notaire de La Rochelle.

En vertu de l'édit de novembre 1787, le mariage fut enregistré le 10 juin 1788, ainsi que la naissance des neuf enfants qui en étaient issus et le décès de cinq de ces enfants, au greffe de la Sénéchaussée de La Rochelle. La sécularisation de l'état civil devait être étendue à tous les citoyens par l'assemblée nationale qui proclamait que tous les Français étaient accessibles à tous les emplois et que la liberté religieuse était assurée. Aussi ce négociant, armateur, et industriel était nommé successivement membre du conseil de commerce et du conseil municipal, et mourait à soixante-sept ans le 28 août 1807.

En 1746, l'intendant Barentin condamne à la peine de mort le ministre Elie Vivien qui a prêché au désert et aux galères ceux qui l'ont assisté. En 1756 mêmes sentences de l'intendant Baillon contre François Touzineau, et Trouiller, condamnations à l'exil (Louis Rang et François Rochette sont exécutés en Languedoc).

Cependant les protestants rochelais se donnent une organisation secrète en 1755, recommencent en 1761 à tenir les registres de leur état civil, impriment leur psautier et leurs prières, où ils parlent de l'amour de la paix, de l'esprit de tolérance de leur gouverneur, le maréchal de Senecterre. En 1758 les chefs militaires mentionnent le patriotisme des protestants rochelais.

LES SAVANTS ROCHELAIS

par l'oratorien Jaillot (1690-1749)

On sait à quel degré de puissance le commerce et la navigation ont autrefois élevé cette ville, a dit le père Jaillot, on sait encore qu'obligés de se défendre par leurs propres forces, ses anciens citoyens avaient toujours les armes à la main, jusque-là que leurs fêtes même et leurs délassements étaient des exercices militaires, peut-être plaît-il à quelques-uns d'ignorer qu'en une infinité d'occasions, ils ont signalé leur courage et leur fidélité dans des expéditions de terre et de mer, que leur attachement pour la France leur a fait entreprendre de leur propre mouvement. Mais ce qu'on ignore communément, c'est que La Rochelle a produit des *savants* et des *gens de lettres*... Comme pour se former, les talents ont besoin d'un loisir et d'une tranquillité qui ne se trouvent guère au milieu du tumulte des armes et des occupations du commerce, on a peine à se persuader qu'une ville distinguée par le commerce et les armes, le soit aussi par le goût et l'amour de l'étude.

Il est vrai que parmi ses citoyens, cette ville ne compte pas un grand nombre de savants qui aient enrichi le public des productions de leur génie, mais tous les savants et tous les gens de lettres ne sont pas obligés de s'ériger en auteurs, et en récompense, elle a produit beaucoup d'hommes illustres qui, par leur capacité, se sont élevés à de grands emplois, quelquefois même aux dignités les plus éclatantes.

Après Jean Mérichon, conseiller du roi et son chambellan, grand bailli d'Aunis, cinq fois maire et enfin gouverneur de La Rochelle, le père Jaillot cite Pierre Doriole, chancelier de France, premier président des comptes, le cardinal Raimond Perauld, le maire Conan qui acheta une maison destinée à des écoles publiques.

La seule famille de Jacques Olivier (1), natif de Bourgneuf, a donné un premier président au Parlement de Paris, à Angers un évêque (2) célèbre par son érudition, son esprit et sa piété et à la France un chancelier (3) que l'on reconnaît avoir été docte, éloquent, judicieux, sincère, bon ami, d'un courage inflexible et d'une force d'esprit qui ne se relâchait jamais de ce qu'il devait à son roi et à sa patrie.

La Popelinière parlant des Rochelais qui se sont signalés par la profession des lettres sous François Ier, cite encore Joubert, conseiller et maître des requêtes de l'hôtel. — Caillaut, qui, de l'emploi de précepteur, s'éleva de degré en degré jusqu'à la charge de premier président du Parlement de Paris, Maynard

---

1. + 20 novembre 1519.
2. + 12 avril 1540.
3. 1497 + 30 mars 1560.

et Le Roy, conseillers au même Parlement et Imbert, d'abord avocat fameux et ensuite lieutenant criminel à Fontenay, où il composa ses institutions, tous natifs de cette ville, à l'exception de Caillaut qui était de Mauzé.

Au commencement du règne de Charles IX, je trouve André Cailleraud, sieur de La Limandière, recteur de l'Université d'Angers, lieutenant particulier et assesseur au siège et puis conseiller du présidial de cette ville, Lœsius (Jean de la Haize) (1) connu par des sentences en vers, par un poème sur l'entrée de Charles IX à La Rochelle, par un autre poème à la gloire du chancelier de l'Hospital, et par deux discours qu'il prononça lorsqu'il était recteur de l'université de Poitiers (Premier discours brief et véritable de ce qui s'est passé en la ville et gouvernement de La Rochelle, depuis l'an 1567 jusques en l'année 1568 ; Discours brief et véritable de ce qui s'est passé en la ville et gouvernement de La Rochelle depuis l'année 1568 jusques en l'année 1570). Jean Baulot (*J. Bolotus, chirurgus*) mérita les éloges de Reymond Formentin et dédia sa thèse au docteur de Bézier, Rochelais, en 1603. Son fils Jean fut ancien du consistoire en 1562. Son petit-fils Isaac, né à La Rochelle en 1657 et décédé le 24 novembre 1712, « avait de la vivacité et de la finesse dans l'esprit, il possédait les belles-lettres, savait à fonds la philosophie, surtout l'histoire

---

1. 1540-1570.

naturelle et cultivait les beaux-arts (Arcère). « Docte et non docteur, disait de lui Elie Richard, il parcourut les pays éloignés, il forma avec soin une bibliothèque de livres nombreux et rares, il en fit ses délices et en aida les hommes instruits. » Le père Plumier, de Marseille, de l'ordre des Minimes, auteur de l'*Art de tourner*, lui adressa des mémoires sur l'organe de l'ouïe de la grande tortue de mer, sur le crocodile, etc., résultat de ses observations aux Antilles.

Sur la fin du même règne (de Charles IX) Jean-Pierre (1), lieutenant, François Bauldouyn, conseiller, et Jean Gachot, avocat, dont le premier, au rapport et selon les termes du médecin Olivier Poupar, était d'une grande érudition, pleine d'humanité et libéralité, et les deux autres grands luminaires de littérature en ce pays.

Sous les règnes suivants, le présidial de cette ville a encore été illustré par le lieutenant général Jean de Sponde (2), qui, à l'âge de vingt ans, avait déjà commencé son *Commentaire sur l'Iliade et l'Odyssée d'Homère*.

L'éloquent M. de Lescale s'est distingué dans la même charge, Etienne Huet, commentateur de la Coutume de La Rochelle et du pays d'Aunis, a dignement rempli celle de lieutenant particulier et de combien d'autres, ceux que nous voyons aujour-

---

1. 1588.
2. 1557-18 mars 1595.

d'hui dans les premières places de la magistrature, nous rappellent-ils le glorieux souvenir ?

Jusqu'ici, je n'ai fait qu'une espèce de dénombrement de ceux d'entre vos compatriotes que les sciences et les belles-lettres ont élevé aux postes les plus éminents, ou qui par elles se sont distingués dans des états inférieurs. Mais cette énumération déjà trop ennuyeuse à quiconque ne s'intéresse pas à la gloire de votre ville, combien le deviendrait-elle davantage, si je la chargeais du nom des savants (protestants) qui y ont été attirés des pays les plus éloignés, des Beroalde (1), des Bérauld (2), des Grouchy (1509-1572), des Duncan (3), des Lefebvre, des Evrard, des Guwnterius, noms pour la plupart aussi désagréables à l'oreille que précieux aux amateurs des langues savantes...

Philippe Béroalde fit le premier imprimer à Rome en 1515 les premiers livres des Annales de Tacite.

Duncan, Ecossais, a commencé son cours de théologie à Saint-Yon le 31 mai 1607, en même temps qu'Everard son cours de grec, et Faber ou Lefebvre le cours d'hébreu. Le 19 janvier 1650, Frédéric Guwnterius a occupé la chaire de grec, de fondation royale.

---

1. Mathieu Brouart, connu sous le nom de Béroald, 1520. † 15 juillet 1576. Chronique en cinq livres (1575, 1577, 1606) où il déploie une vaste érudition et une critique éclairée.

2. Nicolas Bérauld et son fils François dont la famille est encore représentée à La Rochelle.

3. Marc Duncan † 1640.

Ayant maintenant à parler des Rochelais qui se sont distingués par leurs ouvrages, je commence par Jacques Esprinchard (1), sieur du Plomb. Revenu d'Orthez, où il fit ses premières études, il trouva sa patrie en proie à tous les malheurs de la guerre. L'éloignement que son caractère doux et tranquille lui inspirait pour un séjour alors si tumultueux l'obligea de s'embarquer pour l'Angleterre, d'où il parcourut diverses contrées de l'Europe. Le but qu'il se proposait dans ses voyages était de s'instruire en consultant les savants, et le fruit qu'il en rapporta à La Rochelle, où il revint après sept années d'absence, fut la connaissance de M. de Thou, de Scaliger, de Casaubon et des autres savants hommes de son temps Les thèses de jurisprudence qu'Esprinchard avait soutenues à Leyde, dans sa grande jeunesse, lui avaient acquis une réputation qu'il soutint dans un âge plus avancé, en traduisant de l'italien en français les additions du Guazzo, à la *Civile conversation* et mieux encore par son *Histoire des Empereurs Ottomans* et par celle des *Empereurs d'Occident depuis Jules César jusqu'à Rodolphe Second*. Les *Lettres à Scaliger* tiennent un rang honorable dans le recueil de celles qui ont été écrites à ce grand homme. La relation manuscrite de son *Voyage d'Allemagne*, présentement conservée dans la plus belle bibliothèque de cette ville, nous fait regretter ses *Voyages de Hollande et d'Angleterre*

---

1. 1570-29 août 1604.

qui ont eu le même sort que plusieurs de ses ouvrages. Mais ceux qui nous restent justifient suffisamment l'éloge que lui donne Paul Colomiez (1), en disant qu'il fut regardé comme l'ornement de sa province, éloge que Colomiez lui-même mérite bien de partager avec son illustre compatriote.

Malgré son peu de santé, cet infatigable auteur avait toujours une plume à la main et un livre devant les yeux. Son père, médecin habile, qu'Henri IV avait amené à La Rochelle, lorsqu'il n'était encore que roi de Navarre, avait une bibliothèque des plus nombreuses et des plus choisies, elle n'était pas entre ses mains un simple ornement et une vaine parade de science, il y paraît par les notes savantes dont il a rempli les premières et les dernières pages de ses livres.

Le fils, qui avait reçu de la nature les dispositions les plus heureuses pour les belles-lettres, profita si bien des lumières de son père et du secours de ses livres qu'en peu de temps il fut en état d'en composer lui-même ; ce n'étaient pas à la vérité de ces gros volumes, dont la taille monstrueuse alarme la paresse des lecteurs et lasse bientôt leur patience, mais il avait l'art de bien dire en petit tout ce que les in-folio les plus grands et les plus épais renferment de curieux et de solide ; ce sont des anecdotes littéraires, des remarques judicieuses, des pensées choisies, des réflexions solides, tout cela

---

1. 1638-1692.

recueilli avec beaucoup de goût et renfermé dans un fort petit espace.

Le caractère d'équité, dont la plupart des gens de lettres ne se piquent pas beaucoup, fut encore la qualité favorite de Colomiez, et il l'a fait paraître en composant la vie du Père Simond, jésuite, et en faisant le détail des ouvrages du savant Père Peteau, son confrère, dans le livre qu'il a donné sur ces savants dans les langues orientales (1).

A propos de ce livre, j'y ai appris que Pierre Lousmeau, natif de cette ville, fils de Samuel Lousmeau, théologien, qui en était aussi, savait parfaitement l'hébreu à l'âge de dix ans.

Mais pour m'être trop étendu sur le mérite des deux savants dont je viens de parler, je m'aperçois que je ne pourrai plus que donner une idée bien légère de ceux dont il me reste à faire mention.

Cependant que n'aurais-je pas à dire d'Elie Bouhe-

---

1. Faber (Pierre), natif de l'Auvergne, fit des études sous Turnèbe, savant professeur dans l'Université de Paris. Son mérite lui gagna la bienveillance de Coligny qui le donna pour précepteur à ses fils. Appelé plus tard à La Rochelle en qualité de principal du collège, Faber fut chargé en même temps de l'enseignement de l'hébreu et il s'acquitta de ces doubles fonctions à la satisfaction générale. Depuis longtemps l'âge et les infirmités ne lui permettaient plus de remplir les devoirs de sa charge, lorsqu'il mourut octogénaire vers 1615. Nous ne pouvons lui attribuer avec certitude que des commentaires : *In libros academicos Ciceronis et in orationem pro Cœcinna*, Lugd. Bat., 1601, in-8°, mais nous aurions peut-être raison d'y joindre *De camenon sive de Dei nomine atque attributis*, publié à Leyde en 1592. (Haag.)

reau (1), médecin célèbre, ami intime de Conrart, sachant parfaitement le grec et possédant aussi toutes les finesses de notre langue, comme on le peut voir dans son élégante traduction du *Traité d'Origène contre Celse* d'Elie Richard (2), son cousin et son compagnon d'études, savant comme lui et comme lui professant la médecine, avec autant de distinction que de désintéressement, de M. Richard des Herbiers, son fils, qui se serait rendu aussi illustre dans la République des Lettres qu'il était aimable dans la société, si sa modestie lui avait permis de donner au public ses traductions et les relations curieuses de ses voyages. Pourquoi faut-il que la mort, qui nous l'a enlevé dans un âge peu avancé, nous ait privé de son « Histoire de La Rochelle », pour laquelle il avait rassemblé tout ce qu'il avait pu trouver de mémoires et entre autres les recherches qu'avait fait Pierre Mervault (3), son parent, connu par sa relation du dernier siège de La Rochelle !

A l'égard du médecin Venette (4), il gagnerait plus à être connu par les livres qu'il a laissés manuscrits que par le traité qui l'a rendu fameux, ceux à qui il

---

1. 1640-23 juin 1653.
2. 1645-1706.
3. 1607-1615. Il convient d'ajouter à cette liste : Georges Reveau de la Bertelière et du Treuil Moreau (1582-31 janvier 1683), conseiller enquêteur, avocat du Roi au présidial de La Rochelle, auteur de *de Rupella ter obsessa, dedit a demum, capta, subacta, libri tres*. Amsterdam, 1649, in-12, 1632-1698.
4. Le physicien Jean-Théophile Des Aguliers (1683-1743), le philosophe docteur Pierre Chanet, né en 1603, qui mérita les éloges de Sainte-Beuve.

pourrait servir ne le recherchent point avec tant de soin que ceux à qui il est sûrement dangereux le lisent avec avidité.

Si le temps me le permettait, je parlerais d'Amos Barbot (1), bailli d'Aunis, dont les mémoires exacts, sincères mais peu détaillés, seront d'un grand secours pour composer l'histoire de cette ville, de Philippe Vincent (2), ministre accrédité, qui m'a paru judicieux et modéré dans les recherches qu'il a faites sur les commencements et les progrès de la Réformation à La Rochelle.

Je finis par les deux abbés Tallemant, l'un natif et l'autre originaire de cette ville, où leurs ancêtres avaient acquis depuis longtemps la noblesse dans l'exercice des charges municipales.

François Tallemant (3) des Réaux, abbé du Val Chrétien et prieur de Saint-Irénée de Lyon, joignait aux qualités de l'esprit et à la grande littérature qui le faisaient estimer, la douceur et la politesse qui forment les caractères aimables, et il était bon poète,

---

1. 1556-1620. Les annales de La Rochelle ont été publiées par M. Denys d'Aussy.

2. 1595-1651. François Dinet, religieux récollet, né à La Rochelle, a donné un traité sur la noblesse, 1647, in-4°, dédié au duc de Saint-Simon, dans lequel Arcère dit avoir trouvé de la méthode, de l'ordre et quelquefois des maximes que La Bruyère et La Rochefoucauld ne désavoueraient pas : « Une base haute ne rend pas la statue qu'elle soutient plus grande qu'elle est, au contraire à mesure qu'elle la fait paraître hautement, elle semble lui ôter de la *grandeur* », p. 83, ch. VI.

3. 1620-6 mai 1693.

entendait l'italien, l'espagnol, l'anglais et le grec. Si dans sa traduction des vies de Plutarque il eut le déplaisir de voir que, au goût du public, l'ancien traducteur (Jacques Amyot) malgré son vieux langage l'emportait sur le nouveau par les grâces du style, il eut de quoi se consoler par le succès qu'eut sa traduction de l'histoire de Venise. Il était de l'Académie française, aussi bien que Paul Tallemant, son parent. Ce dernier s'y est distingué par un grand nombre de discours qui, excellents d'eux-mêmes, recevaient encore une grande force de sa prononciation qu'il avait admirable, et il n'a pas moins illustré l'Académie des Inscriptions, dont il était secrétaire, soit par les éloges qu'il faisait des académiciens après leur mort, soit par le grand talent qu'il avait pour donner aux légendes des médailles et aux inscriptions cette sage simplicité, ce goût antique qui en fait toute la beauté. Je n'entreprends point le détail de ses ouvrages qui me mènerait trop loin. (Claude-Hubert Jaillot).

Gédéon Tallemant, né à La Rochelle, le 16 novembre 1619, marié en 1646 à sa cousine Elisabeth de Rambouillet, mort à Paris le 10 novembre 1692, est l'auteur de ces mémoires publiés en 1833, par Monmerqué et Taschereau, et réimprimés en 1840 et de 1854 à 1860, etc., dont H. Feuilleret a pu dire : « Personne, si l'on excepte Molière, n'a peint avec plus de verve caustique les mœurs de son temps, les vices des grands, les ridicules de la bourgeoisie. »

Les notices sur les sociétés des arts, sciences et

belles-lettres de La Rochelle, et celle de M. le docteur L. Merle, contiennent la liste des médecins rochelais (1).

---

1. *Réaumur* (René-Antoine Ferchaud de) (1683-1757), après de sérieuses études mathématiques, entra à l'Académie des Sciences à vingt-quatre ans. Possesseur d'une fortune indépendante, il travailla avec une ardeur incessante et s'occupa des travaux les plus variés. Personne n'ignore qu'il inventa le thermomètre qui porte son nom. Les arts pratiques lui doivent, en outre, un procédé pour transformer le fer forgé en acier, la fabrication de la porcelaine, l'introduction en France des manufactures de fer-blanc. Mais de tous ces travaux, ceux où il a montré le plus d'originalité et de véritable génie sont ceux qui ont pour objet l'histoire naturelle, les phénomènes les plus obscurs de la vie des mollusques et des zoophytes. Ses mémoires pour servir à l'histoire des insectes peuvent être considérés comme le chef-d'œuvre de l'observation fine et exacte.

Fleuriau de Bellevue (Louis-Benjamin) (1761-1852) avait mérité par ses nombreux travaux le titre de correspondant de l'Institut. Pendant plus de quatre-vingts ans, il consacra sa fortune entière à faire autour de lui le plus de bien possible. Parmi les travaux de ce savant, on peut citer ses recherches sur la flexibilité de certains minéraux, sur les pierres météoriques, sur les phénomènes des volcans ; enfin ses observations sur les mollusques et les vers qui perforent les rochers de nos côtes.

Charles d'Orbigny (1770-1856), médecin d'abord à Esnandes, puis à La Rochelle, fut, avec Fleuriau de Bellevue, l'un des fondateurs du Musée départemental et l'un des correspondants les plus actifs de Cuvier. Les quatre fils de Charles d'Orbigny se sont occupés, à des degrés divers, de la science si chère à leur père. Deux d'entre eux n'ont pas voulu avoir d'autre carrière. Alcide d'Orbigny (1802-1857) a conquis une réputation justement méritée par un beau voyage dans l'Amérique méridionale et par d'importants travaux de paléontologie qui ont amené sa nomination de professeur au Jardin des Plantes. Son frère Charles, né en 1806, professeur de géologie au Muséum, a publié le *Dictionnaire universel d'histoire naturelle*, justement estimé.

UN INVENTEUR ROCHELAIS

Élie Richard (1645-1706)

« S'il est une étude instructive et fortifiante, c'est celle du rôle qu'ont joué ici-bas les personnalités effacées, celles dont le souvenir est pâle, à côté de la traînée lumineuse que certains noms ont laissée dans l'histoire. Celui qui allume un flambeau a droit à la reconnaissance de tous ceux qui se réjouissent de cette clarté. De même les milliers d'inconnus qui ont inspiré de grandes pensées ou de nobles sentiments aux hommes qui ont influé sur le monde sont, en grande partie, les véritables auteurs de cette influence bénie, dont nul ne songe à leur savoir gré. »

Ces réflexions de M. Wilfred Monod me sont venues à l'esprit en relisant les *Récréations mathématiques et physiques* d'Ozanam, où le savant académicien donne la description d'une curieuse voiture mécanique qui peut être considérée comme un des systèmes précurseurs du vélocipède. Voici ce qu'il écrivait en 1696 (1) :

---

1. C'est à l'obligeance de M. G. Masson, l'éditeur des *Récréations scientifiques*, de M. Gaston Tissandier, que nous devons la communication de ces deux gravures. On peut juger par elles de l'intérêt de ces enseignements familiers, écrits pour les enfants, mais capables aussi de donner d'excellentes leçons aux curieux de tout âge.

« On voit à Paris, depuis quelques années, un carrosse ou chaise qui a une forme à peu près semblable à celle de la figure 212. Un laquais monté derrière, le fait marcher, en appuyant alternativement les deux pieds sur deux pièces de bois, qui communiquent à deux petites roues cachées dans une caisse posée entre les roues de derrière A. B. attachées à l'essieu du carrosse.

« J'en donnerai l'explication dans les mêmes termes que je l'aie reçue de M. Richard, médecin à La Rochelle.

« H. A. est un rouleau attaché par les deux bouts à la caisse qui est derrière la chaise. B est une poulie sur laquelle roule la corde qui lie le bout des planchettes C. D. sur lesquelles les laquais mettent les pieds. E est une pièce de bois qui tient à la caisse. F. F. sont les pédales. Les roues H. H. fixées à l'essieu étant ainsi mises en rotation, font tourner les deux grandes roues I. I...

« Il est facile de s'imaginer que, les roues de derrière avançant, il faut que les petites de devant avancent aussi, lesquelles iront toujours tout droit, si la personne qui est dans la chaise ne les fait tourner avec les rênes qui sont attachées à une flèche sur le devant. » (T. II, p. 398, éd. de 1725.)

Elie Richard naquit à Saint-Martin en l'isle de Ré, le 11 décembre 1645 (1). Etienne Richard, son père,

---

1. Arcère, II, p. 417. — *Eloge d'Elie Richard* par ses enfants.

sieur de la Poitevinière, étoit avocat au Parlement de Paris. Il descendoit d'une très ancienne famille de Saintonge, comme il paroît par une chartre d'hommage que Pierre Richard, un de ses ancêtres, rendit au prieur de l'abbaye de Saint-Savinien, pour sa terre de Bramerit, le 10 juillet 1438. Etienne Richard apprit à son fils les éléments de la langue latine ; après avoir ébauché son éducation, il envoya ce cher élève à Saumur, où les protestans avoient alors une brillante accadémie. « De six enfans qu'eut Estienne, d'Esther Mervault, sa femme, il n'éleva dans les lettres qu'Elie Richard, parce qu'il lui trouva, dès son enfance, un naturel heureux, du penchant pour l'étude et une belle physionomie. » Le jeune Richard remplit parfaitement les espérances de son père et seconda les soins de ses maîtres. Après avoir achevé sa philosophie « sous l'illustre M. Le Fèvre, ayant pour compagnon d'études M. Bouhéreau, son cousin, qui est devenu, pour le grec, un des savans hommes du siècle (voyés sa belle traduction d'Origène contre Celse) », il alla à Paris pour se perfectionner dans les sciences et pour y prendre ce goût que la province ne donne pas et qu'elle fait perdre assez souvent.

Il fallut choisir un genre de vie, et Richard s'étant déterminé pour la profession de médecin, fit ses cours d'anatomie et de chimie avec Duvernai et Lemeri, noms si fameux dans la suite, et il se distingua dans les conférences que Rohault tenoit sur la physique expérimentale. Après trois ans de travail dans la capitale du royaume, il en sortit, attiré par la réputation des Chycoineau, des Barbeirac, des Sanche et des Vieussens, habiles médecins, qui donnoient beaucoup de célébrité aux écoles de Montpellier. Richard y expliqua en public les éléments de Galien, et reçut le bonnet de docteur, à l'âge de vingt et un ans, le 18 décembre 1666.

A ces études sédentaires succédèrent des voyages, autre sorte d'étude extrêmement utile, puisqu'elle apprend à connoître les hommes. « Son père lui donna pour compagnon de voyage M. Bouhéreau qui avoit fini sa théologie. Ils feuilletèrent surtout les bibliothèques de Florence, de Rome, de Venise et de Padoue. Ils furent assez heureux pour se trouver à Rome, pendant l'ambassade de M. le duc de Créqui, qui les prit sous sa protection. » Notre voyageur de retour d'Italie, passa en Angleterre. A Oxford, il prononça quelques discours en présence de l'Université assemblée. A Londres, il forma des liaisons avec les savans de cette capitale, entr'autres, avec Boyle, Ray et Grew, membres de la Société royale ; il revint ensuite à La Rochelle, où il épousa Jeanne Belin, fille d'un riche négociant (officier de la monnaie) (1). Il se livra dès lors à la pratique de la médecine, en savant qui avoit profondément médité sur l'objet de

---

1. Elie Richard, fils d'Elie Richard, docteur en médecine, et de Jeanne Belin, fut reçu ricochon du côté des Monnayeurs, le 4 octobre 1684 (B. 280) « ayant droit à la Monnaie, du costé, de l'estocq et lignée de ladite Belin, sa mère, reçue tailleresse et recuîtresse, par acte du 30 avril 1664.

son art, en homme sage qui n'employoit pas beaucoup de remèdes et qui pour l'ordinaire n'en donnoit que de simples, en chrétien qui visitoit gratuitement les pauvres, les préférant toujours aux riches, parce que ceux-ci, disoit-il, ne manquent pas de secours, et que ceux-là sont trop souvent abandonnés.

« Fatigué du nombre de visites qu'il faisoit chaque jour, il se retiroit dans sa bibliothèque qu'il avoit pris soin d'embellir, et là, se délassoit avec sa famille et ses livres, ou par des lectures savantes, ou par des récréations d'esprit ; ce qu'il y avoit de surprenant c'est qu'on le trouvoit toujours d'une humeur agréable et d'un accès facile. »

Après la révocation de l'édit de Nantes, on défendit aux médecins protestans l'exercice de leur profession. (Déclaration du roy du 6 août 1685 portant qu'il ne sera pas reçu de médecins de la R. p. r.) Richard qui fut du nombre de ces citoyens disgraciés, voulut sortir du royaume. Des obstacles imprévus rompirent ses mesures, heureusement pour sa patrie ; il y fit toujours sa résidence ordinaire et ne vit plus de malades ; mais la confiance qu'on avoit en lui renversa l'ordre commun ; les malades vinrent voir le médecin, les autres le faisoient consulter sur leur état. On lui permit, quelque tems après, de reprendre en public ses fonctions. La loi rigidement observée partout, fléchit enfin sous son mérite et souffrit une exception en sa faveur. Le gouverneur de La Rochelle et l'évêque de La Rochelle, nous dit Arcère, ne voulaient avoir d'autre docteur que Richard, comme Charles IX n'eut, auprès de son lit de mort, d'autres consolations de cœur, que celle de sa nourrice qui était huguenote.

« Tout honnête homme doit avoir une religion et sçavoir surtout celle qu'il professe ; c'est pourquoi M. Richard, qui étoit né protestant, étudia la sienne avec application, et y fut jugé si capable par ceux de son parti (nonobstant le préjugé qu'on a contre les médecins) qu'il fut nommé pour être un des chefs du Consistoire. Il s'acquitta de son emploi avec distinction et d'une manière édifiante, et, en cette qualité, il se crut obligé de répondre à ce qu'a écrit M. Rohault sur l'Eucharistie, dans ses entretiens sur la philosophie. Cette réponse imprimée à La Rochelle (1675), sans nom d'auteur, ne contient que peu de pages, mais elle est écrite de manière que ni M. Rohault, ni personne depuis, n'a voulu y répliquer, ayant été regardée des uns comme une pièce d'esprit seulement et des autres comme un chef-d'œuvre en son genre. »

Doyen de la compagnie des Médecins, en cette qualité il ouvrit plusieurs thèses de médecine et harangua souvent les puissances, à la tête du corps.

« Après trente-cinq ans de service, Richard tomba en hémiplégie ou paralysie d'un côté du corps seulement : il prononça lui-même l'arrêt de sa mort. On lui proposa les bains de Bagnières qu'il rejeta d'abord, et qu'il n'alla prendre que par pure complaisance pour sa famille. Les eaux ne produisirent aucun effet, comme il l'avoit prévu ; il revint à La Rochelle et mourut le 14 mars 1706, âgé de soixante et un ans. Ce digne citoyen avait mérité l'estime générale par son savoir et sa probité, surtout par la gravité sage et douce de ses manières. M. Henri de Laval, évêque de La Rochelle ; les maréchaux d'Estrées, de Tourville et de Matignon l'honorèrent de leur confiance, et l'illustre Begon, intendant de Rochefort, ami des savants et savant lui-même, lui donna des marques d'une tendre amitié. »

« Quoique M. Richard eût le talent de bien écrire et qu'il le pût faire en plus d'une langue, il n'aspira pourtant jamais à la gloire d'être auteur et le peu qu'on a vu de lui n'a pas été imprimé sous son nom. »

Outre les *Réflexions physiques sur la transsubstantiation* (1675) et les *Lettres à une Dame sur le choix d'un médecin* (1674) « dans lesquelles on trouve tout le bon sens, la vivacité » et la droiture qui ont régné en toutes les actions de sa vie, on lui doit : *Description physique des marais salans de l'île de Rhé* et *Description anatomique d'une porcille nommée dauphin par quelques-uns.*

Ces deux morceaux, qui lui valurent l'agrégation à la Société royale de Londres, ont été insérés dans les numéros 51 et 76 des *Philos. Transactions.*

Elie Richard a fait l'épitaphe de son père :

D. O. M.

« In spem resurrectionis, hic jacet Ælias Richard, Rupellensis, Stephani patroni filius, doctor medicus Monspelliensis, medicorum provinciæ Alnetensis decanus et honos. Vir magnatibus carus, pauperum amicus, omnibus utilis ac officiosus. Qui pietate, charitate, probitate, atque scientià, modeste per multos annos claruit. Tandem infausta paralysi oppressus, plenusque dierum, obiit, omnium luctu, pridie Idus Martii, ann. S. M. D. CC. VI, ætatis, suæ LXI. Pròh dolor : lugete cives, qui vos toties morti eripuit, sprevit sese eripere, at si corpus cecidit, anima gaudet in cœlo. Hoc monumento patris colendissimi celebrarunt juste mœrentes liberi. »

Le portrait d'Elie Richard a été très finement gravé. Il est représenté de trois quarts au milieu de cette riche bibliothèque que son fils devait léguer à la ville de La Rochelle. Plus tard, on a substitué la tête de ce fils, l'avocat au Parlement, à celle d'Elie Richard, avec les mêmes ornements et armoiries (1). Cette dernière gravure se trouve en tête de la relation manuscrite des voyages de Richard, que possède la bibliothèque de La Rochelle. Fontette mentionne, comme dessinateur, le docteur Pierre Picault.

La ville, qui a honoré la mémoire de Nicolas Venette en lui dédiant le nom d'une rue, ne pourrait-elle rendre le même hommage au docteur Elie Richard ? C'est un pionnier de la science et un grand homme de bien.

DE RICHEMOND.

---

1. Coupé au 1er d'argent à deux écots de gueules en chevron, accompagnés en chef d'une étoile d'azur et de deux mouchetures d'hermines, et en pointe d'une moucheture du même — au 2e de gueules à un lion d'or, accompagné de 3 coquilles de pèlerin du même, 2 en chef et 1 en pointe.

AIMÉ BONPLAND

Il est peu d'existences de savant et d'explorateur qui aient été plus mouvementées, plus bouleversées d'invraisemblables et tragiques péripéties et, par cela même, qui aient été plus souvent discutées et plus émouvantes que celle d'Aimé Bonpland.

A certaine époque, l'Europe, tout entière anxieuse, se demandait ce qu'il était devenu et plus tard c'est avec le plus vif intérêt que des savants et des voyageurs s'informaient de la santé de ce Nestor des botanistes et le visitaient dans son domaine arraché à la pampa. Sa vie est un roman dont le dernier mot n'avait pas été dit jusqu'ici.

Aimé-Jacques Goujaud-Bonpland, plus connu sous le nom de Bonpland donné à son père, est né à La Rochelle, le 28 août 1773, d'une famille de chirurgiens et d'apothicaires ; il n'a donc fait que continuer une longue tradition.

En 1791, il était à Paris avec son frère pour y étudier la médecine. Il s'y lia de bonne heure avec Humboldt qu'il initiait dans l'anatomie et la botanique, alors que celui-ci enseignait la minéralogie et la physique du globe.

Tous deux amoureux de voyages, anxieux de découvertes, quittèrent Paris pour rejoindre l'expédition d'Egypte ; mais les événements s'y opposèrent, et, ayant obtenu toutes les recommandations et les facilités qui avaient été refusées à leurs prédécesseurs, ils partirent pour visiter les colonies espagnoles d'Amérique. Pendant cinq ans et deux mois, ils procédèrent à cette périlleuse exploration qui a tant fait pour le développement des études américaines en particulier et l'avancement de la physique du globe en général. Au cours de ce long voyage, Bonpland ne cessa de s'occuper particulièrement de botanique, constituant un herbier superbe, amassant des notes précieuses, commençant des rédactions pleines de vues nouvelles, s'intéressant à tout et n'achevant rien, étant en un mot ce qu'il sera toute sa vie et ne devant laisser derrière lui rien d'achevé et de définitif. Toute cette période de la vie de Bonpland est bien connue par la publication des lettres de Humboldt qui ont été dernièrement étudiées par M. le Dr Hamy (1). On trouve dans cette correspondance les témoignages nombreux du zèle, de l'activité, de la science et du dévouement de Bonpland, qui rendit à son compagnon de voyages les plus inappréciables services. C'est au cours de cette mémorable randonnée à travers l'Amérique que se scella, entre les deux savants, une amitié qui ne devait cesser qu'avec la vie.

A leur retour en Europe, Humboldt fut nommé

---

1. E.-T. Hamy. *Lettres américaines de Humboldt, 1798-1807*. Guilmoto, Paris [s. d.]. Un vol. in-8° de xxxix-309 p.

correspondant de l'Institut et Bonpland reçut une pension de 3.000 francs. Partout le premier chantait les louanges du second, l'associait à sa gloire ; il l'entraîna même à Berlin où il le fit connaître à tout le monde scientifique allemand.

C'est à cette époque, 1808, que Bonpland est nommé botaniste de l'impératrice Joséphine et intendant de la Malmaison et, peu après le divorce, administrateur du domaine de Navarre, non loin d'Evreux.

Bonpland s'adonna entièrement à ses nouvelles fonctions, et réunit une collection de plantes merveilleuses, soit qu'il les ait obtenues des graines par lui rapportées, soit qu'il se les soit procurées par voies d'échanges ou d'acquisitions, car il s'était mis en relations avec les botanistes les plus célèbres et les établissements les plus réputés. La Malmaison et Navarre lui durent d'être des centres fameux où collectionneurs et savants venaient s'approvisionner, et la « Description des plantes de la Malmaison, peintes par Redouté », nous a permis de nous faire une idée des raretés réunies dans ces serres. Joséphine mourut en 1814 et Bonpland résista aux instances du prince Eugène qui voulait lui conserver son poste.

Après avoir visité les jardins de Kew et de Kinsington, après s'être remis en relations avec Banks et les principaux naturalistes, Bonpland, toujours aussi riche d'illusions, reprend le chemin de l'Amérique (1816), emportant avec lui tout ce qu'il a pu réaliser, emmenant une femme qu'il eut le tort de faire passer pour la sienne.

Il s'installe à Buenos-Ayres, y exerce la médecine, il fait un cours à l'Université, puis une brouille étant survenue dans le ménage, il quitte la ville, s'enfonce dans l'intérieur pour y créer une tannerie et exploiter la *yerba maté*, et il fonde un établissement dans l'ancienne mission de Santa-Ana, sur un territoire qu'il regardait comme faisant partie de la province de Corrientes.

En 1821, les collections qu'il avait récoltées comprenaient 800 ou 900 espèces de plantes, sans compter les insectes, les coquilles et un certain nombre de pièces anatomiques. Tout souriait à notre botaniste, à la tête d'une importante *estancia* où se trouvaient réunis des plantes, des arbustes et des arbres de toute sorte que ne soignaient pas moins de 45 *peones*. C'est à ce moment, où Bonpland voit ses efforts couronnés de succès, où il a triomphé des difficultés qui entourent à son origine toute entreprise, où il n'a plus qu'à consolider sa fortune, que le Dr Francia, dictateur du Paraguay, entre violemment dans sa vie. Francia, qui a fermé le pays aux étrangers, revendique les territoires sur lesquels notre compatriote s'est établi, et voulant supprimer la concurrence que lui fait Bonpland avec ses plantations de *maté*, il le fait saisir, détruit son *estencia* et, les fers aux pieds, l'emmène en captivité. Celui-ci y devait rester neuf ans et deux mois. Tout le reste de sa vie, bien qu'en réalité son sort ait été alors assez doux, le malheureux Français resta sous l'impression de la véritable terreur que lui avait inspirée le dictateur. C'est ainsi du reste que fut nommée l'époque de la domination de Francia, le pays est alors absolument fermé, c'est le règne du despotisme le plus brutal et le plus arbitrairement cruel.

L'attentat dont Bonpland avait été victime n'avait pas tardé à être connu à Buenos-Ayres, à Montevideo, à Rio, en Europe même. Le monde savant n'y pouvait rester indifférent ; l'Institut, le Muséum d'histoire naturelle protestent, puis, sans succès, à diverses reprises, s'efforcent d'émouvoir Francia. Enfin, tout à coup, sans raison, Bonpland est expulsé le 12 mai 1827 et l'on ne lui donne que cinq jours pour arranger ses affaires.

A force d'instances, il obtient un léger délai, puis il franchit la frontière et s'établit à San-Borja sur la rive brésilienne de l'Uruguay où, sur un sol fertile, il recommence sa vie de planteur.

Fatigué de ses neuf années de captivité, le botaniste s'en donne à cœur joie, il parcourt ce pays presque inconnu, y ramasse de nombreuses collections, et, lorsque, en 1832, il descend à Buenos-Ayres, il est accueilli avec enthousiasme. C'est lui le Français qui, si longtemps, fut la victime de Francia, le voilà le médecin qui a rendu si souvent service aux pauvres gens, le savant qui a accompli de si nombreuses découvertes, qui a fait connaître à l'Europe émerveillée tant de richesses botaniques du nouveau monde ! Ce fut un beau et légitime succès.

Allait-il rentrer en Europe ? abandonner sa nouvelle propriété ? Revoir son pays dont il était absent depuis si longtemps, sa famille dont il ne connaissait pas certains membres, aller enfin faire consacrer sa réputation d'une manière définitive, c'était bien tentant ! Il ne put cependant se résigner à abdiquer ses habitudes d'une vie calme, large, indépendante, pour les liens et les entraves de la civilisation.

Au bout de huit mois de séjour à Buenos-Ayres, Bonpland ayant adressé au Muséum vingt-cinq caisses de produits animaux, végétaux et minéraux, reprenait la route de l'intérieur. Guizot l'a décoré, il est correspondant d'innombrables sociétés scientifiques, mais rien ne vaut l'air libre de la pampa et les toujours nouvelles jouissances qu'apporte la découverte de quelque plante inconnue.

A San-Borja, son centre d'opérations, il a de ses mains planté ce merveilleux jardin qui devait faire quelques années plus tard l'admiration de Demersay, où sont réunis 1.600 orangers, des pêchers, des citronniers des melons, des patates, du manioc, de l'arachide. Sa vie se partage entre ses recherches botaniques, ses occupations de propriétaire et ses devoirs de médecin. Il ne fait une nouvelle apparition à Buenos-Ayres qu'en 1837 et, cette fois encore, il envoie encore au Muséum de nouvelles caisses contenant, avec des ossements de Mégathérium et de Glyptodon, des coquilles, 250 oiseaux empaillés, appartenant à 119 espèces ignorées d'Azara ou mal décrites par lui, des graines et des roches. Non content de ses plantations, Bonpland s'était adonné à l'élevage des moutons mérinos, des mules et du bétail. Dans l'état de Corrientes sur 5 lieues carrées, il possède, en 1838, 5.000 mérinos de race croisée, 200 chevaux, 400 juments, des ânes et 500 vaches. Tout cela prospère lorsque la guerre civile éclate, et en quelques jours il est radicalement ruiné.

La vie de Bonpland est un perpétuel recommencement ; mais comme il est d'un optimisme inaltérable, il ne perd pas courage et recommence ses tentatives. En 1840, une lettre adressée à F. Delessert annonce sa prochaine arrivée en France où il veut faire connaître ses nouveautés. Mais le tort immense que lui a fait Rosas détermine Bonpland à prendre parti contre lui, et la politique lui fait cette fois un peu négliger ses recherches scientifiques. On ne le voit plus qu'en 1849 où il descend à Montevideo. Bien qu'il ait alors soixante-seize ans, il est encore plein d'illusions, et fertile en projets grandioses ; mais la vue baisse, la fatigue vient plus rapidement, le poids de l'âge se fait sentir ! Il envoie de nouveaux échantillons au Muséum et notamment les graines de cette magnifique nymphéacée, la *Victoria regia*.

Ses dernières années se passent à San-Borja et à Santa-Ana où sont situées ses deux propriétés ; ses voyages à Montevideo se font plus rares ; on le voit cependant encore en 1855 présider dans cette ville un banquet où l'on célèbre la prise de Sébastopol. Puis il est chargé d'organiser le Musée de Corrientes et pense, à quatre-vingt-quatre ans, à entreprendre de nouveaux voyages.

Humboldt, qui l'avait toujours chéri, avait entretenu avec lui une correspondance aussi active que l'avaient permis les événements, il était au courant de ses travaux et de ses découvertes et il chargea le voyageur Avé Lallemand d'aller le voir C'est la dernière visite d'un Européen que reçut Bonpland et le récit qu'en publia Avé à son retour laisse une pénible impression de tristesse. Vingt-trois jours plus tard, 11 mars 1858, s'éteignait notre compatriote à la Restauracion, où l'avaient amené ses trois enfants.

Le gouverneur Pujol, voulant lui faire donner une sépulture nationale dans la capitale, distante de 70 lieues, fit embaumer le corps qui fut confié à la garde d'un jeune homme.

Sur ces entrefaites un *gaucho* ivre salua, du pas de la porte, Bonpland étendu sur sa couche funèbre. Ne recevant pas de réponse, il se jeta sur lui et, à coups de poignards, il lacéra le cadavre, rendant ainsi l'embaumement inutile et empêchant les funérailles nationales qui devaient être faites.

Telle fut la vie si agitée de Bonpland qui ne trouva même pas le repos dans la mort. Ces détails curieux et ignorés proviennent de la correspondance inédite que vient de publier M. le Dr Hamy (1). C'est une

---

1. *Aimé Bonpland, médecin et naturaliste, sa vie, son œuvre, sa correspondance...*, par le D^r Et. Hamy. Paris, Guilmoto, 1906, in-8°.

très curieuse figure qu'il nous fait connaître en détail et sur laquelle il projette une vive lumière. On peut se faire ainsi une idée bien plus vraie de la valeur de ce botaniste qui, s'il n'a laissé que peu d'écrits, avait été surtout connu comme le compagnon de Humboldt. On apprécie mieux, grâce à la publication que nous venons d'analyser, les importantes et nombreuses découvertes d'Aimé Bonpland, accomplies au cours de l'existence la plus accidentée qui se puisse imaginer. C'est un nouveau service qu'aura rendu à la science M. le Dr Hamy en étudiant cette série de voyageurs et de botanistes plus ou moins ignorés ou mal connus qui ont porté le renom de la science française au Nouveau-Monde.

GABRIEL MARCEL

LES ARTISTES ROCHELAIS

Fromentin (Eugène-Samuel-Auguste), artiste peintre et écrivain, né à La Rochelle le 8 décembre 1820, décédé le 27 août 1876.

Après d'excellentes études faites au collège de sa ville natale, Fromentin, pour obéir à la volonté paternelle, s'adonna à l'étude du droit, bien que de secrètes aspirations le poussassent du côté de la littérature et des arts. Libre enfin de suivre sa double vocation, il ne connut d'autre maître que la nature, de là une pente secrète à s'affranchir de toute dépendance, de toute tradition d'école. Et quand enfin il sentit le besoin d'une discipline tutélaire, il choisit le plus indépendant des maîtres et il entra dans l'atelier de M. Louis Cabat. Là son goût pour le paysage s'affirma et il ne tarda pas à prendre rang parmi les coloristes de son époque.

Soit hasard, soit préméditation, au sortir de l'atelier de Cabat, il visita à plusieurs reprises l'Algérie et s'éprit, de plus en plus, de cette nature si curieuse, si originale et en même temps si variée. Tandis qu'il en reproduisait les principaux traits dans des livres remarqués dès leur apparition: *Une Année dans le Sahel,*

Un Été dans le Sahara, il en traduisit les aspects séduisants sur des toiles qui figurèrent aux expositions de peinture (1847-1869) et qui valurent à leur auteur des récompenses et des distinctions méritées. Parmi les tableaux dus à son pinceau nous citerons les suivants ; *Episodes de la vie arabe, Les Gorges de la Chiffa, Enterrement maure, Chasse à la gazelle, Lisière d'oasis pendant le sirocco, L'Audience chez un kalifat, Hauts Plateaux de la Kabylie, Coup de vent dans les plaines d'alfa, Voleurs de nuit, Chasse au héron, Tribu en marche dans les plaines de Tell.*

Quelle que soit l'impression produite par une manière si neuve, si inattendue d'interpréter la nature d'Orient, quelles que soient les réserves d'une critique judicieuse, on ne peut s'empêcher de reconnaître dans Fromentin un tempérament d'artiste et dans sa manière l'alliance heureuse et toujours féconde de la couleur et du style. Au dire des connaisseurs, le point culminant de son talent aurait été atteint au salon de 1863, avec les deux tableaux : *Bivouac arabe au lever du jour*, et le *Fauconnier*. Les mêmes critiques signalent chez l'artiste dans les dernières années de sa vie une sorte de décadence, de défaillance si l'on veut, dont le *Combat des Centaures*, exposé au Salon de 1868, semble une preuve, ou un présage. Mais si l'artiste semblait décliner, l'écrivain, au contraire, grandissait. On sait le retentissement qu'ont obtenu, en 1876, à mesure qu'ils paraissaient dans la *Revue des Deux Mondes*, les articles qu'il a consacrés aux maîtres de l'école ou des

Monument d'Eugène Fromentin
par Dubois.

écoles flamandes, sous ce titre : *Les Maîtres d'autrefois.*

Ces articles, réunis en volume, n'ont pas eu moins de succès dans le public lettré. Tous ils attestent, chez Fromentin, un vif amour de l'art, la parfaite connaissance de son sujet et le maniement facile d'une langue qui ne se prête pas toujours aisément à l'interprétation des œuvres d'art. « Toute la verve, tout l'enthousiasme, toute la passion d'artiste qui animaient Fromentin se retrouvent parmi ces pages. » (Ad. Viollet le Duc. *Journal des Débats* du 4 octobre 1876.) Le critique, un peu sévère parfois, auquel nous empruntons ce jugement, conclut ainsi, au sujet de Fromentin : « Il avait à son service et au nôtre deux puissantes cordes pour l'enseignement : l'expérience acquise et une rare sagacité d'analyse. C'était en outre un artiste convaincu, agité par la recherche du mieux, dévoué tout entier aux deux arts d'écrire et de peindre, admirablement doué des qualités délicates du coloriste, mais très amoureux de la forme et passionné pour le style. Sa nature ardente, souvent tendre, toujours distinguée, était surtout sympathique. Je ne sais s'il eût été bon professeur, mais sa parole et ses écrits auraient continué à répandre une salutaire influence. »

Ajoutons que Fromentin était très aimé dans les ateliers. On y goûtait son esprit affable, la sûreté de son jugement et la bienveillance avec laquelle il accueillait les débutants.

Aussi la mort prématurée de Fromentin ne fut pas

seulement une perte pour la littérature et les arts qu'il honorait également, c'en fut une pour sa famille qui le chérissait, pour ses amis et pour tous ceux enfin qui le connaissaient.

Eugène Fromentin est mort le 27 août 1876 dans sa propriété de Saint-Maurice, dans cette contrée sévère aux vastes horizons de mer qu'il a décrite dans *Dominique* avec l'amour du sol natal. De violents accès de fièvre causés par un anthrax charbonneux l'enlevèrent au bout de quelques jours. Il n'était âgé que de cinquante-six ans. Les sentiments religieux traditionnels dans sa famille consolèrent ses derniers moments.

Aux tableaux énumérés plus haut, il convient d'ajouter : le *Nil* et un *Souvenir d'Esneh*, résultat d'un voyage en Egypte et, parmi les ouvrages imprimés, *Dominique*, roman qui parut d'abord dans la *Revue des Deux-Mondes*.

Outre les médailles qu'il avait obtenues aux diverses expositions, Fromentin avait reçu en 1869 la croix d'officier de la Légion d'honneur, la plus belle récompense due à son mérite. Nul doute que s'il eût vécu davantage il n'eût gagné la plus flatteuse de toutes et n'eût été s'asseoir sur un fauteuil à l'Académie française, près de Charles Blanc.

Au cimetière, le général baron Dumont rendit hommage à la mémoire de l'écrivain, de l'artiste, de l'homme de bien et du chrétien.

L. Delayaut a retracé dans le *Courrier de La Rochelle* du 30 août 1876 la carrière de son illustre élève ;

il a rappelé que le jeune rhétoricien avait fait le 16 mars 1837 une paraphrase du psaume VIII pleine de promesses et qu'il avait, dix ans plus tard, collaboré à la *Revue organique* fondée par un autre de ses disciples, Emile Beltremieux. C'est un de ses élèves, Paul Gaudin, qui a fait sur l'œuvre littéraire de Fromentin une conférence publiée chez Siret qui a ravi les délicats par un style personnel et charmant. Cette œuvre fut très remarquée.

Enfin pour perpétuer la mémoire d'un artiste qui honore sa ville natale, le conseil municipal de La Rochelle a décidé que la rue Monconseil, qui conduit à la rue Du Paty dans laquelle Eugène Fromentin est né, porterait le nom de rue Fromentin.

Henri Feuilleret

Un monument dû à M. Dubois a été élevé à Eugène Fromentin, par les soins d'un comité, présidé par William Bouguereau. Le maire, M. E. Decout, le sous-secrétaire d'Etat aux Beaux-Arts M. Dujardin-Beaumetz, le docteur Brard, qui avait publié une note sur Fromentin, M. Blanchon ont prononcé des discours remarqués à l'inauguration. Brunetière avait fait une conférence. M. Gabriel Audiat avait fait une étude digne du maître qu'elle célébrait, ainsi que M. Louis Gonse. M. P. Blanchon vient de publier les lettres inédites de jeunesse de Fromentin.

ADOLPHE-WILLIAM BOUGUEREAU

(30 nov. 1825-19 août 1905)

Voici le discours de M. le préfet André Regnault :

« Le grand artiste auquel nous rendons les derniers devoirs avait porté dans l'univers entier le renom glorieux de la France. Sa mort met en deuil le monde des arts et sera ressentie avec une émotion particulièrement profonde à La Rochelle, sa ville natale, qui perd en lui un de ses plus illustres enfants. M. le Sous-Secrétaire d'Etat aux Beaux-Arts, empêché d'assister à cette triste cérémonie, m'a chargé de me faire ici l'interprète de ses sentiments de condoléances les plus vives auprès de la famille de M. Bouguereau, cruellement frappée dans ses affections les plus chères, aussi bien qu'auprès des représentants autorisés de la ville de La Rochelle, cette autre famille également atteinte par le deuil qui nous réunit devant ce cercueil ; comme représentant du département, je tiens à joindre l'expression de mes condoléances personnelles à celles qui émanent d'une personnalité aussi haute.

« Je n'ai pas à apprécier ici l'œuvre considérable de W. Bouguereau ; ses principaux chefs-d'œuvre, popularisés par la photographie et la gravure, sont entrés dans le domaine public et connus de ceux-là mêmes qui ne s'adonnent pas plus spécialement aux questions artistiques. La délicatesse exquise et la fraîcheur du coloris, la pureté académique du dessin semblent être les qualités maîtresses de son pinceau et défier même la critique et la malveillance. Travailleur infatigable, gardien scrupuleux et jaloux de la dignité de son art, il laisse le souvenir et l'exemple d'une existence toute d'honneur et de probité, consacrée sans défaillance aucune au culte du beau et de l'idéal. Né dans une situation modeste il sut, par son énergie, triompher des difficultés qui menaçaient de paralyser son essor ; mettant à profit l'appui qu'il rencontra auprès des pouvoirs publics, il suivit la voie où l'appelait sa vocation et devint le maître universellement admiré dont la renommée avait franchi les océans : maître, il le fut dans toute l'acception du terme, car il fut un remarquable professeur et obtint, en cette qualité, les plus brillants succès. Membre de l'Institut, président de l'Association des artistes, grand-officier de la Légion d'honneur, il meurt chargé d'ans et d'honneurs, ayant eu cette bonne fortune, qui n'est pas échue à tous les artistes, de n'avoir pas à attendre, pour obtenir justice, le jugement de la postérité et d'avoir vu, de son vivant, ses rares mérites reconnus et consacrés par ses contemporains.

« Je salue avec une douloureuse émotion la grande figure artistique qui disparaît en la personne de William Bouguereau et je m'associe au deuil qui frappe la ville de La Rochelle dans ses affections et ses fiertés légitimes. Puissent les témoignages unanimes de sympathie respectueuse dont elle est entourée dans ces tristes circonstances être un adoucissement au chagrin profond de la famille de l'artiste éminent qui vient d'entrer dans la postérité. »

M. Decout, maire de La Rochelle, prend la parole après le préfet.

« La mort implacable, dans sa suprême et rigoureuse égalité, vient encore de plonger dans le deuil une famille rochelaise en enlevant à la France un de ses hommes illustres. Après une maladie dont les premiers atteintes remontent à deux années déjà, notre éminent compatriote Bouguereau s'est éteint dans son hôtel de la rue Verdière dans la nuit du 19 au 20 août 1905.

« Il n'appartient pas à un profane d'apprécier ce que fut Bouguereau comme peintre et l'œuvre immense qu'il laisse derrière lui. Que pourrais-je dire qui n'ait été dit depuis deux jours par la presse universelle dans un mouvement unanime de regret et d'admiration sinon qu'il a su émerveiller le monde entier ? Des personnes autrement compétentes ne manqueront pas, d'ailleurs, de faire ressortir les brillantes qualités de l'artiste, son talent incontesté et plus particulièrement sa science impeccable du dessin et du coloris, mais j'ai pensé qu'il était de mon devoir de venir, au nom de la ville de La Rochelle, dire ce que fut l'homme qui n'est plus et apporter à sa famille un adoucissement à sa douleur.

« William Bouguereau naquit à La Rochelle le 30 novembre 1825. Il appartenait à une vieille famille rochelaise établie dans notre ville depuis le XVIe siècle. En 1832 son père, qui était négociant, partit s'établir à Saint-Martin-de-Ré. L'enfant fut mis à l'école primaire de cette localité et il ne tarda pas à s'y faire remarquer par des aptitudes sérieuses pour le dessin en illustrant ses livres et ses cahiers de croquis et de paysages.

« Il fut ensuite confié à son oncle, curé de Mortagne-sur-Gironde, qui lui enseigna les rudiments du latin jusqu'au moment où sa famille le mit au collège de Pons, qui était alors en pleine prospérité. C'est là qu'il reçut pour la première fois de véritables leçons de dessin.

« En 1842, son père le fit venir à Bordeaux pour l'aider comme commis dans le commerce qu'il venait d'entreprendre, mais ses aptitudes le poussaient vers d'autres horizons et au bout de deux ans, pendant lesquels il tint son emploi tout en assistant aux cours de l'école des Beaux-Arts de Bordeaux, il déclara à ses parents qu'il désirait se consacrer exclusivement à la peinture. Sa mère, femme de haute intelligence et de tempérament énergique et résolu, réussit à vaincre les hésitations du père inquiet des incertitudes de la carrière de peintre et il était fait successivement chevalier, officier, commandeur et enfin grand officier de la Légion d'honneur.

« L'art fut la principale préoccupation de son existence et grâce à un labeur assidu son œuvre est immense et répandue dans le monde entier. Dans notre ville, nous avons en dehors des œuvres conservées au musée, le bonheur de posséder un de ses chefs-d'œuvre : la décoration de la chapelle de la Vierge dans cette même cathédrale où une foule émue vient lui rendre un suprême hommage.

Il sut toujours se tenir à l'écart de la politique, mais, s'il n'affirma jamais des opinions pour ou contre un régime quelconque, il fut du moins un excellent citoyen, aimant passionément son pays et sachant le prouver dans les moments difficiles. Dès le début du siège de Paris, en 1870, il n'hésita pas à s'engager dans la garde nationale, où il fit courageusement son devoir avec une patriotique ponctualité.

Il avait surtout conservé pour sa ville natale un amour profond et vivace. Il en vantait avec enthousiasme la beauté originale, le climat doux et sain, l'air léger et lumineux. Dans le décor pittoresque de ses vieilles tours, son port était le plus beau du monde, et les nombreux bateaux de pêche avec leurs voilures multicolores constituaient pour lui un tableau ravissant et toujours nouveau.

Aussi chaque année venait-il passer deux mois dans notre ville dont il charmait les habitants par l'affabilité de son caractère et la simplicité de ses manières. Toujours doux et accueillant, parlant à tous sans contrainte, il n'était pas rare de le voir, lui, membre de l'Institut et grand-officier de la Légion d'honneur, discuter avec des marins pêcheurs des questions de navigation.

Il possédait dans notre ville un noyau de véritables amis avec lesquels il aimait à converser et qu'il savait tenir sous le charme par ses connaissances multiples et variées.

Mais il aimait par-dessus tout les jeunes gens qui, grâce au concours de la ville, peuvent fructueusement suivre les cours de l'école des Beaux-Arts. Tous étaient assurés de trouver chez l'illustre maître une paternelle bienveillance ; des conseils précieux et surtout un exemple à nul autre pareil.

En 1846, il se faisait inscrire à l'atelier du peintre Picot. Sa vie doit, à ce moment, être citée comme un exemple de ce que peuvent l'énergie, le courage et la volonté. Ses ressources financières étaient des plus modestes ; il ne s'en consacrait pas moins tout entier à son art, vivant seul et ne fréquentant jamais ni les lieux de plaisir ni les cabarets artistiques ou littéraires. A cette époque de sa vie, il écrivait un mémorial où se révèlent les principaux traits du caractère de l'homme, l'absence de présomption et de fatuité et la conscience de la nécessité d'un travail opiniâtre.

En 1850, il obtenait le grand prix de Rome et séjournait pendant quatre années en Italie. A son retour, son talent s'était pleinement affirmé, et la notoriété et la gloire allaient être le fruit de tant d'efforts et d'une si noble persévérance. Les distinctions honorifiques vinrent bientôt récompenser l'artiste de l'éclat que son nom faisait rejaillir sur le pays. Il savait même par un mot aimable et des remarques judicieuses encourager les amateurs rochelais dans leurs essais et il n'a certainement pas été sans exercer une heureuse influence sur les manifestations artistiques de la ville de La Rochelle.

Il sut également consacrer ses forces et son activité au développement des sociétés d'artistes qu'il fut appelé à présider, on peut dire que c'est grâce à son dévouement qu'elles purent atteindre le degré de prospérité qu'on leur connaît. Je ne puis enfin passer sous silence le zèle qu'il déploya pour contribuer à l'édification d'un monument à un autre Rochelais également glorieux, Eugène Fromentin, et c'eût été pour nous une grande joie que de voir un enfant illustre de notre ville apporter dans quelques jours son tribut d'affectueuse admiration à son compatriote et ami.

Le destin, hélas ! n'a pas voulu qu'il en fût ainsi. Et aujourd'hui nous en sommes réduits à pleurer Bouguereau.

Cette belle intelligence est éteinte, mais son œuvre est impérissable et son existence laborieusement remplie pourra constituer un noble exemple aux générations présentes et futures.

Au nom de la ville de La Rochelle, j'apporte à sa famille l'expression de notre plus respectueuse sympathie et à son cher défunt le suprême adieu de la vieille cité qu'il aimait tant et sur laquelle sa gloire a jeté le plus vif éclat. »

PRINCIPALES DATES DE L'HISTOIRE ROCHELAISE

Commencements de la ville, 1023 ; Seigneurs de Mauléon, héritiers des seigneurs de Châtelaillon ; Chartes octroyées, 1130, 1169, 1199 ; La Rochelle aux Anglais, 1152 ; Siège et prise de la ville par Louis VIII, 15 juillet 1224 ; Juifs chassés, 1291, 1306 ; Journée de Poitiers, 19 septembre 1356 ; La Rochelle cédée aux Anglais, 6 décembre 1360; Combat naval des Anglais et des Espagnols, 22 juin 1371 ; Jean Chaudrier délivre La Rochelle des Anglais, 15 août 1372 ; Traité des Rochelais avec le roi de France ; Libertés conquises, août 1410 ; Le nouveau port construit ; Guillemette, Rochelaise, conseillère de Charles V ; Descentes et incursions des Anglais ; Le Dauphin Charles VII à La Rochelle, 11 octobre 1422 ; Catherine exhorte le peuple à fournir de l'argent à Charles VII ; Siège de Mornac, 17 mars 1433 ; Altération des privilèges, 1422, 1424, 16 mars 1436 ; La tour de la Lanterne achevée, 1468 ; Louis XI à La Rochelle, 24 mai 1472 ; Représentation d'un mystère, 1491 ; Les pirates, 1507 ; La peste, 1471 ; Discordes civiles, 1487 ; La commune abolie, 1535 ; François Ier à La Rochelle, 30 décembre 1536 ; Une partie de la ville renversée par l'explosion d'un magasin de poudre, 19 janvier 1546 ; La commune rétablie, 11 juillet 1548 ; La Réforme, 1512 ; Ramasseur dans l'Aunis, Martyrs à La Rochelle, 1535-1552 ; Représentation d'une moralité, 1557 ; Le *simultaneum* à Saint-Sauveur et à Saint-Barthélemy, 1561 ; Le duc de Montpensier abolit le culte réformé,

26 octobre-13 novembre 1561 ; Tyrannie royale ; Le capitaine Chesnet, 8 février 1563 ; Charles IX à La Rochelle, 11 septembre 1565 ; La commune abolie puis rétablie ; Le prince de Condé à La Rochelle, 11 septembre 1568 ; Préparatifs de défense ; Gouvernement des princes, 18 septembre 1568 ; Henri de Navarre sauvé par le capitaine Lardeau 1568 ; Bataille de Jarnac ; Condé assassiné, 13 mars 1569 ; Bataille de Moncontour, 60.000 réfugiés à La Rochelle, Coligny, La Noue ; Edit de Saint-Germain-en-Laye, 8 août 1570 ; Second mariage de Coligny et de sa fille avec de Téligny ; Synode national à La Rochelle, Th. de Bèze modérateur, 12 avril 1571 ; La Saint-Barthélemy, 24 août 1572 ; Siège de 1573, (10 décembre-26 juin) ; Traité de paix, 13 août 1573 ; Les Rochelais demandent la convocation des Etats généraux ; Mort de Charles IX entre le chirurgien protestant Ambroise Paré et sa nourrice huguenote qui le console, 30 mai 1574 ; Edit du 14 mai 1576 ; Les troubles recommencent ; Henri III, chef de la Ligue, juillet 1575 ; Traité avec Condé, 23 janvier 1577 ; Paix signée, septembre 1577 ; Mort de René de Rohan, 27 avril 1586 ; Pose de la première pierre du grand Temple par Condé, mars 1577 ; Réouverture du jeu de l'arquebuse, novembre 1578 ; Victoire de Henri roi de Navarre qui vient à La Rochelle, 1588, et fonde deux chaires au collège ; Henri III se réconcilie avec Henri de Navarre, il est assassiné par les Ligueurs ; Siège de Paris, 22 mai 1594 ; Henri IV roi protestant ; Décès du pasteur Odet de Nord, mars 1593 ; Les Rochelais secourent Henri IV ; La flotte espagnole fuit devant celle des Rochelais ; Henri IV se fait catholique, 25 juillet 1593 ; il signe l'Edit de Nantes en 1598 ; Sully protecteur des Rochelais, juillet 1604 ; Henri IV assassiné, 14 mai 1610 ; Les Rochelais s'allient avec Rohan pour leur défense, 1611 ; Traité avec Condé ; Les Rochelais s'emparent de Rochefort, 1614-

L'arrêt du 11 mars 1615 termine les discordes intestines entre les bourgeois et le corps de ville ; La liberté religieuse du Béarn menacée; Assemblée de La Rochelle, 1617-1619.

Premier blocus de La Rochelle (1621) ; Guiton, amiral des Rochelais chasse des rades les vaisseaux du roi (1621); Héroïsme de Job Foran ; Défaite de Soubise, 16 avril 1622 ; Pompée Targon propose de fermer le port par une digue ; Le Fort Louis maintenu, malgré les traités ; Grande bataille navale, 26 octobre 1621 ; La paix ; La ville fait don d'un vaisseau de guerre à Guiton, 7 décembre 1622 ; Complot de Vincent Yvon ; Soubise à Blavet, 1625 ; Thoiras à l'île de Ré, 1627.

Revendication de la population nomade de marins et d'étrangers contre la suprématie du Corps de ville, dans la direction des affaires de la commune ; Paix signée ; Nouvelle coalition ; Mme de Rohan à La Rochelle, 22 juillet 1627 ; Les Anglais à l'île de Ré, 22 juillet 1627 ; Siège par Richelieu, 10 septembre 1627 ; Louis XIII à Aytré, 12 octobre 1627 ; Spinola propose à l'Espagne de prendre parti pour La Rochelle contre Richelieu ; Première armée anglaise ; La digue, 30 novembre 1627 ; Guiton maire, 2 mai 1628 ; Seconde armée anglaise, 18 avril 1628 ; Le clergé vote trois millions pour le siège de La Rochelle ; La famine, troisième armée anglaise, 23 octobre 1628 ; Reddition de La Rochelle, 28 octobre 1628 ; Entrée du roi ; Levenant de la Grossetière décapité ; Mmes de Rohan prisonnières au château de Niort ; Guiton et son frère, les pasteurs Salbert et Palenier, Mathieu et Abraham Tessereau, Gerault, Tharay, Torterue, Chesneau, Blandin des Herbiers, bannis pour six mois ; Une tempête démolit une partie de la digue, 8 novembre 1628 ; Premier prêche à Saint-Yon, 19 novembre 1628 ; Le Grand Temple donné aux catholiques pour servir de cathédrale ; Cour des Salins, 1639-1643 ;

Anne d'Autriche à La Rochelle, 1632 ; Mort de Louis XIII et de Richelieu, 1642 ; Evêché de Maillezais transféré à La Rochelle (bulle d'Innocent X du 2 mai 1648, lettres patentes de Louis XIV, août 1648 et 20 mai 1664) ; Dévouement des protestants au roi pendant la Fronde, 1648 ; Persécutions contre les protestants à partir de 1660 ; Révocation de l'Edit de Nantes, 17 octobre 1685 ; Le roi songe à détruire La Rochelle, 1689 ; Le maréchal de Lorge et l'ingénieur Ferry démontrent la possibilité de mettre la place à l'abri de toute insulte ; Vauban ; Milices rochelaises, 1689 ; La Mairie redevient élective, **1694-1705** ; incendies de l'auditoire de la juridiction consulaire de la Bourse, du couvent des Récollets, de l'église Saint-Sauveur ; Anne Forestier fonde l'hôpital Saint-Etienne, 1709 ; Première pompe à incendie venue de Hollande, 1724 ; Tremblements de terre en 1703, 1704, 1706, 1711, 1776, 1780 ; Trombes en 1703 et 1712 ; Le chevalier de Saint-Georges fils de Jacques II d'Angleterre, à La Rochelle, octobre 1711 ; Chambre de commerce, 15 juillet 1719 ; Société philharmonique, 1730 ; Académie, avril 1732 ; La cathédrale rebâtie, 1741-1784 ; Bibliothèque, avril 1750 ; Mariages aux frais de la commune, 1754 ; Histoire de La Rochelle par E. Arcère, 1756-1757 ; Les **Anglais** menacent l'île d'Aix et sont repoussés par les Rochelais, septembre 1757 ; Verrerie à Lafond, 1757 ; Le clergé séculier remplace les Pères Jésuites au Collège, 1762 ; Le duc d'Orléans, 1775 ; Le comte d'Artois, 1777 ; les princes de Condé, 1780 à La Rochelle ; Le Mail ; La guerre d'Amérique, 1778-1783 ; Premier aérostat à La Rochelle, 22 février 1784 ; L'arsenal, 1786 ; Le musée Lafaille, 1782 ; Edit de novembre 1787 rendant l'état civil aux protestants ; Assemblée des notables, 1788 ; Les libertés politiques fondées par la Révolution française.

Histoire municipale de 1630 a 1789.

La direction générale des affaires publiques et communes des habitants de la ville de La Rochelle, établie après la suppression de la mairie élective et des privilèges, fut composée en 1667 (premier registre conservé aux archives municipales) de Louis Doyneau, lieutenant général criminel au présidial, chef, François Landaz, sieur de Laubray, conseiller, second chef, Chavigneau, élu, Bouchereau, avocat, Thibault, avocat, syndic de la paroisse de Coignes, Teulleron, avocat, syndic de Saint-Barthélemy, Chauvet, marchand, syndic de Saint-Sauveur, Robert, marchand, Bonnet et Coustand, procureurs, Savin, marchand, Bareau, syndic de Saint-Jean-du-Perot, Teuleron, notaire secrétaire, Roy, marchand, Martin, syndic de Saint-Nicolas. Adjoints : Jean Rougier, conseiller honoraire, Jacques Tuffet et Saturnin Griffault, conseillers, Nicolas Drouault, avocat, Hélie Delafond, ci-devant procureur, et de Boisneuf. Parmi les affaires soumises à leurs délibérations figurent l'établissement de l'hôpital général et l'achat de la maison du Plessis (3 avril 1667), les réjouissances à l'occasion du mariage de la reine de Portugal et la naissance de Madame de France, l'opposition à une ordonnance de l'intendant Colbert du Terron sur les droits de courtage prétendus par le fermier général des aides.

et revendication de la liberté de commerce pour tous les habitants forains et étrangers ; les réparations aux tours et le curage du havre, le règlement des futailles à vin et eau-de-vie ; la résistance aux prétentions des curés de la banlieue à la dîme des sainfoins, etc., de la banlieue ; un emprunt de treize mille livres pour l'acquittement des dettes déclarées, la reconnaissance des privilèges de noblesse du président Louis Durand, sieur de la Vaux-Martin ; la construction d'un mail de 430 toises de longueur et 110 de largeur (1672), l'acquisition de maisons derrière le jeu de paume des Grolles.

Les chefs de la direction furent : 1667 Louis Voyneau, sieur du Plessis Mauclerc, 1668 Louis Durand, 1671 Durand de La Vaux Martin, 1672 Mathurin Bretineau, 1673 Marivonnet, 1674 Grosseau, 1675 Delagrange, 1676 Voyneau, sieur de la Coussaye, 1677 Durand de la Vaux Martin, 1678 Louis Guibour, 1679 Durand de la Vaux Martin, 1681 Voyneau de la Coussaye, 1683 Regnier, 1686 Guerry de la Marcadière, 1689 Regnier, 1690 Antoine Marchand, 1691 Antoine Guibour, sieur du Val, 1693 Poirel.

On trouve dans les papiers et titres de la direction : les statuts des maîtres tonneliers, maîtres couvreurs et plombiers, maîtres cordiers, maîtres pâtissiers, etc.; le logement du lieutenant de roi ; le droit de mouvance prétendu par le duc de Saint-Simon sur la ville neuve; la réparation des fontaines ; le payement de 108 livres aux matelots basques qui ont contribué à éteindre l'incendie du Grand

Hôtel construit pour le maire Pontard, par les soins de Léonard de la Préau, monument historique restauré sous la mairie d'Alcide d'Orbigny. — Caisse d'épargne.

Temple de la place du Château, converti en cathédrale (10 juillet 1687); le remplacement par un ancien catholique du sieur Bion, nouvellement converti, dans sa fonction de commissaire de police et du sieur d'Hariette, aussi nouveau converti, syndic de Saint-Barthélemy dans celle de directeur (30 décembre 1688); la réparation et entretien des horloges, des fontaines, la plantation de la place d'Armes, etc. Le 10 mai 1691, la direction enregistre les lettres de réhabitation de noblesse obtenues le 11 septembre 1690 par Pierre Gaallon, escuyer, sieur des Carreaux, fournisseur des arsenaux de Rochefort et de Brest, par suite de la dérogeance encourue par Anthoine Gaallon, son père, marié après la prise de la ville avec Jaquette Chaigneau, et qui, ayant consommé le peu qu'il avait dans le service, avait été obligé de faire le commerce pour faire subsister sa famille, qui était issue d'une noble race de la province de Normandie. Gages du géographe et du chirurgien major du port chargé de tenir l'école de pilotage.

Pension annuelle de cinq cents livres à Didier Poirel, secrétaire de la direction et subdélégué de l'intendant, en récompense des soins qu'il a pris pour la conversion des sujets du roi de La Rochelle et pays d'Aunis qui étaient de la Religion réformée (11 novembre 1686).

Il y avait alors à la Rochelle des religieuses hospitalières, Ursulines, de la Providence, de Sainte-Claire et des religieux Jacobins, Carmes, de la Charité, Augustins, de l'Oratoire et Jésuites qui possédaient plusieurs maisons, indépendamment de leurs couvents.

Venette reçoit 400 livres à la place de Gallot, comme médecin des hôpitaux (16 mars 1694). Défense de faire des eaux-de-vie de sirop, à peine de mille livres d'amende (17 avril 1694).

A partir de 1696, la mairie est rétablie et confiée aux trésoriers de France et les délibérations du corps de ville succèdent à celles de la direction. Juillard, marchand pelletier, reçoit vingt livres pour fourniture de quatre chaperons de peau de lapin herminée pour les maires et échevins. Deux casaques, six bandolières aux armes du roi et de la ville et six pertuisanes, garnies de franges de soie, sont fournies pour les sergents. On livre des meubles pour le service du marquis de Villette, lieutenant général des armées navales de Sa Majesté, pour le maréchal de Tourville, etc. Le maréchal de Tourville prescrit les mesures à prendre en cas de bombardement de la ville par les Anglais. Une poudrière est construite dans la place du bastion, près le moulin du Prêche. Le corps de ville proteste contre la place occupée à la cathédrale par les officiers du présidial au *Te Deum* de la prise de la ville d'Achim (Flandre). Il est établi 500 lanternes au lieu de 260 pour éclairer la ville (juin 1697). 800 livres sont votées à chaque fête pour les feux de joie. Le corps de ville fait présent à la comtesse de Gacé de 50 livres de bougie, 50 livres d'écorce de citron et 6 pains de sucre royal. Jean Cochon-Dupuy, médecin de la marine, est nommé médecin de l'hôpital général, à la place de Vénette, aux gages annuels de 400 livres. Quatre sœurs grises sont établies pour enseigner la jeunesse aux gages de 600 livres chacune, et neuf maîtres d'école sont également institués. Le Roi prescrit l'obligation de la fréquentation des écoles par les enfants de ceux dont les pères et mères ont fait profession de la religion réformée, et pour leur enseigner le catéchisme, les conduire tous les jours à la messe, etc., 150 livres pour les maîtres d'école, 100 livres pour les maîtresses (avril 1695). L'arrêt du 29 juin 1700 établit un député pour le conseil de commerce. Un maître de langue anglaise est nommé à 350 livres par an. Un présent est fait à Mme de Chamilly de confitures sèches, écorce de citron, sucre royal et bougie blanche pour 338 livres. Deyssautier reçoit comme maire 500 livres de gages. L'arrêt du conseil du 21 octobre 1698 donne la gauche à messieurs du corps de ville dans les processions contre les prétentions des officiers du présidial. 3.500 livres sont votées pour les réjouissances faites pour la naissance du duc de Bretagne. La fontaine de Chamilly est construite hors la porte Dauphine (registres de 1704-1709). Les privilèges accordées à Daunat, directeur de la Monnaie, en sa qualité de conseiller secrétaire du roi, maison, couronne de France et des finances, sont enregistrés. Anne Forestier, avec le concours de l'évêque Etienne de Champflour, fonde l'hôpital des Forestières ou de Saint-Etienne. Enlèvement des plaques d'airain injurieuses pour les habitants et contraires à la vérité historique, placées sur la fontaine de la place du Château (28 septembre 1715).

« Il n'y a pas la vingtième partie des habitants qui soient descendus des anciens, écrit le corps de Ville au duc d'Orléans, les autres étant venus de diverses provinces du royaume, s'y établir ; les uns et les autres ont donné, dans les occasions, des marques de leur fidélité, ils ont été chargés seuls de la garde de la ville dans l'intervalle de sa reddition jusqu'au rétablissement des fortifications, ils s'y sont comportés avec une conduite et une discipline aussi exacte que celle des troupes réglées. MM. le Maréchal de Navailles, le duc de Gadaignes, les maréchaux d'Estrées, de Tourville et de Chamilly qui leur ont succédé dans le commandement de cette province les ont honorés de leur confiance et ont autant compté sur les milices bourgeoises de La Rochelle que sur des troupes réglées. Pendant les guerres de 1672 lorsque la nombreuse armée navale des Hollandais parut sur ces côtes, ces milices furent employées à garder les endroits voisins de la ville car les ennemis eussent pu tenter une descente, mais ayant été informés de leur contenance et de leurs dispositions par sept frégates qu'ils avaient détachées pour les venir reconnaître, ils se contentèrent de faire une descente à la côte au Poitou » (Registres de 1710 à 1718). Déclaration du roi qui rétablit la mairie élective (5 février 1718). Un maire, quatre échevins, dix conseillers de ville et un procureur-syndic. Les quatre échevins tirés l'un du corps du Présidial ou du bureau des finances et les trois autres aussi bien que le procureur-syndic, de l'élection, de l'amirauté, de la monnaie, des bourgeois sans profession, des avocats ou médecins et des commerçants en gros... Le maire, portera une robe d'écarlate, comme les officiers au Présidial et les échevins une robe de satin noir... Les archers de ville, des habits bleus à parements rouges avec des bandoulières de velours chargées des armes royales et de celles de la ville. Le 16 mai, l'intendant Jean-François de Creil installa les nouveaux officiers : maire, Beraudin, lieutenant général au Présidial, 1er échevin Parnajon, lieutenant particulier, 2e Bigotteau, président en l'élection, 3e Jean Bruslé, procureur du roi en la Monnaie, 4e Jean Butler, négociant. Conseillers, Deyssautier, trésorier de France, Griffon, lieutenant criminel, Cornereau, procureur en l'élection, Nectoux, procureur de l'Université, Guillotin, avocat, Des Barbalières, médecin, Martin de Chassiron, bourgeois, Bertrand, négociant, Vincent Bureau, négociant, Nicolas Morel marchand détailleur et Gabet, procureur syndic.

Le corps de ville fit présent à M. de Chamilly de deux cents jetons d'argent qui servaient de jeton de présence pour les assemblées du corps de ville. Un office de garde des archives de l'hôtel commun de la ville fut créé (Registre 1718-1725). Un cimetière avait été établi pour la sépulture des étrangers de la religion réformée et placé derrière les Capucins. (Lettres à l'Intendant du 14 mars 1729). Une société de musique fut autorisée à tenir ses séances à l'hôtel de ville.

Le corps de ville enregistre les lettres accordées par le roi de Danemark à Théodore Jean et Gustave Noordingh, consuls à La Rochelle et à Nantes. L'académie royale des belles-lettres, sciences et arts, est établie (Registre 1725-1733). Il est fait présent au comte de Matignon de cent jetons d'argent à la même empreinte que les jetons de présence des officiers du corps de ville, de cent jetons d'argent à son secrétaire. Il est parrain et la ville de La Rochelle marraine à la bénédiction de la grosse cloche de Saint-Sauveur. Un plat à soupe d'argent, du poids de neuf marcs, montant à la somme de 513 livres, est offert au sieur Roy, secrétaire de l'intendant Barentin. La place Barentin est créée en face de la Grosse Horloge. Le corps de ville enregistre les lettres accordées par le duc de Penthièvre, amiral de France, à Jacques Thureau, courtier interprète des langues du Nord (Reg. de 1733-1748). Le 18 avril 1748, le maire prend possession de l'ancien hôtel de ville, conformément à l'arrêt du conseil du 23 janvier. Le corps de ville avait voté un logement au gouverneur pour tenir lieu de l'hôtel qui lui avait été affecté pendant cent vingt ans. Le corps de ville accorde à l'Académie deux salles de l'hôtel de ville pour les assemblées ordinaires et extraordinaires. Il assiste en robe au service célébré à l'occasion du décès de Jean de Pleurre, intendant (25 juin 1749). Richard des Herbiers, trésorier de France, donne sa bibliothèque à la ville; Arcère, de l'Oratoire, et de Villars, docteur en médecine, sont nommés bibliothécaires (10 avril 1750).

Pascaud, maire et colonel, représente la ville comme marraine, avec le comte d'Estrées, de la grosse cloche de la paroisse Notre-Dame qui est nommée Louise-Adélaïde (15 juillet 1750). Le corps de ville assiste en robe à la soutenance de la thèse qui lui a été dédiée par les écoliers du collège des Jésuites, sur l'invitation de l'intendant.

A l'occasion de la naissance du duc de Bourgogne, le corps de ville assiste au *Te Deum* et au feu de joie et dote de trois cents livres les mariages de quinze jeunes filles. Une table de quatre-vingts couverts est dressée à cette occasion à l'hôtel de ville et les nouveaux mariés sont exempts, pendant un an, de toutes charges et impositions: huit de la paroisse Notre-Dame, deux de Saint-Barthélemy, un de Saint-Sauveur, deux de Saint-Jean et deux de Saint-Nicolas. Louis La Rochelle, né de l'un des quinze mariages, a pour parrain l'intendant de Blair et pour marraine la ville, représentée par son maire, Durand de la Vaux-Martin. Gilles Nassivet père est commis pour veiller sur tous les livres de la ville, à 400 livres d'appointements, 600 livres sont votées pour le logement du lieutenant de roi Alexandre de Musset de Bonnaventure, nommé le 28 mars 1754. Le maire expose au corps de ville qu'ayant représenté à l'intendant (Baillon) qu'il ne convenait « point que les fournitures de lit des casernes de cette ville furent déplacées pour servir à d'autres usages, et que le corps de ville, s'en prendrait à l'adjudicataire tenu de les représenter en tout temps l'intendant lui répliqua en colère qu'il voyait bien que les officiers de ville voulaient le tracasser, *mais qu'il les ferait tous mettre en prison et luy maire avec eux.* On recourut à l'intervention du commandant général de Clermont-Gallérande pour calmer l'irascible intendant. Le 1er avril 1756, le corps de ville assiste au *Te Deum* et au feu de joie à l'occasion de la prise de Minorque. Le maire présente au corps de ville *l'Histoire de La Rochelle* du père Arcère, « fruit de quinze ans de travaux ». La compagnie accorde au père Arcère, pour marque de sa reconnaissance, une pension viagère, de la somme de six cents livres par an et arrête qu'il sera pris, aux dépens du corps de ville chez l'imprimeur Desbordes, trente-quatre exemplaires qui seront présentés et distribués, au nom de la ville.

Conformément à l'arrêt du Conseil d'Etat du 12 avril 1740, il est ouvert une rue de communication de la rue Saint-Yon à la grande rue. Le corps de ville fait visite au marquis de Sénecterre qui vient de recevoir le bâton de Maréchal de France et enregistre l'arrêt du Conseil du 15 mars 1757, autorisant l'établissement d'une verrerie au faubourg de La Rochelle et les lettres de service de Louis-Théodore Andrault, comte de Langeron, lieutenant général des armées du roi (Rég. 1548-1757).

« M. le maréchal de Sénecterre, M. le comte de Langeron et M. l'Intendant, témoins du zèle et de la fidélité des Rochelois et touchés de l'ardeur et de l'amour qu'ils ont marqué dans cette circonstance (en repoussant les Anglais venus de la rade, après être descendus à l'île d'Aix) en ayant exactement fait rendre compte au roy et supplié Sa Majesté d'effacer pour jamais les deux inscriptions posées (en 1675) aux deux côtés de la porte de l'église des Minimes de cette ville et que les plaques en fussent enlevées et brisées ; Sa Majesté extrêmement satisfaite des preuves de fidélité que les habitants de La Rochelle ont fait paraître en dernier lieu, et voulant leur en donner des marques sensibles, a fait adresser son ordonnance datée du 1er novembre dernier, par M. le Comte de Saint-Florentin, ministre d'Etat, à M. le maréchal de Sénecterre, portant ordre d'enlever ces deux inscriptions et de tenir la main à son exécution de même que M. l'Intendant. M. l'Intendant ayant, à cet effet, convoqué le corps de ville, dans son hôtel, le 22 novembre dernier, ainsi que tous MM. les chefs des corps et les principaux habitants de cette ville, pour être présents au procès-verbal dressé en conséquence de l'ordonnance du roi pour l'enlèvement des dites deux inscriptions, ensemble au procès-verbal qui en a été fait, le dimanche du 27 du même mois, etc., l'assemblée remplie des sentiments du plus profond respect et de reconnaissance pour les bontés du roi... en présence des religieux Minimes du couvent, de tout le monde et de la multitude du peuple assemblé, nous avons fait ôter et enlever par le nommé Amiot, serrurier de La Rochelle, les deux plaques chargées des deux susdites inscriptions, et ledit Amiot les a rompues et brisées, sous nos yeux avec des cris de Vive le Roy... et au bruit du canon de la pointe des Minimes. — Guillotin, maire, Destrapières, médecin et 3ᵉ échevin, Mercier Du Paty, Gigaux, Bigotteau, Gastumeau, Griffon, Billaud, Valin, Seignette, Couilleandeau, Moreau, secrétaire de la Ville et Baillon, intendant. »

Nomination comme conseiller perpétuel de Charles-Jean-Baptiste Mercier du Paty, président-trésorier de France (30 janvier 1758).

Le corps de ville assiste en robe au *Te Deum* chanté à la cathédrale, au sujet de la victoire remportée par le marquis de Montcalm au Canada auprès du lac Champlain. Il remercie le maréchal d'Estrées du don de son portrait à la ville (1758). Acquisition par le corps de ville de 68 volumes sur les aides, 23 sur les fermes générales, 7 sur les domaines et 126 portefeuilles d'édits et déclarations du roi, etc., de feu le sieur de Cambray, directeur des aides, pour 1.000 livres (1758) (Reg. 1757-1761).

Après la réduction de La Rochelle en 1628, Louis XIII « ôta le collège aux docteurs protestants et le donna aux Jésuites par ses lettres patentes du mois de décembre 1629... et leur accorda 2.000 livres de pension sur les revenus de la ville... L'ancien collège, outre les maîtres nécessaires pour instruire la jeunesse, avait aussi des savants dans l'hébreu, le chaldéen et le grec ; la reine de Navarre, le prince de Condé et l'amiral de Coligny, fondèrent des chaires qui ont été remplies par Pierre Lefèvre, François

Bérault et Pierre Martinius, célèbres dans la république des lettres et appelés par cette princesse ; celuy qui subsiste aujourd'huy n'a qu'un professeur de philosophie dont le cours se fait dans deux ans, un de rhétorique, un d'humanités et trois de grammaire, et ces dix professeurs n'ont entre eux qu'environ cent écoliers. Les communautés d'oratoriens, dominicains, carmes, augustins, cordeliers, capucins et récollets, seuls établis en cette ville, sont si peu nombreuses et leurs maisons de si peu d'étendue qu'il paraît impossible qu'elles soient en état de fournir les sujets nécessaires pour enseigner, ni les classes suffisantes pour y recevoir les écoliers. Le corps de ville, en satisfaisaut à l'arrêt du 6 août dernier, estime que si la cour se détermine à ôter la scolarité aux jésuites, les *ecclésiastiques séculiers* seraient les seuls convenables pour former un nouveau collège, pour remplir les places des six professeurs, d'un préfet et d'un principal... » (1er décembre 1761). En 1762, il fixe les appointements de 1.000 livres pour le professeur de philosophie. (Blanchard, prêtre du diocèse de Besançon) 900 livres pour la rhétorique (Bretomé, clerc tonsuré) 650 livres pour la seconde et 600 livres pour chacune des autres basses classes. Mérigot remplace Mossu comme maître d'hydrographie. Le maréchal de Senecterre, commandant en chef de la province, est reçu le 10 juin 1761 par la compagnie des volontaires d'Aunis, les milices bourgeoises ayant à leur tête le maire et les officiers de la garnison. Les autres corps furent reçus le lendemain et le maire lui présenta 300 bouteilles de vin de Canon, 200 oranges et 200 citrons et lui donna un grand dîner le surlendemain.

Après les condamnations capitales qui avaient frappé Elie Vivien et Louis André le 1er août 1746, les pasteurs Gibert, Guérin, Etienne Gentelot, et le chevalier de Belrieu de la Grâce, tué par la maréchaussée, après les sentences contre vingt-trois protestants saintongeais en juillet 1756, et la peine des galères contre les relaps, le 19 mars 1755, les protestants rochelais se réunirent par petits groupes ou sociétés de 20 membres et appelèrent le pasteur Jean Pajon; ils constituèrent un comité de 14 membres, ils revisèrent leur règlement en octobre 1761 et tinrent leurs registres de baptêmes et de mariages. En 1784, ils approprièrent l'ancien jeu de paume pour leur servir de lieu de culte dans la Verdière.

Le Corps de ville se plaint, le 15 août 1764, du curé de Notre-Dame qui n'a pas présenté l'eau bénite aux officiers du Présidial et au Corps de Ville, lorsqu'ils sont entrés processionnellement dans son église. Le vice-chancelier répond qu'il y a eu distraction, inattention du curé Sorel qui a fait, sur le champ, ses excuses, reconnu sa faute et fait des promesses pour l'avenir. L'assemblée des notables demande au roi, le 15 janvier 1765, l'autorisation de lui ériger une statue sur la place d'armes, et Green de Saint-Marsault, marquis de Châtelaillon, revendique le droit pour la noblesse d'assister aux assemblées des notables, composées des députés du chapitre, du présidial, du bureau des finances, de l'élection, de l'amirauté, des traites, de la Monnaie, des avocats, du collège de médecine, de la juridiction consulaire et de la Chambre de commerce (Reg. de 1761-1765).

Le Corps de Ville accorde l'autorisation de donner des concerts spirituels à l'hôtel de ville. Il présente un exemplaire de l'*Histoire de La Rochelle*, du père Arcère à l'arrivée du nouvel intendant, M. de Senac. Il assiste en robe au service célébré au palais épiscopal dans la chapelle ardente où était exposé le corps de l'évêque de Menou, décédé en novembre 1767, prend la gauche des officiers au Présidial et occupe sa place habituelle dans le chœur de la cathédrale enface du Présidial. Il était précédé des archers en casaques et armés de leurs pertuisanes garnies de crêpes. A l'assemblée des notables, comparaissent en outre des délégués habituels, les notaires, procureurs, huissiers, négociants en gros, drapiers, épiciers, orfèvres, bonnetiers, imprimeurs-libraires, perruquiers, barbiers, baigneurs-étuvistes, tailleurs d'habits, tonneliers, maçons, entrepreneurs, serruriers, cloutiers, pâtissiers, rôtisseurs, pelletiers, cordiers, voiliers, faïenciers, bouchers, etc. (Reg. 1765-1768).

Le Corps de Ville assiste en robe aux processions de la Fête-Dieu, au sacre du nouvel évêque, de Crussol, au feu de joie de la Saint-Jean-Baptiste, aux distributions des prix du collège. Il enregistre les lettres de service du colonel directeur d'artillerie, des ingénieurs, du maréchal de camp, des commissaires des guerres, etc. (Reg. 1768-1770).

L'éloge du maréchal de Senecterre est prononcé devant le Corps de Ville. L'abbé Gervaud est nommé second bibliothécaire à la place du docteur de Villars, décédé (15 mars 1772). Il demande la réduction du nombre des fêtes dans l'intérêt de l'Agriculture. Il assiste à l'éloge de Louis XVI prononcé par le professeur de rhétorique du collège et fait visite à l'intendant baron de Montyon, qui a laissé dans l'administration d'aussi bons souvenirs que dans les annales de la philanthropie. Il vote une somme de douze livres à Mainaud, garçon boucher, pour avoir sauvé une jeune fille de douze ans tombée à l'eau près de l'écluse Saint-Nicolas. Il enregistre les lettres d'Aimé-Paul Fleuriau, garde des levrettes de la Chambre du roi (18 août 1775). Louis le Charpentier de Longchamps, écuyer, est nommé contrôleur au bureau des finances (16 novembre 1774), second bibliothécaire de la ville (8 mars 1782). Jacques Carayon fils, piqueur au vol pour champ des fauconneries du cabinet du Roi (1er janvier 1777), de Saint-Pierre, commissaire principal des guerres.

La Chambre de commerce adresse au Corps de Ville un mémoire pour demander que La Rochelle soit un des ports francs promis par le Roi aux Etats-Unis d'Amérique.

Pierre-Alexis Robert est nommé piqueur au second vol des corneilles de la grande fauconnerie de Sa Majesté. Samuel-Pierre Meschinet de Richemond, trésorier des vivres de la guerre (15 août 1783). Des réparations sont faites aux bassins sourciaux, à la fontaine de la Maréchale, etc. Le corps de ville assiste avec le Présidial à la bénédiction de la nouvelle cathédrale aux places d'honneur, les officiers de l'Election s'abstiennent de paraître à la cérémonie. Une école coloniale d'artillerie est établie à La Rochelle. Il assiste aux fêtes à l'occasion de la naissance du prince royal, duc de Normandie. Il vote la construction du nouvel arsenal. Il enregistre les lettres de service de Weis (d'une famille anoblie en 1561) comme consul de Sa Majesté impériale à La Rochelle. Il rejette par économie le projet de fondation d'une école de chirurgie. Il accepte le don par M. de Présigny d'une statue d'Henri IV (29 mai 1787). Le palais de Justice dégradé est reconstruit.

La Chambre de commerce se joint au corps de ville pour demander l'établissement d'un grand bailliage à La Rochelle. A l'occasion de la convocation des états généraux, le maire Alquier adresse une requête au roi à l'effet d'obtenir : 1° que la représentation du tiers soit double des ordres du clergé et de la noblesse réunis ; 2° que dans ces délibérations, les voix soient comptées par tête et non par ordre ; 3° que les députés du tiers ne puissent être choisis ni parmi les nobles, ni parmi les anoblis ; 4° que la ville de La Rochelle ait comme aux XIVe et XVIIe siècles des députés qui lui soient propres ; 5° que le pays d'Aunis ait des états provinciaux indépendants de ceux de la Saintonge. Le corps de ville place une cocarde tricolore au chapeau de la statue d'Henri IV à l'hôtel de ville, et offre une cocarde au duc de Maillé. Il forme un comité des subsistances pour l'approvisionnement des grains, il demande que La Rochelle devienne le chef-lieu de l'administration du département et le siège d'un hôtel des monnaies.

L'ordre de la noblesse (comme celui du tiers-état) croit devoir aussi « supplier Sa Majesté d'accorder à l'avenir une décoration militaire à ceux des officiers français non catholiques de ses armées qui auront mérité cette grâce par l'ancienneté de leurs services, ou par des actions distinguées à la guerre. Il est de la grandeur et de la justice du meilleur des rois de faire cesser ces distinctions qui ne tendent qu'à perpétuer un esprit d'éloignement entre des sujets, qui, après des temps malheureux, sont parvenus à l'heureuse époque où ils doivent vivre ensemble comme une seule et même famille ; il est de sa générosité de récompenser une portion d'officiers dont les ancêtres ont peut-être beaucoup contribué à faire reconnaître les droits de la branche auguste du monarque qui nous gouverne ; qui ont servi la plupart avec gloire et fidélité, et qui n'ont que mieux mérité de la Patrie, par une délicatesse de principes sûr garant de la manière dont ils ont rempli leurs devoirs. La France peut se rappeler que la différence des opinions religieuses n'a pas mis d'obstacles aux talents et au patriotisme ; qu'une religion étrangère lui a fourni plusieurs hommes célèbres, depuis le grand Sully jusqu'à l'époque d'un ministre qui, par ses lumières, ses vertus et son courage, seconde avec un éclat au-dessus de nos éloges les vues bienfaisantes et paternelles d'un second Henri... »

(Il s'agit de Necker. *Cahiers de doléances.*)

Histoire municipale de 1789 à 1909

Un corps de volontaires nationaux est organisé. Goujaud-Bonpland est nommé chirurgien-major des milices bourgeoises. Mousnier est autorisé à établir une corderie dans le fossé adjacent au Mail, du côté de la mer. Une association patriotique est fondée pour procurer du secours aux ouvriers sans travail. Goguet est élu maire, Daniel-Garesché, Jean Perry, Collet et de Baussay, officiers municipaux, Massias, Chamois, abbé Souzy, Merlin, curé de Saint-Barthélemy, Chaise, Drouet, Tasché, de la Coste, procureur de la commune, J. Poupet, Sabourin, Pavie, Peyrusset, Pellier, Renoulleau, de Chassiron, Lespinas, Jean Ranson, Roudes, Lanusse aîné, Joly aîné, Chauvet, Busson, Paronneau, Pinasseau, Pinet, Desly, Thomas, Darbellet, Robert, Paul Garreau, Millot et Jaucourt, curé de Notre-Dame, notables. Rochefort se réunit à La Rochelle pour demander le chef-lieu de département pour La Rochelle. La fête de la Fédération est célébrée.

La Société rochelaise des Amis de la Constitution est fondée pour se « pénétrer de l'étendue et des bornes des droits de l'homme social, des principes de nos législateurs, de l'esprit et de la lettre de la nouvelle constitution, et généralement de tout ce qui se rapporte à la Révolution dans l'intention de contribuer à en assurer le succès. » Les signataires sont Labbé, Bullain, Garnier, B. de la Coste, Dergny.

Conformément aux décrets de l'Assemblée nationale, les biens ecclésiastiques sont vendus au profit de la nation et la constitution civile du clergé promulguée. Les officiers municipaux installent les juges du district : de la Coste, Alquier, Seignette, Billaud père et Grissot, nommés pour six ans et dont la coiffure est le chapeau retroussé par devant surmonté d'un panache de plumes noires et la cocarde nationale.

Sur le refus des ecclésiastiques, trois officiers municipaux sont chargés de lire la constitution civile du clergé à l'issue de la messe, à Saint-Barthélemy, Notre-Dame et Saint-Nicolas. — La population de la ville de 21.000 habitants est répartie en cinq sections : Notre-Dame, 780 maisons; Saint-Barthélemy, 710 ; Saint-Sauveur, 648; Saint-Jean, 488 et Saint-Nicolas, 486. Le pavillon national est hissé le 2 février 1791 à la drisse du *Tigre*, armé par Guibert. Robinet est élu évêque constitutionnel et la liberté des cultes proclamée ; à la suite de troubles survenus dans l'église des Augustins, les offices ne devront être célébrés que par des prêtres assermentés et dans les églises paroissiales. La patrie est proclamée en danger, le 1er août 1792. Parent, horloger, arrive de Paris à La Rochelle et prend la direction du mouvement. Le Rochelois Crassous est élu à Paris.

Aucun Rochelois ne fut guillotiné à La Rochelle, ce sont surtout des insurgés vendéens qui furent frappés. Le tribunal révolutionnaire établi à Rochefort prononça 52 condamnations à mort avec confiscation de biens, 19 aux fers, 35 à la détention, 6 à la déportation, 17 à l'amende, 62 acquittés sur 182 prévenus (1).

Gabriel Rondeau part à la frontière à la tête des volontaires, 23 juillet 1792, les dames rochelaises leur remettent un étendard brodé. Dans une émeute, le 21 mars 1792, malgré les efforts des autorités, quatre prêtres non assermentés sont massacrés, et une jeune fille meurt de saisissement au spectacle de cette scène hideuse. Plusieurs prêtres donnent leur démission le 17 novembre 1793. Le culte de la Raison est installé le 29 mai 1794; de Missy fait une avance de

---

1. Nicolas Colin, compagnon menuisier ; Jean Mimbielle jeune ; Pierre Rivierre, fournisseur au port de Rochefort ; Jean Brelay; Joseph Crassous, lieutenant de vaisseau; Jean Chérat, H. Lamouroux et Bonneville, plâtriers ; Pierre Chancelle et Alexandre Courault, élèves des constructions ; Pierre Boutet ; Jacques Mailloux, meunier; Nicolas Delahaye. H. d'Allemand, Michel Limouzin, fabricant, et Pierre-Charles Maignac, homme de loi; S.-P. Ribereys, prêtre; Gustave Dechézeaux, ex-député à la Convention nationale; Pierre Gautronneau, marchand; J.-B. Oriau, curé; André Aunis, cultivateur; J. Dasnieres, ci-devant noble; P.-L. Duchaîne, aide-garde magasin; N.-H.-R. Grimouard, vice-amiral, ci-devant noble; G. Perrier, lieutenant de vaisseau; C. Boyer, aspirant; Tuollais, commis aux revues; P.-J. Bounier, commis aux vivres, B. Nègre, pilote; S. Lubise, aspirant, P.-Bertrand Dinville, ci-devant noble; Ch.-A. Fraigneau, orfèvre; A. Dufour, ci-devant employé à la bibliothèque du Roi ; C.-V. Giton, avoué; F. Papion, officier municipal de Réaumur (Vendée); F. Armand, régisseur de Laperrière, ci-devant noble; Jeanne Marchand veuve Landais; J. Nomballais; François Cauque et P. Matreau, Pierre Methe Fonremis, conseiller au Présidial; O.-T. Durepaire, ci-devant noble, Jean Treu ont été condamnés à mort et Louis Boubée Lespin, commandant de la citadelle de Nîmes, trouvé mort dans sa prison.

150.000 livres en présence de la pénurie des finances municipales.

La liberté des cultes est proclamée le 4 avril 1795, en même temps que la séparation de l'Eglise et de l'Etat. Les prêtres non assermentés sont déportés en mars 1796; de Missy est nommé maire en 1795. Jean Pierre Serres est assassiné par les chauffeurs dans sa maison près Marsilly en décembre 1795. Les églises, la cathédrale et le temple sont rendus au culte.

Le serment de haine à la royauté est supprimé le 30 novembre 1799.

La société d'agriculture est rouverte en 1800 en même temps que l'académie, la Chambre de commerce le 11 février 1803, l'entrepôt des douanes le 24 août 1802, le bassin est achevé le 24 décembre 1808, l'école d'hydrographie ouverte, l'école secondaire transformée en collège communal. Le concordat est signé, l'empereur vient à La Rochelle en août 1808 et le 19 mai 1810 rend à La Rochelle le chef-lieu du département. En 1809 les brûlots anglais incendient notre flotte à l'île d'Aix.

La Rochelle avait vu se succéder la royauté constitutionnelle et la République, en bénéficiant des grandes réformes démocratiques qui avaient été réalisées et sans souffrir des excès, sauf de rares exceptions, elle échappa également aux réactions de la Restauration et obtint le maintien de la préfecture à La Rochelle. La conspiration dite des sergents de La Rochelle, 19 mars 1822, n'eut aucun caractère rochelais. Les luttes électorales n'empêchèrent pas la concorde et les bons rapports des diverses classes de la population ; l'intérêt rochelais fut chaleureusement sauvegardé par les administrations municipales successives, qui toutes mirent au premier rang de leur sollicitude l'instruction publique, la culture des arts, le commerce, la paix sociale, le développement de la cité.

La société philharmonique fut fondée en 1815. L'école mutuelle et celle des Frères ouvertes presque en même temps. L'asile des aliénés fut fondé à Lafond.

A noter encore le curage du port, l'ouverture des cours du soir pour les ouvriers. Le vote d'une épée d'honneur à l'amiral Duperré le 22 juillet 1830 par le conseil municipal présidé par M. VIAULT, à l'occasion de la prise d'Alger, reçut son exécution sous la monarchie constitutionnelle dont l'amiral devait être l'un des ministres. Les bains du Mail, depuis Casino municipal, sont ouverts en 1826 (1).

P.-S. CALLOT, *premier maire constitutionnel, premier élu du peuple* sous le gouvernement de Louis Philippe, donne à la nouvelle rue percée en 1831 le nom de Jean Guiton, le dernier maire de l'ancienne commune de La Rochelle, auquel le conseil muni-

---

1. Après la chute de Charles X et jusqu'à la constitution du gouvernement de Louis-Philippe, une commission siégea à la Chambre de commerce de La Rochelle et tint treize séances pour maintenir l'ordre public, et prendre des mesures contre un soulèvement possible de la Vendée. Les membres de cette commission occupèrent dans la suite des situations dans l'administration ou la municipalité. Le commandant Lamarque présida à la tranquillité en réorganisant la garde nationale.

cipal vota une statue en 1841 et dont P.-S. Callot devait écrire l'histoire en 1847. Les saints-simoniens paraissent en octobre 1831. La cathédrale reçoit la croix plantée sur la place de la préfecture en 1818 par les missionnaires, le tableau de l'apothéose de saint Louis par R. Lefèvre et l'*Annonciation* de Picot. Le siège de la préfecture est maintenu à La Rochelle, le drapeau tricolore remis à la garde nationale. l'usine à vapeur fondée. Le curage du havre est effectué à l'aide d'un bâtiment dragueur. Le choléra du 10 août au 20 septembre 1832 fait vingt-neuf victimes. Les conférences pour les instituteurs sont fondées en 1832 par Plessis, l'hôtel de ville, la bibliothèque et le jardin des plantes restaurés. Le forage du puits artésien du Mail est interrompu le 13 octobre. Sous la mairie de RASTEAU, protestant ainsi que le préfet Admyrauld, la cathédrale est agrandie, la caisse d'épargne fondée, l'émeute pour la cherté des grains est réprimée le 2 janvier 1839, l'éclairage au gaz établi. Le successeur de Rasteau, EMMERY, inaugure, le 10 octobre 1843, le collège royal et l'école spéciale d'industrie et de commerce ; les cours du soir pour les apprentis, l'entrepôt des douanes, le théâtre, l'école des Frères (1845), la Société des Amis des Arts et celle de Secours aux Naufragés s'ajoutent aux Sociétés des Sciences naturelles et de Médecine, etc. Le président D. Massiou complète l'*Histoire de La Rochelle* de Ed. Dupont, par sa belle *Histoire de la Saintonge et de l'Aunis* dont un siècle n'a pu diminuer l'intérêt ni la valeur littéraire et scientifique. L'*Album de l'Ouest* s'ajoute en 1841 à la presse rochelaise qui comptait déjà les *Affiches*, l'*Echo* et la *Charente-Inférieure*. Les protestants s'abstiennent de prendre part au débat relatif à la sortie des processions et se bornent à défendre la liberté de conscience de leurs coreligionnaires saintongeais. Le prince de Joinville vient en 1841 à La Rochelle. La *Revue organique* est fondée en 1845.

La Monarchie de Juillet répondait aux aspirations de la population bourgeoise de La Rochelle qui regretta sa chute et témoigna sa sympathie au dernier préfet Paradès de Daunant. Mais les libéraux de la Restauration et les républicains de la veille saluèrent la seconde République et la question de la séparation de l'Eglise et de l'Etat fut posée. Pendant la mairie de Beaussant, cent vingt gardes nationaux commandés par le baron de Nagle partirent le 26 et arrivèrent à Paris le 29 juin 1848. Cavaignac avait triomphé de l'insurrection, mais la province avait affirmé qu'à ses yeux l'ordre était inséparable de la liberté.

Quand le prince président vint à La Rochelle, la Bourse, transformée en salle de bal, portait l'inscription *Marcellus imperator eris* avec les statues de Guiton, Aufredi, Valin, Réaumur et les bustes de Fleuriau de Bellevue, Du Paty, Bonpland et Larive. Les fêtes du 12 octobre 1852 témoignaient l'espérance des Rochelais de voir prolonger jusqu'à La Rochelle le chemin de fer de Paris à Poitiers et leur satisfaction de conserver la préfecture.

Mais la *Constitution* qui protesta contre le coup

d'Etat fut saisie et remplacée par le *Courrier des Marchés*, non politique, qui devint le *Courrier de La Rochelle*, pendant que disparaissait l'*Ere nouvelle*. M. Beaussant rendit chaque année le compte moral d'administration fait par ses prédécesseurs Callot et Rasteau, seulement en quittant la direction des affaires. Une succursale de la Banque de France fut créée à La Rochelle le 2 février 1853, la place de l'Hôtel-de-Ville ouverte, une nouvelle salle d'asile fondée, un monument élevé à Fleuriau de Bellevue, bienfaiteur de la cité, une banlieue annexée à la commune urbaine (août 1856), le chemin de fer inauguré le 6 septembre 1857. Un congrès scientifique fut présidé par le nouvel évêque Landriot (sept. 1856) qui consacrait, le 18 novembre 1862, la cathédrale agrandie. L'ingénieur W. Manès publiait la *Description géologique de la Charente-Inférieure*, l'académie était réorganisée, la société des régates fondée, douze sociétés de secours mutuels. Des cours publics de physique et de littérature sont inaugurés en 1858. La musique prenait un nouvel éclat, grâce à Léon Ménéau, qui se faisait connaître comme compositeur, pendant que son frère Gustave prenait part aux travaux de la Société littéraire et écrivait l'*Histoire du Tribunal de Commerce*, dont le président, leur père, Théodore Méneau était fait chevalier de la Légion d'honneur. Le portrait de Valin était donné à la ville (février 1852).

Maire pour la seconde fois, Edouard EMMERY associait son nom à l'ouverture de nouveaux établissements de bains de mer, à l'acquisition de la salle de spectacle, à la distribution des eaux de la ville, à la construction d'un château d'eau, à l'assainissement du front ouest de La Rochelle. La liberté de la boulangerie était décrétée en 1864.

Le concours régional agricole du 21 mai au 30 juin 1866 eut un éclat exceptionnel; 1318 exposants prirent part aux expositions artistiques: 575 tableaux, 157 objets d'art, 4 médailles d'or, 9 d'argent, 14 de bronze. On remarqua un buste d'Edouard Beltremieux qui était déjà à la tête du mouvement scientifique à La Rochelle. L'exposition industrielle compta 525 lots, 11 diplômes d'honneur, 4 médailles d'or, 79 d'argent, 25 de bronze, 4 rappels de médailles, 98 mentions honorables. Millouain-Rabardeau eut la plus haute récompense. L'exposition d'horticulture compta 61 exposants, 4 médailles d'or, 2 de vermeil, 14 d'argent, 16 de bronze, 205 primes en argent et 6 mentions honorables. Le concours hippique 179 chevaux, 11.425 francs primes en argent, 7 médailles d'or, 8 d'argent, 6 de bronze. Le concours agricole, une coupe d'argent, 94 médaillés d'or, 113 d'argent, 97 de bronze, 56.270 francs primes en argent, 40 mentions honorables et 48 rappels de médailles, etc.

Puis vint l''agrandissement du marché au poisson, la restauration de l'hôtel de ville, le déplacement de la fortification du Gabut. Ce fut sous la mairie de Charles FOURNIER que fut inaugurée la statue de l'amiral Duperré. Le conseil municipal était composé le 4 septembre 1870 de MM. Beltremieux, Verdier, G. Garreau, Fournier, Bouffar, Frank Delmas, Dor, Beaussant, Emmery, Condamy, Millouain, G. Méneau, Ch. Michel, Ch. Vincens, Marchegay, Hivert, Barbedette, Eugène Meyer, Vast-Vimeux, Deforge, Devilleléger, Dupont, de Beaucé, Belenfant, Marquet, N. Dubois, L. Rivière.

Ch. Fournier donna sa démission de maire et le gouvernement de la Défense nationale confia l'administration provisoire de la ville à Édouard BELTREMIEUX, maire, Verdier et Frank Delmas, adjoints.

Le conseil municipal élu le 30 avril, conformément au décret du 12 mai 1871, fut composé de MM. Edouard Beltremieux, maire, Eug. Dor et H. Barbedette, adjoints, Michel, Millouain, Verdier, F. Delmas, Méneau, Marchegay, Condamy, Babut, Bouffar, Beaussant, de Nagle, Fournier, Emmery, Garreau, Eug. Meyer, M. Dubois, Dupont, Mareschal, F. Dubois, de Beaucé, Hivert, Gaudin, Deforge et Romieux.

La Défense Nationale

Dans la *Campagne de la Loire* (1870-1871), XVIe corps, 8e régiment de mobiles, furent tués les capitaines Paris, Blay, blessés les capitaines Danton et Dussault, lieutenants Bisseuil et Chaudreau. Décédés par suite de leurs blessures ou maladies pendant la campagne : chef de bataillon Auberge, sous-lieutenants Renaud et Bachelier ; officiers faits prisonniers : capitaines Dussault et Robert, lieutenants Charles

Bollon, Gruel-Villeneuve, Charrier, sous-lieutenants Boutin, Delmas, Dupont.

Officiers de la Légion d'honneur. — Lieutenant-colonel Baron Vast-Vimeux, 9 janvier 1871, combats des 2, 3, 4 décembre ; de Luneau, douze ans de services; Fradet, chef de bataillon, 13 septembre 1871, vingt ans de services, douze campagnes. — *Chevaliers :* capitaine L. du Cheyron du Pavillon, 9 janvier 1871, capitaine S.-P. Delbos, 7 mai 1871, N. de Thomasson, 9 janvier 1871, Ph. David, médecin-aide-major, 13 septembre 1871, chef de bataillon C. Dumontet, 27 septembre 1871, capitaine F. Desages, 27 septembre 1871, capitaine Dussault, 27 septembre 1871, Guiot du Repaire.

En 1872, *Chevaliers*. — Charles Chaudreau, Louis Michel, Emile Ranson.

Décorés de la médaille militaire

Delmas Emile, né à La Rochelle, 1834-1870. Armée du Rhin, chef d'ambulance (a publié le récit de sa campagne).

Bonneau Amédée, né à La Rochelle, 1846-1870. Armée du Rhin, sergent-major 30e de ligne, blessé à Sedan.

Lejeune Edouard, né à La Rochelle, 1844-1870. Armée du Rhin dans les Cent Gardes.

Jarillon Joseph, né à Nuaillé d'Aunis, 1849-1870. Armée de l'Est, brigadier d'artillerie mobile, blessé à Autun. Officier d'académie, juillet 1908, trésorier-adjoint de l'Association amicale des anciens élèves du Lycée de La Rochelle.

Archambeau François, né à Dompierre-sur-Mer, 1847, cuirassier, 1870. Armée de Metz, blessé à Gravelotte.

Arnoux François, né à Saint-Rogatien, 1844-1870. Armée de Metz, cuirassier blessé à Gravelotte.

Bégaud Victor, né à Loix (île de Ré), 1849-1870. Armée de l'Est, artillerie mobile, blessé à Autun et amputé.

Bouffard, né à Thairé-d'Aunis, 1844-1870. Armée de la Loire, soldat 122e régiment de marche, blessé à Villiers.

Cornueau Eugène, né à Laleu-La-Rochelle, 1854-1870. Armée de la Loire et Versailles, mousse des équipages de la flotte.

Manson Arthur, né à Saint-Médard, canton de la Jarrie, 1847-1870. Armée du Rhin, 1er régiment de hussards, blessé à Sedan.

Bironneau Pierre, né à Aytré près La Rochelle, 1870. Armée de la Loire, garde mobile, blessé à Vorminbert près Orléans.

Laramy Pierre, né à Aytré près La Rochelle, 1846-1870. Armée de l'Est, garde mobile, blessé au combat d'Autun, amputé du bras droit.

Peltier Edmond, né à l'île d'Aix, 1841-1870. Armée de Metz, sergent-major au 1er régiment du génie.

Le général Baron *Dumont* en consacrant l'église qu'il a fait bâtir à Saint-Maurice aux héros de la guerre de 1870-1871 a fait inscrire le nom de tous ceux qui sont tombés au champ d'honneur au-dessus du portail à l'intérieur de la chapelle.

Admyrauld Albert, médaillé en 1904, campagne de 1870, décédé août 1905.

Bonneau Louis, sergent au 15ᵉ de ligne, le 20 novembre 1872.

Brisset Pierre-Jean, maréchal des logis au 12ᵉ cuirassiers, le 19 octobre 1870.

Cardinal Jean-Baptiste, mobile de l'artillerie, 13 juillet 1872 à Périgny.

Héberlé Michel, soldat au 4ᵉ d'infanterie de marine, 10 juin 1871.

Rebours Jean-François, adjudant d'infanterie de marine, 10 juin 1870.

M. *Fuchs*, lui-même médaillé militaire, bibliothécaire adjoint, qui a bien voulu me fournir cette liste y ajoute :

Besançon Victor-Joseph, garde d'artillerie en retraite médaillé le 8 septembre 1859.

Pic Antoine-Ossian, sergent-major, le 31 décembre 1860, après la guerre d'Italie, qui comme publiciste, a conquis droit de cité à La Rochelle, quoique étranger par sa naissance au département auquel il s'est fixé.

Les préoccupations de la défense nationale, les armements, les logements militaires, l'organisation des ambulances n'ont pas empêché la municipalité de s'occuper du développement des établissements consacrés aux lettres, aux sciences et aux arts, de l'achèvement de l'hôtel de ville, des études de M. Bouquet de la Grye, sur le bassin à créer à la Pallice, de la modification du personnel de l'octroi, etc. des écoles de la rue des Fonderies (Bonpland), du marché à l'encan, du jardin des plantes, de la restauration de la partie supérieure de la Grosse Horloge.

Le maire Eug. Dor s'est occupé de l'achèvement de l'hôtel de ville, de la seconde galerie de captation d'eau à Lafond, de la jonction du canal de Marans au bassin extérieur, de la démolition des murailles du Gabut, de la déclaration d'utilité publique des travaux du nouveau port de la Pallice et de l'annexion du territoire de la commune de Laleu à celle de La Rochelle, la création d'un adjoint spécial pour Laleu, de l'augmentation de la police, de la gendarmerie, des sapeurs-pompiers, de la création de nouvelles voies d'accès pour relier La Rochelle à son nouveau port. M. Louis-Eugène Meyer a été nommé adjoint à la place de M. Lemanissier, et le colonel Louis Vivier a fait fonctions de maire depuis le 6 septembre 1883, jour du décès de M. Dor (obsèques aux frais de la ville) jusqu'à la constitution de la nouvelle municipalité. — Août 1882, congrès de l'AFAS.

Le 18 mai 1886, M. Emile Delmas, député et maire, a eu pour adjoints MM. le Dr E. Brard, Couneau et Gougnard, de 1884 à 1892, le Dr Barthe, Couneau et Gougnard, de 1892 à 1893.

Cette municipalité a atteint les deux objectifs qu'elle s'était proposés : 1° Poursuivre l'achèvement aussi rapide que possible du port de la Pallice pour recueillir sans retard le fruit des sacrifices consentis par la ville et pour bénéficier aussi promptement que possible des intérêts du capital considérable engagé au profit de la ville par l'Etat ; 2° Travailler au développement de la cité par l'exécution simultanée des grands travaux qui en même temps et au même titre que le port de la Pallice, constituent l'œuvre de sa transformation maritime, commerciale et industrielle.

Ce port, élément de grande prospérité pour La Rochelle, n'a pas coûté un centime à nos concitoyens et la ville s'est constituée par son compte courant avec la caisse des droits de tonnage de la Chambre de commerce, une réserve importante dont tireront parti les générations futures. Aucun de nos concitoyens n'oubliera la solennité grandiose de l'inauguration de ce vaste établissement maritime par M. Carnot, président de la République, le 19 août 1890.

Les travaux communaux comprennent l'assainissement du front ouest et du front sud, des percements dans ce front ouest, la création de la route de la Rossignolette (avenue Denfert-Rochereau), le prolongement de la rue de la Musse, la restauration et l'agrandissement de l'abattoir, l'agrandissement des cimetières, l'établissement d'un groupe scolaire à Tasdon, la création d'une école communale de filles à Laleu, la construction d'un égout collecteur à La Genette, la création de voies à La Genette, l'adduction des eaux de Périgny à La Genette, Saint-Maurice, Laleu et la Pallice, la création du réseau vicinal de la Pallice, la désaffectation des églises de Saint-Jean et de Saint-Nicolas et la construction d'une chapelle à Tasdon ; la transformation de l'ancienne église Saint-Nicolas en entrepôt de douanes, l'établissement de passerelles sur le canal Maubec entre les rues du Duc et Villeneuve, l'installation des services municipaux à Laleu, l'agrandissement des avenues du Mail et de la place d'Armes, l'aménagement du parc Adèle Charruyer, etc.

Ainsi, transformer et outiller la ville pour lui permettre de faire face à sa destinée nouvelle, combiner une situation financière assurant le présent et garantissant l'avenir, sans surcharge appréciable pour nos concitoyens, telle a été, dans ses grandes lignes, l'œuvre accomplie par la municipalité et le conseil municipal de 1884 à 1893. Œuvre commune qui figurera dans les annales de la ville comme une initiative prévoyante et réfléchie poursuivie avec la plus grande prudence financière, accomplie, pour ainsi dire sans surcroît de charges, en un mot comme l'œuvre de bons citoyens dévoués à leur cité.

La municipalité ALCIDE D'ORBIGNY a eu pour adjoints sucessivement MM. le docteur Henry Mabille, Harry Chatonnet, puis M. Ed. Wilckens, M. Gougnard-Perrier, adjoint spécial pour la section de Laleu et le conseil municipal composé, en outre, de MM. Barthe, Basset, A. Chauvet, E. Couneau, Debaste, Decout-Lacour, Dupuy, colonel Fontaine, Gratecap, Hilleraud, Jolly, Limage, Maire, Mailho, Maurain, Mehaignery, Louis-Eugène Meyer, Modelski, F. Morch, A. Perier, A. Pineau, Roux. Elle a attaché son nom à l'acquisition, au prix principal de 30.000 francs, payables en deux exercices, du jardin et du pavillon Henri II, dépendant de l'immeuble Veron, 11, rue des Augustins, afin d'assurer la conservation de cet hôtel, l'un des plus purs spécimens de la Renaissance. La partie moderne de l'immeuble a été achetée par la caisse d'épargne pour l'organisation de ses services.

Elle a réalisé l'assainissement de Tasdon au moyen de la construction d'un égout et de la modification des pentes du caniveau sur le côté sud de la rue principale ; le concours départemental agricole des 23-24 juin 1894, avec fête des fleurs ; la création du conseil des prud'hommes (7 février 1894) ; les travaux à la prise d'eau de Perigny (chaudières et machines) (novembre 1894). Les améliorations à l'éclairage au gaz de la ville et à l'éclairage électrique de la Pallice ; le vote de la reconstruction des écoles communales Valin et Dor et des locaux scolaires pour l'agglomération entre le Mail, l'avenue Carnot, et l'Epine, la construction d'une église à l'Epine pour remplacer la chapelle de Saint-Maurice insuffisante (inaugurée le 7 octobre 1900) ; la restauration du marché aux comestibles.

L'exploitation par voie de régie, sous la direction du préposé en chef de l'octroi du marché au poisson, à partir de 1905 ; les travaux neufs de pavage ; l'organisation du service local d'assistance médicale et pharmaceutique gratuite (1895) la création d'écoles à la Pallice, Lafond, Fétilly et Saint-Eloi. La suppression des servitudes militaires par la demande de déclassement de la place de La Rochelle ; l'établissement du téléphone pour service d'incendie et les améliorations constantes de cette organisation sous la direction de M. Bunel ; la création de tramways, système Mekarski, traction à air comprimé pour communication rapide entre la ville et la banlieue; l'acquisition des bains du Mail pour éviter la désaffectation et le morcellement de cet établissement ; la création de bains-douches populaires ; l'étude du projet de construction d'une nouvelle gare ; la reconstruction de l'école Réaumur, la cession à la ville par la société des sciences naturelles du laboratoire ; la restauration de la salle de conférences de l'Oratoire ; le vote de la construction de l'hôtel des postes et télégraphes ; la restauration de la tour Saint-Nicolas par le service des monuments historiques ; l'inauguration de l'Ecole Valin (29 mai 1903), des cours secondaires de jeunes filles (14 novembre 1903), de l'école d'hydrographie ; l'agrandissement et la transformation des écoles Rey, de Laleu, Bonpland ; les travaux aux hospices civils, au lycée, etc. L'amélioration des dégagements au théâtre ; l'allocation au département d'une subvention de 100.000 francs pour la construction de l'école normale de garçons à la Genette.

La visite du Président de la République, M. Félix Faure, et l'établissement de la crèche René Caillé dans un bâtiment spécial.

Dans la dernière séance du conseil municipal qui a précédé le dernier renouvellement, M. le maire Eugène Decout-Lacour a salué, par des paroles pleines de cœur, les membres du conseil qui, pour des raisons personnelles ne sollicitent pas le renouvellement de leur mandat :

« M. Gougnard-Périer fut conseiller municipal de l'ancienne commune de Laleu, de 1870 à 1881.

Elu, en 1884, conseiller municipal et adjoint de la commune de La Rochelle, à la suite de l'annexion de Laleu, il a, depuis été constamment réélu.

Pendant ces vingt-quatre années, M. Gougnard-Périer a collaboré, sans relâche, à toutes les questions traitées par les différentes municipalités qui se sont succédées. Il a su administrer, avec autant de tact que de compétence, la commune de Laleu la Pallice, où il était spécialement délégué.

Il emporte dans sa retraite la satisfaction du devoir dignement et honnêtement accompli, ainsi que l'estime et l'amitié de tous ses collègues et de tous ses administrés.

M. Louis Maire, membre du bureau de bienfaisance depuis le 22 juin 1888, vice-président depuis le 30 mai 1842, doyen du conseil, a su, pendant vingt années de service public, déployer un zèle d'apôtre et un dévouement inlassable dans l'œuvre délicate dont il avait la plus lourde tâche.

Au conseil municipal, dont il fait partie depuis seize années, il assista à toutes les réunions de commission et de Conseil, sauf quelques exceptions dues à la maladie. Les rapports qu'il présenta, au sein des différentes commissions, représentent un labeur considérable. Il a semé autour de lui l'amour du travail et augmenté, ces jours derniers, sa si grande et toujours si jeune activité.

M. Meyer, conseiller municipal depuis trente-quatre ans, fut élu le 22 novembre 1874 et réélu depuis sans interruption, adjoint au maire du 11 mai 1879 au 31 décembre 1880, il déclina l'offre que lui firent ses collègues de le porter à la tête de la municipalité.

Depuis de longues années, M. Meyer fut choisi par les membres des commissions des finances pour accomplir les fonctions de rapporteur du budget.

La modestie affable et attachante de sa personne et sa nature droite lui ont acquis toutes les sympathies.

M. Meyer a toujours fait partie de nombreuses commissions auxquelles il assistait assidûement et où ses sages avis ont été de tout temps pris en considération : aussi laissera-t-il le souvenir durable de ses qualités supérieures. »

M. G. Decout-Lacour rend hommage, en terminant, aux qualités déployées, depuis huit ans, par MM. Michel, docteur Lepaître et Sculfort, à M. Boucher, élu en 1904, et il adresse un nouveau souvenir ému à son regretté prédécesseur, M. d'Orbigny, en proposant de donner son nom au champ des régates qui s'appellerait désormais Parc d'Orbigny.

En qualité de doyen du conseil municipal, M. Maire, âgé de quatre-vingts ans, a annoncé au maire que le conseil avait approuvé, à l'unanimité, le compte moral et financier qu'il lui avait soumis et il a ajouté : « Il me reste un agréable devoir à remplir, c'est celui de vous exprimer, Monsieur le Maire, ainsi qu'à vos distingués collaborateurs, toute notre gratitude pour l'activité, l'intelligence et le dévouement que vous avez apportés à la direction des affaires municipales. Tous vos actes, comme ceux de vos éminents prédécesseurs, n'ont jamais eu en vue que l'intérêt et la prospérité de la cité reconnaissante. Croyez bien, Monsieur le Maire, que nos concitoyens le reconnaîtront et sauront vous rendre justice, le moment venu.

Grâce à vos efforts persévérants, nous avons eu la bonne fortune de solutionner, avant de quitter cette enceinte, des questions de la plus haute importance. Il convient de citer, en première ligne, la construction de la nouvelle gare des voyageurs, l'acquisition des terrains militaires déclassés, la transformation de l'éclairage public, dont les heureux effets sont déjà appréciables, puisque la collectivité bénéficie d'un meilleur éclairage et que chacun de nous trouve une économie personnelle dans la réduction du prix du gaz. A côté de ces trois affaires qui dominent toutes les autres, il n'est pas inutile de signaler, comme vous l'avez fait dans votre compte moral, l'amélioration de la voirie urbaine et suburbaine, la création de places publiques à la Pallice et à Fétilly, la construction de nouveaux établissements scolaires dans des quartiers qui en étaient dépourvus, l'aménagement et l'agrandissement de la plage de la concurrence si appréciée par notre population et par les nombreux étrangers qui visitent notre ville.

Tous ces travaux d'édilité — et j'en passe volontairement beaucoup d'autres — ne nous ont pas fait oublier la sollicitude que nous devions aux déshérités de la fortune. Nous avons largement appliqué la loi sur l'assistance aux vieillards, aux infirmes et aux incurables privés de ressources, et, peut-être les premiers en France, nous avons organisé — devançant ainsi les pouvoirs publics — l'assistance aux veuves et femmes abandonnées, indigentes et chargées d'enfants. C'est une œuvre qui fait le plus grand honneur à l'assemblée qui l'a créée.

Si nous avons trouvé les moyens de réaliser, sans augmentation d'impôts pour nos concitoyens, le vaste programme que je viens de retracer brièvement, c'est que La Rochelle a été favorisée jusqu'ici par une situation financière exceptionnelle, qu'elle doit principalement aux hommes éclairés et prudents qui ont présidé à ses destinées depuis de longues années et aussi, il faut bien le dire, à la concorde, à l'entente parfaite qui n'a cessé de régner parmi les membres du conseil municipal. Le proverbe l'union fait la force n'est pas un vain mot. Sans union, rien de grand, rien de durable ne peut être entrepris. »

Aux noms historiques déjà donnés aux voies de communication, le conseil a ajouté pour les rues nouvelles de la banlieue les noms d'Aliénor-d'Aquitaine, Claude-Masse, Jourdan, Bastion-de-l'Evangile, Béarn, Madame-de-Rohan, Ernest-Chatonet, Gustave-Garreau, Potel et Ch.-Lemanissier.

Le programme soumis par M. Decout-Lacour aux élections et à la nouvelle municipalité comporte :

Continuation de l'exécution du programme scolaire.

Organisation de l'enseignement professionnel.

Extension de l'éclairage public.

Recherches de nouvelles sources d'eau pour l'alimentation de la ville.

Agrandissement du marché au poisson.

Continuation du projet tendant à faire de La Rochelle une station balnéaire.

Assainissement et embellissement de la ville et des banlieues.

Mise en valeur des terrains militaires par la création de rues et boulevards.

Continuation des travaux de pavage.

Amélioration de la voirie dans les banlieues par la création de caniveaux, d'égouts et de trottoirs.

Construction d'une nouvelle gare à La Rochelle-Pallice.

Etude de la question d'agrandissement du port de La Rochelle-Pallice.

Installation de marchés aux comestibles à la Genette, Laleu et la Pallice.

Création d'asiles de nuit.

Développement des œuvres de mutualité et de prévoyance.

HONNEUR ET PATRIE

Liste des anciens élèves du Lycée de La Rochelle morts pour la Patrie

Guerre de Crimée

1854. *Gautier* (Edgard), sous-lieutenant au 3ᵉ zouaves.
1855. *Fourcade* (Prosper), capitaine au 3ᵉ génie.

1855. *Garnault* (Henri), aide-commissaire de la marine.

1855. *Roy* (Auguste), lieutenant au 6ᵉ chasseurs à pied.

Guerre d'Italie

1859. *Ranjard* (Victor), capitaine adjudant-major au 91ᵉ d'infanterie.

Guerre de Chine

1860. *Racaud* (Henri), lieutenant de vaisseau.

Guerre du Mexique

1865. *Vanderbach* (Alfred), capitaine au 1ᵉʳ zouaves.

1866. *Brodut* (Auguste), chirurgien de la marine.

1866. *Delataste* (Roméo), capitaine au 62ᵉ d'infanterie.

Guerre franco-allemande.

1870. *Jaury* (Gaston), lieutenant au 33ᵉ de marche.

1870. *Pollart* (Alphonse), sous-lieutenant au 3ᵉ grenadiers de la garde.

1870. *Barbeyrac de Saint-Maurice* (Arthur), capitaine au 12ᵉ chasseurs à pied.

1870. *Sainton* (Paul), sergent-major au 97ᵉ d'infanterie.

1870. *Triou* (Lazare), capitaine au 75ᵉ d'infanterie.

1870. *Triou* (Léon), capitaine au 75ᵉ d'infanterie.

1870. *Vrignaud* (Emile), lieutenant aux mobiles de la Vendée.

1871. *Advinant* (Charles), caporal au 50ᵉ d'infanterie.

1871. *Couat* (Edouard), sergent-fourrier au 96ᵉ d'infanterie.

1871. *Guichard* (Eugène), chef de bataillon au 68ᵉ d'infanterie.

1871. *Rang des Adrets* (Sander), capitaine au 13ᵉ de marche.

1871. *Villeneau* (Octave), chef de bataillon au 2ᵉ tirailleurs tonkinois.

Tonkin

1892. *Bonnaud* (Octave), chef de bataillon au 2ᵉ tirailleurs tonkinois.

1892. *Huas* (Paul), lieutenant au 3ᵉ d'infanterie de marine.

Madagascar

1890. *Dalmon* (Gaston), adjudant au 2ᵉ d'infanterie de marine.

1895. *Maingraud* (Olivier), soldat au 13ᵉ d'infanterie de marine.

Soudan

1896. *De Belleville* (Guy), capitaine aux tirailleurs soudanais.

1900. *Leblond* (Louis), 2ᵉ maître mécanicien à bord de la *Framée*.

CONSEIL MUNICIPAL

Maire : M. Eugène Decout-Lacour ✻ ✿.

Adjoints : MM. Léonce Mailho I. ✿, Louis Dupuy I. ✿, Elie Barreau ✿.

Beauvais.
Bertrand.
Blanchon.
Boudet.
Buisson.
Brunet.
Couneau ✻ ✿.
Devie.
Garrigues.
Gaudet de Lestard.
Gelezeau.
Gourlin.
Hermann.
Hillairaud ✿.
Laconfrette père ✿.
Lombard.

Lucquiaud ◊.
Mabille I ◊.
Maurain ⚜ ◊.
Meyer (Ernest).
Montazaud.
Motillon.
Pagez ◊.
Robin.
Roux-Poitu.
Tirateau.

Evêques du diocèse de La Rochelle

NNgrs Jacques-Raoul de la Guibourgère, 1648-1661.
Henri-Marie de Laval de Bois-Dauphin, 1662-1692.
Charles-Magdelaine Frezeau de la Frezelière, 1693-1702.
Etienne de Champflour, 1703-1724.
Jean de Brancas, 1725-1729.
Augustin-Roch de Menou de Charnisai, 1730-1767.
François-Emmanuel de Crussol d'Uzès, 1768-1789.
Jean-Charles de Coucy, 1790-1801.
Jean-François Couet du Vivier de Lorry, 1802.
Michel-François Demandolx, 1803-1804.
Gabriel-Laurent baron Paillou ✻, 1804-1826.
Joseph Bernet ✻, 1827-1835.
Clément Villecourt ✻, 1836-1855.
Jean-François-Anne-Thomas Landriot O.✻, 1856-1867.
Léon-Benoît-Charles Thomas ✻, 1867-1883.
Pierre-Marie Ardin ✻, 1884-1892.
François-Joseph-Edwin Bonnefoy, 1893-1901.
Emile-Paul Le Camus, 1901-1906.
Augustin Eyssautier, 30 novembre 1906.

Culte protestant après 1685

1705 — Pierre Bigeon exécuté à Rochefort le 22 juin.
1731 — Chapel, condamné aux galères comme prédicant.
1738 — François Touzineau, pendu à La Rochelle, comme prédicant.
1746 — Elie Vivien, pendu à La Rochelle, comme prédicant.
1746 — Trouiller, condamné aux galères, comme prédicant.
François Rochette et Louis Rang, exécutés dans le Languedoc. Pasteurs sous la croix à La Rochelle.

1755 — Dumas dit Pajon (de Montauban) (avait étudié à Lausanne de 1748 à 1752).
1761 — Joseph Picard (de Nîmes).
1767 — Jean Jay.
1768 — Pierre Peirot.
1769 — Jean Martin.
1771 — Louis-Barthélemy Glaize dit Clarens.
1773 — Jacques Métayer l'aîné dit La Barre.
1775 — Jean-Paul Bétrine, administrateur du district en 1793.
1780 — Jean-Antoine Vouland dit Roche.
1785 — Silva Blachon, président du comité de surveillance révolutionnaire le 24 brumaire an III.
1773-1789 — François Estienvrot, pasteur à Marennes, émérite à La Rochelle, décédé à La Tremblade le 5 septembre 1815.
12 brumaire an XI — Jean-Alexandre Rang des Adrets, décédé le 24 novembre 1824. P. P.
12 décembre 1818 — Louis Fau, décédé le 31 juillet 1856. P. P.
5 février 1825 — Louis Viguier, décédé le 30 janvier 1862.
9 septembre 1829 — Louis Delmas ✻, décédé le 8 janvier 1886. P. P.
17 février 1857 — Gustave-Frédéric Good ✻, décédé le 5 décembre 1896. P. P.
16 janvier 1877 — Nathan de Visme ✻, démissionnaire, retraité, 1906. P. P.
1ᵉʳ mai 1895 — Gédéon Soulier ✻. P. P.
1906 — Albert Dartigue.

Intendants d'Aunis et de la Généralité de La Rochelle

1628 — Jean Boucherat.
        Gaspard Coignet de la Thuillerie-les-Dampmartin.
1631 — François de Villemontée, seigneur de Montaiguillon et Villenauxe.
1644 — René de Voyer, seigneur d'Argenson.
1651 — Balthazar, seigneur de Malherbe.
1662 — Charles Colbert du Terron.
1674 — Honoré-Lucas de Muyn.

1683 — Pierre Arnoul, seigneur de Vaucresson et de la Tour.

1688 — Michel Begon, seigneur de Murbelin, du Tertre, de la Picardière, premier intendant de la Généralité de La Rochelle établie en 1694.

1710 — François de Beauharnois, baron de Beauville, seigneur de la Chaunaie et de Beaumont.

1716 — Jean-François de Creil, marquis de Creil, Bournezeau, baron de Brillac, etc.

1720 — Jean-Jacques Amelot de Chaillou.

1726 — Jérôme Bignon de Blanzy.

1737 — Charles-Amable-Honoré Barentin, seigneur d'Hardivilliers, les Belles-Rueries, etc.

1747 — Gabriel-Jean de Pleurre, décédé à La Rochelle le 25 juin 1749.

1749 — Louis-Guillaume de Blair, seigneur de Boisemont, Courtemanche, etc.

1755 — Jean Baillon, seigneur de Servon, Courtys, Boiton, etc.

1762 — Gaspard-Louis Rouillé d'Orfeuil.

1764 — Louis Le Pelletier de Morfontaine.

1765 — Guillaume-Joseph Dupleix de Bacquencourt, seigneur de Bucy, Bacquencourt, etc.

1766 — Gabriel Senac de Meilhan.

1773 — Antoine-Jean-Baptiste-Robert Auget de Montyon.

1775 — Marie-Pierre-Charles Meulan d'Ablois.

1781 — Jacques-Philippe-Isaac Gueau de Gravelle de Reverseaux, comte de Miermaigne, etc. Guillotiné à Paris en février 1794.

Préfets

11 ventôse an VIII. — Français (de Nantes).

6 brumaire an IX. — Guillemardet.

12 juillet 1806. — Joseph-Etienne baron Richard ✻.

22 août 1814. — Joseph-Ernest-André marquis d'Arbaud Jouques ✻.

6 avril 1815. — Baron Boissy-d'Anglas ✻.

12 juillet 1815. — Joseph-Etienne baron Richard ✻ (pour la 2ᵉ fois).

13 novembre 1815. — Joseph-Benoît Dalmas.
24 février 1819. — Paul-Joseph-Jean-Baptiste-Charles baron de la Chadenède ✻.
5 août 1820. — Louis-Pépin de Bellisle ✻.
2 janvier 1823. — François-Louis-Basile-Antoine-Aimé comte de Nugent ✻.
3 mars 1828. — Jacques-Joseph-Guillaume marquis Dalon ✻.
22 août 1830. — Louis Admyrauld ✻.
12 novembre 1835. — Ernest de Pelêt ✻.
18 novembre 1839. — Mathieu-Vital Gabriel ✻.
23 novembre 1841. — Hyacinthe-Claude-Félix de Barthélemy ✻.
4 janvier 1847. — Antoine-Isaac Paradès de Daunant ✻.
29 février 1848. — Renou (de Ballon), commissaire général du Gouvernement Provisoire conjointement avec Pierre Fédora-Gaudin.
2 mai 1848. — Charles Mainguet.
12 juin 1848. — Paul-Emile Wissocq ✻.
20 novembre 1849. — Jean-Charles Brian C. ✻.
26 novembre 1856. — Jean-Baptiste-Stanislas Boffinton O. ✻ ✚
16 octobre 1865. — Charles-Philippe-Adolphe baron Lepic O. ✻
31 décembre 1866. — Le Masson O. ✻.
27 novembre 1869. — Vicomte de Levezou de Vezins O. ✻.
5 septembre 1870. — Frédéric Mestreau.
23 mars 1871. — Edmond de Guerle ✻.
14 juillet 1871. — Th. Tenaille de Saligny ✻.
26 mai 1872. — Le Barbier de Blignières O. ✻.
10 avril 1875. — Léonce Mahou ✻.
13 avril 1876. — Emile Regnault ✻.
16 mai 1877. — Baron d'Huart ✻.
18 décembre 1877. — Emile Regnault ✻.
17 mars 1879. — Antoine Lagarde C. ✻.
11 octobre 1883. — L. Ribert ✻.
4 octobre 1884. — L. Stéhelin O. ✻.
18 novembre 1886. — Alfred Chapron O. ✻.
24 mai 1889. — P. Grimanelli O. ✻.
17 mars 1893. — Hélitas O. ✻.
8 novembre 1898. — E. Fosse O. ✻.
— 1902. — André Régnault ✻, I. ✦, ✦.
Janvier 1909. — Emile Landrodie ✻, I. ✦, ✦.

Secrétaires Généraux

Roy.
Saint-Hilaire Filleau.
Comte Félix des Garetz.
Comte de la Roche-Tolay.
Louis Vincens ✻.
Cabaud Desnobles.
Michel ✻.
Jules Dumorisson ✻ ❂.
Lemercier ✻, 2 novembre 1865.
De Montbrun, 31 décembre 1866.
Arthur Ponsard, ❂ ✻ 12 juin 1867.
Paul Lax, 20 octobre 1870.
Ch. de Larrard ✻, 5 novembre 1870.
Jolivet de Riencourt Masson de Longpré, 21 janvier 1871.
Comte B. de Roquette-Buisson, 21 mai 1873.
Varcollier, 15 mai 1875.
Louis Dumorisson ✻, I. ❂, ♆ ✻, 13 avril 1876.
Constantin Forton, 8 février 1894.
Elie Bossu ✻, ♆, 9 octobre 1894.
G. Jourde ✻, I. ❂, ♆, 1902.
Icard I. ❂, 1903.
André Guillemot I. ❂, 1906.
A. Gabriel Desbats I. ❂, ♆, 1908.

Sous-Préfets de La Rochelle

11 germinal an VIII. — Samuel-Pierre-Joseph-David de Missy, député à l'Assemblée Nationale ✻.

24 floréal an VIII. — Auguste Prévost Sansac de Traversay.

19 messidor an XII. — De Missy (nommé une 2e fois).

25 frimaire an XII. — Alexandre-Etienne-Guillaume Hersant Destouches.

24 mars 1809. — Jérôme-Joseph-Hilaire Angellier.

14 janvier 1811. — Marie-Côme-Ferdinand Carré de Sainte-Gemme.

7 avril 1811. — Alexandre-Guillaume-Hippolyte Jolly d'Aussy.

2 août 1815. — Charles-Alexandre-Gustave-Martin, baron de Chassiron.

Chambre de Commerce

Directeurs

1719. — David Oüalle.
1723. — Jean Bruslé.
1723. — Jean Bordier.
1726. — Paul de Pont.
1728. — Nicolas Claessen.
1730. — Elie Vivier.
1732. — Jean Butler.
1734. — Jacques Rasteau.
1737. — Antoine Pascaud.
1739. — Pierre Pommier.
1741. — Jacques Leclerc.
1744. — Jean Bonneau des Gardes.
1746. — Vincent Bureau.
1748. — Jean Seignette.
1750. — Nicolas Hérault.
1852. — Etienne Belin.
1754. — Harouard Dubeignon.
1756. — Joachim Dussault.
1758. — Joseph Pascaud.
1758. — Pierre Papineau.
1860. — Théodore de la Croix.
1762. — Jean-Baptiste Gastumeau.
1763. — Elie Vivier fils.
1764. — Louis Bridault.
1766. — Jacques Carayon.
1768. — Marc-Antoine Lefebvre.
1770. — Elie-Allard Belin.
1772. — Michel Desmontils.
1774. — Henry Bonneau.
1775. — Furcy Le Grix.
1777. — Jean-Elie Giraudeau
1779. — Jean-Baptiste Desgault.
1781. — Pierre-Gabriel Admyrauld.
1782. — Etienne Ranjard.
1784. — Nicolas Paillet.
1785. — J.-B. Roudès.
1787. — Jean Perry.
1789. — J.-D. Goguet.

Présidents

1803-1813. — Pierre-Joachim de Baussay.
1814-1819. — Etienne-Isaac Rasteau.
1819-1826. — Emmanuel-Jean Weiss.
1826-1829. — Jacques Rasteau.
1829-1831. — Antoine-Philippe Lanusse ✻.
1831-1833.
1833-1834.
1834-1836. — Pierre-Joseph Michel O.✻.
1836-1837. — André-Aimé Arnoux.
1837-1843.
1843-1847. — François-Louis-Marie Pellevoisin ✻.
1847-1867.
1867-1872. — Jean-Baptiste-Théodore Ménéau ✻.
1872-1881. — Jean-Joseph-Théophile Bubut.
1881-1891. — Pierre-Armand-Wladimir Morch ✻, ✻.
Charles-Alcide d'Orbigny ✻, ♀, ✻.
Louis-Eugène Meyer I. ♀, vice-président, préside, pendant la maladie de M. d'Orbigny.
1908. — Peder-Armand-René-Christian Morch ♀, C. ✻.

Matricule des Maires de La Rochelle (1)

1199. — Guillaume de Montmirail (Robert de Montmirail) (Mérichon).
1200. — Robert de Montmirail (Gilbert-Vander).
1201. — Guillaume de Montmirail (Pierre Greslier).
1202. — Savary de Rochefort (Pierre de Loupsault).
1203. — Roland de Mata (Georges Bernard).
1204. — Richard de Montfort (Guillaume de la Roche).
1205. — Pierre de Faye (Pierre Aymery).
1206. — Guillaume de Montmirail.
1207. — Pierre de Loupsault.
1208. — Philippe de Glocester (Hélien de Thunes).
1209. — Pierre Aymery (Thomas de Norford).
1210. — Philippe de Glocester (Maynard Pochereaux).
1211. — Etienne du Payau.
1212. — Guillaume Bernard.
1213. — Robert de Montfort (Hélie de Beaumaner).
1214. — Berthoumé Coustet.
1215. — Guillaume de Mauzé (Jean Greslier).
1216. — J. Galerné (Mangou de Melle, Claude de Courselle).
1217. — Pierre de Loupsault (Raymond de Loupsault).
1218. — Jehan Vivien.
1219. — Geoffroy de La Roche (Philippe de Beaumaner).
1220. — Jehan Galerne (Jehan Lebrun).
1221. — Gilbert Vender (Girault de La Chambre).
1222. — Girault de La Chambre (Jean Galerne).
1223. — Constantin de Mauzé (Hélie Guinebert, Thomas Coustet).
1224. — Pierre Foucher (Richard de Lomaria, Raymond de Faye).
1225. — Guillaume de Mausé.
1226. — René de Montfort (Robert de Montfort, René de Montfort).
1227. — Girault Arbert.
1228. — Gilbert Vander.
1229. — Guillaume Arbert.

---

1. Les plus anciennes listes officielles qui datent de 1468 ne désignent pas toujours la condition personnelle de ces magistrats ; d'un autre côté, elles sont, pour ce premier siècle, remplies d'incertitudes. Elles ne s'accordent pas entre elles et qui pis est, les pièces authentiques viennent parfois les démentir toutes.

1230. — Guillaume du Payau (Jehan Greslyer).
1231. — Pierre de Ronflac.
1232. — Guillaume Durand (Thibault Marchand).
1233. — Pierre Greslier.
1234. — Jean de Jard (Pierre Grelier).
1235. — Hervé de Ribedœ (Pierre des Brandes).
1236. — Pierre Greslier.
1237. — Robert de Laloüe.
1238. — Guillaume Bataille.
1239. — Pierre Greslier.
1240. — Nicholes de Glocestre.
1241. — Hugues de Faye (Clément de Feissac).
1242. — Nicholes de Glocestre.
1243. — Phelippe de Fayes, Claude de Moléon (Emery Jousseaume).
1244. — Philippe de Faye.
1245. — Arnault de Feissac (Marin de Loupsault).
1246. — Geoffroi de Faye.
1247. — Hélie de Vaumenert (d'où Beaumener, Beaumanoir.)
1248. — Raymond de Loupsault (Jean Grenel) Pierre Greslier, co-élu, géra en l'absence de Loupsault.
1249. — Girard Vander.
1250. — Guillaume de Faye.
1251. — Raymond de Loupsault.
1252. — Nicholes de Glocestre.
1253. — Pierre Foucher.
1254. — Savary de Fayes (Hélie de Beaumaner).
1255. — Pierre Foucher.
1256. — Pierre de Ronflac.
1257. — Nicholes de Glocestre.
1258. — Pasquaut de Matha.
1259. — Nicolas de Glocestre.
1260. — Philippe de Glocestre, Elie de Ronflac (Arnault de Feissac).
1261. — Léonard de Feissac, Philippe de Glocestre, après son décès.
1262. — Gilbert Vander.
1263. — Berthomé Coustet.
1264. — Guillaume Gombert.
1265. — Gilbert Vander.
1266. — Helyes de Ronflac.
1267. — Gilbert Vander.
1268. — Philippe de Glocestre.
1269. — Thomas de Leygue (Mathieu Chauderer.)
1270. — Johan Aymeri.
1271. — Gillebert Vander.
1272. — Jehan Aymeri.
1273. — Gilbert Vander.
1274. — Guillaume d'Aigre.
1275. — Philippe de Glocestre.
1276. — Berthomé Coustet.
1277. — Thomas de Lesgue.
1278. — Girault de Pideoïl.
1279. — Savari Bataille.
1280. — Pierre de Ronflac.
1281. — Emery du Pois.
1282. — Laurent de Matha.

1283. — Raymond de La Motte.
1284. — Charles de Ronflac.
1285. — Pierre de Baillac.
1286. — Thomas de Lesgue.
1287. — Pierre de Baillac.
1288. — Guillaume de Va ou Lever (Math. de La Gravelle).
1289. — Girard de La Gravelle.
1290. — Pierre de Mauléon.
1291. — Aymery du Pois.
1292. — Guillaume Ouvrard.
1293. — Humbert du Perche.
1294. — Thomas de Lesgue.
1295. — Guillaume Œuvrart dit Leporteur.
1296. — Thomas de Lesgue et après son décès Raymond de Lamotte.
1297. — Guillaume Leporteur.
1298. — Raymond de la Motte.
1298. — Ymbert du Perche.
1299. — Aymery du Pois.
1300. — Jehan Sudre.
1301. — André Bienfait.
1302. — Laurent Poussart.
1303. — Philippe Aigron.
1304. — Helies de Talmont.
1305. — Guillaume Euvrart, Thierry Jarmingaut (Mathurin de Mauléon.
1306. — Pierre Aymeri.
1307. — Pierre de Loupsault.
1308. — Aymery de Talmont.
1309. — Guillaume de Mauléon.
1310. — Pierre Aymeri.
1311. — Nicolas de la Porte.
1312. — Gombault Giboin (Michel Garrault).
1313. — Guillaume Œuvrard.
1314. — Guillaume de Xanton.
1315. — Nicolas de la Porte.
1316. — Bernard du Pois.
1317. — Jean de Mauléon.
1318. — Guillaume Durand.
1319. — Jehan Poupart.
1320. — Jehan de Baulnoy.
1321. — Laurent Poupart.
1322. — Othon de Baigne.
1323. — Pierre de Triaize.
1324. — Guillaume Rocher, Pierre de Triaize, en son absence.
1325. — Jehan Poupart.
1326. — Aymery du Pois.
1327. — Jacques de Talmont.
1328. — Jean de Lomaria.
1329. — Jean de Launay.
1330. — Hélie de Talmont.
1331. — Geoffroi Mousnier.
1332. — Jehan Poussart.
1333. — Helyes de Talmont.
1334. — Guillaume Faure.
1335. — Fremin de Villiers.
1336. — Thomas Brun.
1337. — Helyes de Talmont.
1338. — Jean de Launay.
1339. — Fremin de Villiers.
1340. — Guillaume Nicolas.
1341. — Thomas Brun.
1342. — Pierre Condac.
1343. — Helies de Talmont.
1344. — Guillaume de Saint-Dier.
1345. — Jehan Sudre.
1346. — Laurent Poussard.

1347. — Bertin de Triaize.
1348. — Fremin de Villiers.
1349. — Bernard du Pois.
1350. — Pierre Gillebert.
1351. — Jehan du Pois.
1352. — Pierre de Triaize.
1353. — Jehan de la Gravelle.
1354. — Fremin de Villiers.
1355. — Aymery de Lesgue.
1356. — Pierre Buffet.
1357. — Pierre de Triaize.
1358. — Laurent Poussart.
1359. — Jehan Chaudrier.
1360. — Louis Bigot.
1361. — Guillaume Boulard.
1362. — Jehan Chaudrier.
1363. — Elie Baugis.
1364. — Jean Marchant.
1365. — Elie Guybert.
1366. — Jean Chaudrier.
1367. — Jean Jaurant.
1368. — Jean Marchant.
1369. — Jean Henry.
1370. — Jean Chaudrier.
1371. — Guillaume Baulard.
1372. — Pierre Baudré.
1373. — Jean de Saintonge.
1374. — Jean du Puis.
1375. — Jean Girard.
1376. — Jean Poupard.
1377. — Jean l'Espagnol.
1378. — Jacques Poupard.
1379. — Jean Girard.
1380. — Audré Guybert.
1381. — Jean l'Espagnol.
1382. — Jean du Puis.
1383. — Jacques Poupard.
1384. — Jean Girard.
1385. — Guillaume Segre.
1386. — Guillaume Bastien.
1387. — Jean du Puis.
1388. — Perre Porcher.
1389. — Robert de Condac.
1390. — Robert de Vaux.
1391. — Jacques Poupard.
1392. — André Guybert.
1393. — Jean du Poix.
1394. — Jean Girard.
1395. — Renaud le Camus.
1396. — Robert du Vaux.
1397. — Hector Berthomé.
1398. — Jehan Bernou.
1399. — Jehan de Cholort.
1400. — Jehan Montault.
1401. — René Boucher.
1402. — Jehan Fouquer.
1403. — Pierre de Beauvoy.
1404. — Nicolas Chaillet.
1405. — Robert du Vaux.
1406. — Guillaume de Hanc.
1407. — Renaud Girard.
1408. — André de Langle.
1409. — Jehan Doriolle.
1410. — Yves Bellot.
1411. — Robert du Vaux.
1412. — Pierre Limousin.
1413. — Renaud Girard.
1414. — Pierre Dufour.
1415. — Jehan Doriolle.
1416. — Robert du Vaux.
1417. — Hugues Guybert.
1418. — Pierre Le Camus.
1419. — Jehan Mérichon.
1420. — Jehan Doriolle.
1421. — Mathieu Boutin.
1422. — André Seur.
1423. — Jean Le Boursier.
1424. — Aymard de Choucharou.
1425. — Jehan Doriolle.
1426. — Jehan Mérichon.

1427. — Etienne Guillier.
1428. — Jehan Le Boursier.
1429. — Hugues Guybert.
1430. — Jehan Doriolle.
1431. — Raoul Estimerié.
1432. — Jehan Triolleau.
1433. — Jehan Girard.
1434. — Pierre Caillerot.
1435. — Guillaume Matiot.
1443. — Jehan Mérichon.
1444. — André Comesterre.
1445. — Pierre Bragier.
1446. — Pierre Boutin.
1447. — Jehan Girard.
1448. — Jehan Bureau.
1449. — Nicolas Pigeonneau.
1450. — Jehan Le Boursier.
1451. — Pierre Doriolle, chancelier de France.
1452. — Elie Pastureau.
1453. — Joachim Girard.
1454. — Jacques Aunier.
1455. — Laurens Desnort.
1456. — Pierre Doriolle.
1457. — Jehan Mérichon.
1458. — Yves Fregnault.
1459. — Jehan Desnort.
1460. — Jehan Mérichon.
1461. — Jean Bernard, conseiller au Parlement de Paris.
1462. — Robert Cadiot.
1463. — Jehan Mérichon.
1464. — Richard de Bernege.
1465. — Pierre de Nagères.
1466. — Jehan de Coux.
1467. — Pierre de Roushy.
1468. — Jehan Merichon.
1469. — Guillaume de Combes.
1470. — Jehan l'Anglais.

1471. — Guillaume Festier.
1472. — Robert Cadiot.
1473. — Hugues Pastureau.
1474. — Jehan Jouhet.
1475. — Fouques Roulin.
1476. — Pierre Furgon.
1477. — Geoffroy Martin.
1478. — Pierre Pierre.
1479. — Guillaume Festier.
1480. — Raoul Tichon.
1481. — Jean Ribotteau.
1482. — Pierre Furgon.
1483. — Robert Guy.
1484. — Jehan Desnort.
1485. — Pierre Jourdin.
1486. — Jacques Lecomte.
1487. — Guillaume Joubert.
1488. — Jehan de Vienne.
1489. — Emas Bohu.
1490. — Jehan Guybert.
1491. — Etienne Le Clerc.
1492. — Pierre l'Anglois.
1493. — Seguin Gentil.
1494. — Guillaume Mercier.
1495. — Georges Geoffroy.
1496. — Jehan Guybert.
1497. — Hilaire Guy.
1498. — Etienne l'Anglois.
1499. — René Ragot.
1500. — Yvon de Combat.
1501. — Joachim Girard.
1502. — Jehan de Peudeville.
1503. — Baltazar Duperat.
1504. — Pierre Chastaigner.
1505. — François Joubert.
1506. — Louis Mesnard, sieur du Portal.
1507. — Jehan Guybert.
1508. — Guillaume Guy, sieur de La Bataille.
1509. — Jehan Dargon.

1510. — Jehan Mesnard.
1511. — Michel Mesnard, sieur de Saint-Sulpice.
1512. — George Joubert, sieur de Riouzay.
1513. — Fouquix Fautreau,
1514. — Jacques du Lion, sieur de Busseran.
1515. — Jehan Chastaigner.
1516. — Jehan de Conan, *qui donna une maison à la ville pour instruire la jeunesse.*
1517. — Louis de Ruffinaut, sieur de la Gremenaudière.
1518. — Vincent Nicolas.
1519. — Jehan Guybert, sieur du Sableau.
1520. — Pierre Rousseau.
1521. — André Lesnet.
1522. — Jehan Rondeau.
1523. — Etienne Chauvin, sieur des Beguints.
1524. — Claude Furgon, sieur de Saint-Christofle.
1525. — Jehan Duperat, sieur de Limagé.
1526. — Pierre d'Angliers sieur de La Sauzay.
1527. — Hugues Pontard.
1528. — Jehan Levesque, sieur de la Laisse.
1529. — André Fère, sieur de Saint-Vivien.
1530. — Olivier Caheur.
1531. — Pierre Gentil.
1532. — Etienne Neau.
1533. — Jehan Marois.
1534. — Etienne Blandin.
1535. — Jehan Clerbault, sieur de la Crapaudière.

Le 30 mars 1536 CHABOT, *sieur de Jarnac, gouverneur, prend possession de la mairie comme maire perpétuel et nomme sous-maires.*

1536. — Jean Foucault.
1537. — Yvon Testart.
1538. — André Morisson.
1539. — Jacques de Nagères.
1540. — Etienne Neau.
1541. — André Morisson.
1542. — Olivier Caheur.
1543. — Jehan Clerbault, sieur de la Crapaudière.
1544. — René Jouvenceau.
1545. — Yves du Lion.
1546. — Yves Pineau, sieur du Grolleau.
1547. — André Morisson.
1548. — Olivier le Cœur, sieur de la Touche.
1549. — Claude Guy, sieur du Chesson, *premier maire après la restitution du collège de la maison commune* (Mervault).
1550. — Jacques Boulengier, sieur du Fourneau.
1551. — Jehan Rondeau, sieur des Rouhaux.
1552. — Jacques de Nagères, sieur du Fief Potard.
1553. — Claude Furgon, sieur de Saint-Christofle.
1554. — Jean Nicolas, sieur de Coureilles.
1555. — Pierre Boisseau, sieur de Ramigère.
1556. — René Lemercier, sieur du Breuil.

1557. — Michel Guy, sieur de Pierre Levée.
1558. — Guillaume Pineau, sieur du Fief Joulain.
1559. — Jehan Duperat, sieur du Fief Coudret.
1560. — Jehan Blandin, sieur des Menus Fiefs.
1561. — Jehan Salbert, sieur de Villiers.
1562. — Jehan Pineau, sieur des Cibilles.
1563. — Michel Guy, sieur de Pierre Levée, *continué par le commandement du roi Charles IX jusqu'en 1566* (Mervault).
1566. — Amatheur Blandin, sieur de La Blandinière.
1567. — François Pontard, sieur du Treuil Charroy.
1568. — Jehan Salbert, sieur de Villiers. *La Religion réformée introduite à La Rochelle* (Mervault).
1569. — Jehan Salbert, *continué maire*.
1570. — Guillaume Choisy, sieur de Lajarne.
1571. — Jehan Blandin, sieur de Fief Mignon.
1572. — Jacques Henri, sieur de Maucidun. *Le 2 décembre, le siège fut mis devant La Rochelle et dura jusqu'au 11 juillet 1573.*
1573. — Jehan Morisson *mort en sa Mairie durant le siège*.
1574. — Guillaume Texier, sieur de Poulias.
1575. — Jacques Guyton.

1576. — Guillaume Gendrault sieur d'Uzay.
1577. — Pierre Robineau, *mort en sa mairie, remplacé par Jehan Barbot*.
1578. — Michel Esprinchard.
1579. — Jehan Blandin, sieur des Herbiers.
1580. — Jehan Thévenin.
1581. — Jacques Barbot, sieur de Lardenne.
1582. — Jehan Constantin, sieur de Champdenier.
1583. — Guillaume Choizy, sieur de La Jarne.
1584. — Yves David, sieur de Repose Pucelle.
1585. — Jacques Perlé, sieur de La Pommeraye.
1586. — Jacques Guyton.
1587. — Jean Guiton, sieur de L'Hommeau.
1588. — Louis Gargoulleau.
1589. — Jehan Boisseau.
1590. — Jehan Thévenin, sieur du Rosne.
1591. — Jehan Huet, sieur du Fief Boutin.
1592. — Jehan Thévenin.
1593. — Jehan du Jau, sieur de Montpertuis.
1594. — Jehan Rochelle, sieur du Coudray.
1595. — Jacques Thévenin, sieur du Rosne, *mort en sa mairie, remplacé par Jehan Salbert, sieur de Fief Guy*.
1596. — Pierre Chastaignier, sieur de La Villaudière.
1597. — Léonard Sauvignon.

1598. — Jehan Thévenin, sieur de Gouville.

1599. — Alexandre de Haraneder.

L'Edit de Nantes est publié à La Rochelle

1600. — Pierre Guillemin, sieur de Fief Coutret.

1601. — Jacques Mounereau, sieur de Pourose.

1602. — Pierre Bizet, sieur du Peré.

1603. — Louis Berne, sieur du Pont de La Pierre.

Achèvement du Grand Temple sur la place du Château.

1604. — Jehan Salbert, sieur de Romagne et de Saint-Xandre.

1605. — Jacques Barbot, sieur de Lardenne, *mort en sa mairie, remplacé par Jacques Mignonneau.*

1606. — Jacques Vacher, sieur de La Casse.

1607. — Jehan de Sarragan, sieur de la Cregnollée.

1608. — Isaac Blandin, sieur de Fief Mignon.

1609. — François Prevost, sieur de La Vallée.

1610. — Jehan Barbot, sieur de Busay.

1611. — Martin de Berrandy, sieur de Beauséjour.

1612 — Jean Salbert, sieur de Romagné et de Saint-Xandre.

1613 — Jean Thévenin, sieur de Vaugouin.

En cette année, il y eut de grands différends entre MM. de la Maison de Ville et MM. les Bourgeois, lesdits Bourgeois voulant jouir des privilèges à eux octroyés par les rois deffuncts et réitérés par Sa Majesté et son Conseil privé et MM. de la Maison de Ville se voulant maintenir en leur possession, tellement que le samedy 21 mars, il y eut de grandes allarmes et qui cessa peu de temps après lesdits Bourgeois ayant obtenu la meilleure part de ce qu'ils demandaient.

1614 — Louis Berne, sieur du Pont de la Pierre.

En cette année le 10 d'aoust, jour de Saint-Laurent, furent mis en prison quarante habitants, à cause de quelques émotions advenues dans la ville et y demeurèrent jusques au 3 d'avril 1615 qu'ils furent mis dehors, comme portoit l'arrest donné à Paris par MM. du Conseil privé de Sa Majesté y assistant Madame la Reine sa mère et plusieurs autres grands seigneurs et portoit l'arrest qu'aucuns desdits prisonniers s'absenteroient de la ville, les uns pour un an et les autres pour six mois et peu de temps après, il y eut un bon accord entre MM. de la Maison de Ville et MM. les Bourgeois, tellement que tout ne fait qu'un corps, et tous chascun des habitans alloient à la Maison de Ville porter le serment de fidélité et quelque peu de temps après, lesdits absentés retournèrent en ville et furent reçus comme auparavant.

1615 — Jacques David, fit tracer les rues de la Ville-Neuve, Maubec, etc.

1616 — Paul Yvon, sieur de Laleu.
1617 — Martin de Berrendy, sieur de Beauséjour.
1618 — François Piguenit, sieur de La Martinière.
1619 — Jean Berne, sieur d'Angoulins.
1620 — Jean Prou, sieur de Fief Buot.
1621 — Paul Blandin, sieur des Herbiers.
1622 — François Prévost, sieur de La Vallée.
1623 — Etienne Gauvain, sieur de Beaulieu. Construction de la Porte Neuve.
1624 — André Toupet.
1625 — Jacques David.
1626 — Marc Pineau, sieur du Fief Moulinard.
1627 — Jean-Godeffroy, sieur du Richard, siège de La Rochelle.
1628 — Jean Guiton.

Après quatorze mois et demi de siège et les fortifications tant anciennes que nouvelles étant démolies et rasées rez pied rez terre, les privilèges ôtés et la mairie supprimée, lesdits maires ont pris fin en Guiton, comme il se voit par la déclaration du roi Louis XIII, de novembre 1628. Le corps de ville ne fut rétabli qu'en 1694 et la mairie fut attachée au bureau des Finances établi à La Rochelle, la même année.

1695. — Gabriel Froment.
1696. — François Huet, sieur de La Gastinière.
1697. — Jean Gerbier, sieur de Mornai.
1698. — Antoine Jouslain.
1699. — Jacques Soufflot.
1700. — Guillaume Viallet.
1701. — Honoré Deyssautier, sieur du Petit Cheusses.
1702. — Gabriel Froment.
1703. — François Huet.
1704. — Jean Gerbier, sieur du Mornai.
1705. — Antoine Jouslain.
1706. — Honoré Deyssautier.
1707. — François Huet, sieur de La Gastinière.
1708. — Guillaume Viallet.
1709. — Antoine Jouslain.
1710. — Jacques Soufflot.
1711. — Guillaume Viallet.
1712. — Honoré Deyssautier sieur du Petit Cheusses.
1713. — Jean Trahan.
1714. — François Huet.
1715. — Antoine Jouslain.
1716. — Guillaume Viallet.
1717. — Honoré Deyssautier.
1718. — Gabriel Bérandin.
1720. — Jacques Bigotteau.
1722. — Honoré Deyssautier, sieur du Petit Cheusses.
1725. — Nicolas Claessen.
1728. — Louis-René Durand, sieur de Lavaux-Martin.
1730. — Valentin Mariocheau de Bonnemort.
1732. — Adrien Nectoux.
1735. — Valentin Mariocheau Bonnemort.
1739. — Jean Butler.

1741. — Antoine Pascaud l'aîné.
1743. — Ignace Cadoret de Beaupreau.
1745. — Amable-Mathieu-Robert de Beaurepaire.
1747. — Joseph Pascaud le jeune.

MAIRIE ÉLECTIVE EN 1748

1751. — Louis Durand, sieur de Lavaux-Martin.
1753. — Pierre-Jean-Baptiste Griffon.
1755. — Jacques Pollard.
1757. — Etienne-Nicolas Guillotin.
1760. — Pierre-Samuel Seignette.
1764. — Pierre-Etienne-Lazare Griffon. *(Sa nomination ne fut pas approuvée par le roi.)*
1765. — De Pont des Granges.
1767. — Charles Sureau.
1768. — Pierre-Jean-Baptiste Griffon.
1771. — Pierre-Henri Seignette.
1776. — Denis-Joseph Goguet.
1778. — Alexandre Rougier.
1783. — Ambroise-Eulalie Maurès de Malartic.
1788. — Charles-Jean-Marie Alquier.
1790. — Joseph-Denis Goguet.
1791. — Daniel Gareshé.
1792. — Dély.
1794. — Louis-Jacques Pinet.
1795. — Samuel-Pierre-Joseph David de Missy ✻.
Germinal an VI. — Dubreuil.
Thermidor an VII. — Jousseaume.
Frimaire an VIII. — Supiot.
Prairial an VIII. — Garnier.
Germinal an XI. — Baron Paul Garreau ✻.
1815. — Charles de Meynard.
1822. — T.-A.-A. André Viault ✻.
1830. — Pierre-Simon Callot ✻.
1834. — Jacques Rasteau.
1842. — Edouard Emmery ✻.
1848. — Adolphe Beaussant ✻.
1860. — Edouard Emmery O. ✻, I. ✪.
Novembre 1867. — Charles Fournier ✻, I. ✪.
10 septembre 1870-12 mai 1871. — Edouard Beltremieux ✻ I. ✪.
5 mai 1874. — Gustave Garreau ✻.
24 juillet 1875. — Millouain (Paul-Auguste).
10 mai 1876. — Edouard Beltremieux ✻, I. ✪.
4 mars 1878.
9 mai 1879. — Eugène Dor ✻.
6 septembre 1883. — Louis Vivier O. ✻, I. ✪.
1884. — Emile Delmas ✻.
23 août 1893. — Alcide d'Orbigny ✻, ✪, ✻.
6 juillet 1905. — Eugène Decout-Lacour ✻, ✪.

TABLE DES MATIÈRES

	Pages
Les Rochelais à travers les siècles...............	6

PRÉCIS HISTORIQUE SUR LA VILLE DE LA ROCHELLE PAR A. DE QUATREFAGES DE BRÉAU

Origine de la ville. — Sa constitution. — Siège de 1573 : triomphe des Rochelais. — Siège de 1627 ; héroïsme inutile des habitants. — Jean Guitton. La Rochelle actuelle.........................	11
Physionomie et caractère de la ville.............	49
Monuments et établissements...................	50
La Tour Saint-Nicolas........................	50
La Tour de la Chaîne........................	52
La Tour de la Lanterne......................	54
La Grosse-Horloge..........................	55
Marché au Poisson..........................	56
Hôtel de la Préfecture.......................	56
Archives...................................	57
Théâtre....................................	58
Hôtel de la Bourse..........................	59
Palais de Justice............................	60
Hôtel de Ville..............................	61
Armoiries peintes dans la salle des Echevins......	65
Clocher de l'ancienne église Saint-Jean-du-Perrot.	65
Eglise Saint-Sauveur........................	66
Temple du culte réformé.....................	67

Cathédrale	69
Clocher de Saint-Barthélemy	70
Entrepôt réel des Douanes (ancienne église Saint-Nicolas) et chapelle de Tasdon	71
Loge maçonnique, a été construite rue Saint-Louis	72
Musée Fleuriau (Collections départementales d'histoire naturelle)	72
Musée La Faille, ou cabinet d'histoire naturelle consacré aux collections générales	75
Jardin des Plantes	76
Bibliothèque	77
Bibliothèque de la Ligue de l'Enseignement	79
Musée de peinture et d'archéologie	79
Lycée	81
Ecoles communales	82
Eglise Notre-Dame	82
Distribution d'eau (1864)	83
Hôpital général (1673-1688)	84
Hôpital militaire d'Aufrédi (1203-1811)	85
Asile des Aliénés (1824)	87
Principaux parcs, avenues, cours, places, quais, rues, squares et maisons remarquables	87
Rochelais célèbres	95
Rues de la Rochelle ayant des noms historiques	102
Port de la Rochelle	109
Port en eau profonde à la Rochelle	112
La Rochelle station balnéaire	115
Casino municipal. — Bains de mer	115
Port de la Rochelle. Bassin de La Rochelle-Pallice	116
Mouvement de la population municipale de La Rochelle	125
Le Mail	126
La Nouvelle plage	126
Casino municipal du Mail	127
Bains du Mail	128

La Jetée. — Pointe des Minimes. — Digue de Richelieu..	130
Proximité des plages de Fouras et de Châtelaillon..	131
Fouras..	131
Châtelaillon...	132
Environs de la Rochelle : une page de Fromentin.	133
Promenades en mer...................................	143
La Rochelaise à travers les siècles...............	148
La Fête Rochelaise de l'Agriculture, messidor an IV (juillet 1796), par René Doumic.........	156
Le Professeur Henri Meyer (1841-1895).........	167
Bibliographie...	168
Description tant de l'assiette de La Rochelle que de son port, de ses murs, etc., par Pierre Mervault, Rochelais (1607-1675) (Biblioth. Marsh, à Dublin.......................................	176
La Commune rochelaise. Charte de Henry Plantagenet, duc de Normandie, depuis roi d'Angleterre, etc. (Chartes de Fontevraud)...	184
Alexandre Aufrédi....................................	191
Gouverneurs ou Directeurs de l'hôpital ou Hôtel-Dieu Saint-Barthélemy...................	196
Médecins dont les noms ont été conservés.......	198
Médecins militaires attachés à l'Hôpital Aufrédi..	199
La Rochelle au temps de Charles VII............	200
Fêtes populaires. Le banquet de la pelote du roi.	206
Histoire véritable de certains voyages périlleux et hasardeux sur mer, par Bruneau de Rivedoux...	209
Fête militaire de l'Ascension.......................	214
La Rochelle, cité de refuge et ville de sûreté.....	218
Pièces justificatives..............................	270
Les Savants rochelais, par l'oratorien Jaillot.....	278

Un Inventeur rochelais : Elie Richard (1645-1706).	290
Aimé Bonpland, par Gabriel Marcel.............	298
Les Artistes rochelais par Henri Feuilleret........	306
Ad.-W. Bouguereau (1835-1905)	312
Principales dates de l'histoire rochelaise.........	319
Histoire municipale de 1630 à 1789.............	323
— de 1789 à 1909.............	341
La Défense nationale.........................	350
Décorés de la médaille militaire.................	351
Liste des anciens élèves du lycée de La Rochelle morts pour la patrie.............................	363
Conseil municipal............................	365
Evêques du diocèse de La Rochelle..............	366
Culte protestant après 1685....................	366
Intendants d'Aunis et de la généralité de La Rochelle.................................	367
Préfets	368
Secrétaires généraux.........................	370
Sous-préfets	370
Chambre de commerce........................	371
Matricule des maires de La Rochelle.............	372

www.ingramcontent.com/pod-product-compliance
Lightning Source LLC
Chambersburg PA
CBHW060049190426
43201CB00034B/583